Zu diesem Buch Philosophie als Abfolge großer Namen, komplizierter Gedanken und umfänglicher Werke, lebensfern und ›abgehoben‹, eine Sache für Akademiker und Sonntagsredner – solche Vorstellungen beherrschen heute weithin das Bild einer Wissenschaft, die einst höchste Privilegien genoß. Ganz schuldlos ist die Philosophie selbst an diesen Vorurteilen nicht, hat sie doch fast stets diejenigen geringgeschätzt und ausgegrenzt, die Wahrheit und Leben zur Deckung zu bringen suchten: radikale Moralisten, desillusionierte, unsystematische Querdenker, Utopisten, Grenzgänger und Außenseiter jeglicher Couleur. Die lebendigen Impulse, die die akademische Philosophie diesen Denkern insgeheim verdankt, sind gar nicht zu überschätzen – und dennoch gelten viele von ihnen bis heute als nicht ernstzunehmend, als unbequem und ›anstößig‹.

Zwölf dieser kompromißlosen Außenseiter sind im vorliegenden Band bündig und anschaulich porträtiert, wobei Leben und Werk gleichermaßen zur Sprache kommen – ein kleines Panorama der europäischen Geistesgeschichte aus ungewohntem Blickwinkel.

Der Autor Franz Wiedmann (geb. 1927) ist Professor für Philosophie in Würzburg. Zahlreiche Publikationen zur Geschichte der Philosophie sowie zum Verhältnis von Philosophie und Religion.

Franz Wiedmann

Anstößige Denker

Die Wirklichkeit als Natur und Geschichte in der Sicht von Außenseitern

Fischer Taschenbuch Verlag

Ungekürzte Ausgabe
Veröffentlicht im Fischer Taschenbuch Verlag GmbH,
Frankfurt am Main, Mai 1990

Lizenzausgabe mit freundlicher Genehmigung des
Verlags Dr. Johannes Königshausen + Dr. Thomas Neumann, Würzburg
Umschlaggestaltung: Buchholz / Hinsch / Hensinger
Gesamtherstellung: Clausen & Bosse, Leck
Printed in Germany
ISBN 3-596-26587-8

Der totale moralische Zusammenbruch der ehrenwerten Gesellschaft während des Hitler-Regimes kann uns lehren, daß diejenigen, die unter solchen Umständen verläßlich sind, nicht denen entsprechen, die Werte anbeten und an moralischen Normen und Maßstäben festhalten... Viel zuverlässiger werden Zweifler und Skeptiker sein, und zwar nicht, weil der Skeptizismus gut oder der Zweifel heilsam ist, sondern weil solche Menschen daran gewöhnt sind, Dinge zu untersuchen und sich selbst ein Urteil zu bilden. Am besten von allen werden sich die verhalten, die wissen, daß wir – gleichgültig, was sonst noch passiert – zeit unseres Lebens dazu verdammt sind, mit uns selbst zusammenzuleben.

Hannah Arendt

Inhalt

Vorbemerkung

Nachstehende Darstellung wendet sich nicht vorrangig an Fachphilosophen, vielmehr an interessierte Leser aller Gebiete. Im Zentrum sollen die anstößigen Thesen zu wirklichen Problemen stehen, die die hier Portraitierten geäußert haben. Ihre Sicht der Wirklichkeit in Natur und Geschichte wird in konzentrierter Form zur Sprache kommen. Unter dieser Rücksicht war eine Auswahl an Quellen und Literatur nötig, manchmal auch eine Beschränkung auf wichtige Etappen ihrer Biographie.

Die hier vorgestellten Standpunkte stellen eine Herausforderung dar, elementare Fragen nach der Wirklichkeit aufzugreifen. Sie fordern eine persönliche Stellungnahme heraus, die auch ich nicht verweigere.

Mein besonderer Dank gilt Frau Helga Kiesler, die sich mit so viel innerer Beteiligung meiner Texte annimmt und sie in vorzeigbare Formen verwandelt, Herrn PD Dr. Wilhelm Baumgartner für manche Hinweise und Herrn stud. phil. Peter Kunzmann für seine Mitarbeit am Manuskript.

F. W.

St. Leonards-on-Sea 1986

Einleitung

Verschiedene Überlegungen führten zu der vorliegenden Galerie von zwölf Portraits. Seit langem empfand ich ein Unbehagen an geschichtlichen Darstellungen, also an den Geschichten der Philosophie, der Kunst etc., denn es gibt sie nicht, die Geschichte von Etwas. Vorgänge, die immer wieder umgeschrieben werden müssen, solange sie der jüngst vergangenen Gegenwart noch nicht entwichen sind, sinken schließlich in selbstverständlich gewordene Formen der Bereiche »objektiven Wissens«, wo sie kaum mehr in Frage gestellt, desto ausgiebiger abgeschrieben und ungeniert weitergereicht werden. Lange genug hatte ich selbst Geschichte der Philosophie zu lehren, um zu wissen, wie schwer es ist, die Klischees der einmal eingeführten Positionen mit ihren Etikettierungen, Klassifizierungen und Wertungen zu vermeiden. Das fängt schon bei den »Vorsokratikern« an, die angeblich nur Vorgänger des Sokrates gewesen sein sollen, und endet, noch lange nicht, aber vorerst, mit der Überschätzung einiger und der Geringschätzung anderer Philosophen dieses Jahrhunderts.

Die soeben gemachte Bemerkung führt zum zweiten Anlaß; auch diesmal ist ein Unbehagen zu verzeichnen, nämlich ein Zweifel an den Größen der Philosophie, die Geschichte machen. Bedeutende Menschen, große Philosophen, geniale Künstler prägen ihre jeweilige Gegenwart, das braucht nicht weiter ausgeführt zu werden. Aber Geschichte wird nicht nur von den sogenannten Großen ihrer Epoche, und auch nicht von den durchschnittlichen Konsumenten der Geschichtsergebnisse vorangetrieben, Geschichte soll nicht von den Thronen aus, aber auch nicht aus der Perspektive der Kammerdiener beschrieben werden. Ich bezweifle, kurz gesagt, daß die uns vorgesetzten Größen tatsächlich diejenigen sind, die allein dem Denken ihrer Zeitgenossen Ausdruck verliehen haben.

Als ich kürzlich eine neu publizierte, viel gelobte Geschichte der Philosophie zu rezensieren hatte, fiel mir auf, daß der Autor andere Wertschätzungen haben mußte als ich. In der Gegenwartsphilosophie erhielten Heidegger, Horkheimer/Adorno, Bloch und Gadamer, neben den angelsächsischen Richtungen, jeweils breiten Raum zugestanden, samt photographischen Portraits. Karl Jaspers dagegen wurde mit drei Zeilen als »erbaulicher Schriftsteller« abgetan, dazu hieß es, die Philosophie müsse sich, nach Hegel, doch hüten, erbaulich zu sein; Namen wie Frans Hemsterhuis, John Henry Newman, Martin Deutinger, Franz Brentano, Romano Guardini kamen überhaupt nicht vor. Gerade über diese Philosophen hatte ich teils selbst gearbeitet und veröffentlicht, teils schrieben meine Schüler Dissertationen über ihre Werke. Wir brauchen nicht alle darin übereinzustimmen, wer vor wem in der Rangordnung bedeutender Denker zu stehen habe, solange ich behaupten darf, es sei mehr oder weniger zufällig geschehen, daß einer, der zu seiner Zeit das Sagen hatte, auch später noch gelesen würde.

Ein drittes und letztes Unbehagen bestärkte mich in der Auswahl der hier erinnerten außergewöhnlichen Menschen. Das gegenwärtige Philosophieren hat, aus welchen Gründen es auch sein mag, weithin Abschied genommen von den alten Themen der Philosophie, die stets auch die Kunst zu leben und zu sterben vermittelte. Mit Kant gesprochen, war sie früher nicht nur Schulphilosophie, sondern auch Weltphilosophie. Heute jedoch stehen Methodenfragen, Analytik, Hermeneutik und Wissenschaftslehre im Vordergrund; die Philosophie beschäftigt sich mit sich selbst; dauernde kritische Reflexion von mehrfach Reflektiertem und die Beschreibung dessen, was dabei ermittelt worden ist, machen den Rest aus. Wo sind die philosophischen Impulse geblieben, warum kommen aus den akademischen Seminaren kaum Anstöße für das Denken und Handeln? Hat das auch damit zu tun, daß die Philosophie bei uns so gut verwaltet wird, daß sie weithin eine Professorenphilosophie für Philosophieprofessoren geworden ist?

Ausnahmslos sind alle hier vorgestellten Denker keine Fachphilosophen im engeren Sinne. In erweiterter Bedeutung war Kohelet ein Weiser. Giordano Bruno und Giambattista Vico, wohl auch Teilhard de Chardin waren zwar in gewisser Hinsicht Philosophen; aber Franz von Assisi ragte sicher nicht als Gelehrter hervor; Henry David Thoreau wird ein zweiter Franziskus genannt, und E. M. Cioran ist ungefähr das Gegenteil von allen. Wie begründet man diese merkwürdige Zusammenstellung? Dadurch, daß alle »anstößig« Genannten, Anstöße erregend und Anstöße gebend, sich mit der Wirklichkeit abgemüht haben, was von Reflexionsphilosophen nicht gesagt werden kann. Ich behaupte, die Impulse des Denkens kommen von denen, die unmittelbar mit dem Leben zu tun haben, in welchem Beruf sie auch stehen mögen, als Arzt, Naturforscher, Staatsmann, Prediger oder

Widerstandskämpfer. Ein Künstler, beispielsweise, beschäftigt sich eben nicht mit Kunst. Er malt, gestaltet, komponiert, baut. Ein Ästhetiker als Philosoph zieht es meist vor, über Theorien der Kunst zu reflektieren, anstatt in die Werkstätten zu gehen, wo die Arbeit geschieht.

Wenn der einem Philosophen ähnlicher ist, der lieber über die Wirklichkeit spricht, anstatt über Philosophie, dann sind unsere zwölf Personen samt und sonders ausgewiesene Philosophen. Sind sie auch große Philosophen? Das kann man nicht sagen, aber es sind einige große Menschen darunter, und das zählt mehr. Groß wird ein Mensch dadurch, daß er auf ungewöhnliche Anforderungen in reiner Selbstverständlichkeit reagiert. Der Kreis der anstößigen Denker erfüllt die fast entgegengesetzte Bedingung: auf scheinbar Selbstverständliches durch ungewöhnliche Stellungnahme zu antworten. Und nur unter diesem Gesichtspunkt sind sie hier vertreten; nicht als Handelnde, die z. B. Franziskus oder Albert Schweitzer auch gewesen sind, sondern als Denker, die aussprachen oder schrieben, was höchst notwendig zu sagen war, die zum Umdenken aufforderten, was dann fraglos auch Konsequenzen im Handeln zeigen sollte.

Es mag auffallen, daß keine Griechen in die Auswahl einbezogen wurden, eine Spanne, die noch immerhin von Kohelet bis Cioran 2200 Jahre umfaßt, dagegen die Lateiner mit Joachim aus Calabrien, dem Poverello aus Assisi, Machiavelli aus Florenz und den Neapolitanern Bruno und Vico überproportional repräsentiert erscheinen mögen. Das liegt am Thema der Antipoden »Geschichte« und »Natur« und der Zeit, in der diese Sicht der Wirklichkeit hervortrat: es liegt an der sich seit dem 13. Jahrhundert vorbereitenden Reformation der Kirche und der Gesellschaft, an der italienischen Renaissance und dem neu erwachten Geschichtsbewußtsein bis heute. Griechische Philosophen hatten der Zeit und der Geschichte als Ausdruck des sich Wandelnden, Vergänglichen kaum Aufmerksamkeit geschenkt und dafür das Beständige, Unvergängliche bedacht. Obgleich sich zwischen Heraklit und Kohelet Parallelen ziehen lassen, ist der Faktor Zeit, bei Kohelet, der von allen alttestamentlichen Schriftstellern der griechischen Philosophie am nächsten steht, doch in völlig neuer, heute würden wir sagen existentialistischer Weise beherrschend geworden. Alles geschieht in der Zeit, sagt Kohelet, nichts ist davon ausgenommen. Das erfordert von uns u. U. eine andere Einstellung zur Lebenszeit. Daß Geschichte als religiöse Prophetie politisch wirksam werden könne, wie bei Joachim von Fiore, war, von den Griechen her gesehen, schwer vorstellbar. Daß alles, was zu tun ist, auf das »Hier und Jetzt« bezogen werden muß, auf den Nächsten, wie ihn Franz von Assisi liebt, nicht den

»Menschen an sich«, sondern auf die konkrete Forderung, das ist auch ein neuer Akzent, der in der griechischen Ethik nicht hervorgetreten ist, obwohl es Ansätze dazu bei Sokrates/Platon gibt.

In der Entgegensetzung von Physis und Thesis kannten die Griechen sehr wohl das Spannungsverhältnis zwischen dem, was von Natur her ist, und dem, was vom Menschen her geschieht. Durch die Unterordnung von Natur und Geschichte unter den Oberbegriff der Wirklichkeit ist etwas darüber hinaus ausgesagt: daß beide sich nicht ausschließlich gegenüberstehen als ideale Realität einerseits und mundale Sensibilität andererseits, sondern als die zwei Ausdrucksformen der einen Wirklichkeit. Die Natur wirkt aus sich selbst, die Geschichte wirkt nicht selbst, sie wird nur Wirklichkeit durch Akte des Menschen. Darin ist auch die Aufgabe enthalten, den Standort der Menschen gegenüber der Natur und in der Geschichte jeweils wieder und immer wieder neu zu suchen. Denn nichts bleibt so, wie es gerade ist, die Natur nicht, die Zeit nicht, und wir nicht inmitten von Natur als Kinder unserer Zeit. Die Suche nach einem Standort kann nicht ohne Orientierungshilfen geschehen. Es ist unmöglich, im weiten Ozean nach Land Ausschau zu halten, ohne wenigstens ungefähr zu wissen, welche Richtung einzuschlagen sein wird.

So scheint im Wechsel der Zeitläufe und der sich stets wandelnden Natur unausgesprochen doch das Thema der griechischen Metaphysik mitbedacht werden zu müssen: das Zeitlose, das Unveränderliche. Insofern sind die Griechen, ist die philosophische Tradition auch in den Außenseitern der Philosophie präsent. In jeder revolutionären Parole zum Umdenken ist auch die alte Aufforderung aus Delphi zur Selbsterkenntnis enthalten. Neu sind jeweils nur Wort und Ton, die Überzeugung, mit der gesprochen wird, was sich sonst keiner zu sagen traut, weil es sich gegen Konventionen und Dogmen an die natürliche, vernünftige Einsicht richtet. Und diese öffentlich anzusprechen war schon zu allen Zeiten lebensgefährlich, wenigstens für den, der dazu verurteilt war, Sprecher der Einsicht zu sein.

Weil einige der zwölf Personen vielleicht unbekannt sein dürften, andere gerade dem Namen nach geläufig sind, sollen ein paar biographische Daten vorweg etwas Erwartung vermitteln.

1. KOHELET. Das ist wohl nicht der richtige Name des Mannes, den wir nur als Verfasser eines Buches kennen, das zum Kanon der alttestamentlichen Bücher gehört, unter den Christen jedoch zur umstrittensten Schrift der uneinheitlichen biblischen Sammlung zählt. Von sich selbst sagt er, »Ich war in Jerusalem König über Israel« (1, 12), doch die Exegeten halten das für eine »literarische Königstravestie«[1], für eine

Anspielung auf König Salomo. Das war eine damals und auch später übliche Kunstform, den eigenen Aussagen mehr Gewicht zu verleihen; sie wurde von den Zeitgenossen nicht als Täuschungsversuch aufgenommen.

Qohaelaet heißt: Versammlungsleiter, nach dem hebräischen qahal = Versammlung. Das griechische Wort dafür ist ἐκκλησία, weshalb der Leiter einer solchen Zusammenkunft, die auch ein philosophischer Kreis gewesen sein mag, Ecclesiastes heißt, unter welchem Namen, statt Kohelet, das Buch auch läuft. Des weiteren heißt der Verfasser aber auch einfach »der Prediger«. Im Nachwort, das inzwischen zum Text gehört, sagt ein Herausgeber, oder wer immer das war, Kohelet sei ein Gelehrter gewesen, der einfachen Leuten Kenntnisse vermittelt habe (12, 9); sonach hätte er, im weiten Sinne, zu den Sophisten gerechnet werden können. Seine Schrift hat ja auch den Charakter einer Popularphilosophie; man ordnet sie der sogenannten Weisheitsliteratur zu.

Sprachvergleichend und aus Anspielungen auf Zeitumstände schließend, läßt sich die Abfassung ziemlich genau datieren: zwischen 190 und 180 v. Chr.[2]. Viele Exegeten behandeln den Verfasser wie einen Aussätzigen: er leugne die menschliche Freiheit, Gott sei für ihn keine Person, vom heilsgeschichtlichen Denken falle er schrecklich ab[3], und man müsse sich den Kopf darüber zerbrechen, wie dieses Werk überhaupt Eingang in die Bibel gefunden habe. Das ist nicht unser Problem, aber es läßt sich darauf eigentlich nur mit einer vernünftigen Vermutung antworten: der Autor hat damals den Fragen und Erwartungen der Kultusgemeinde entsprochen, deshalb wurde sein Buch gelesen und kommentiert. Sein Ansehen muß so groß gewesen sein, daß es zu einer offiziellen Rezeption gekommen ist. Mit dieser kurzen, zugegeben ziemlich unpersönlichen Berichterstattung über den ersten der anstößigen Denker müssen wir uns hier begnügen.

2. Über JOACHIM DE FIORE läßt sich mehr sagen. Zunächst ein paar äußerliche Daten: er wurde 1145 in Celicio bei Cosenza in Calabrien geboren, trat 1166 in das Cistercienserkloster Sambucina ein, wurde 1178 Abt des Kloster Corrázzo, und ab diesem Jahr ist er auch als Schriftsteller nachweisbar. 1182 wird er Abt eines anderen Klosters, 1187 verläßt er mit einigen Mönchen dieses Kloster und gründet eine neue Gemeinschaft bei Fiore (oder Floris) mit einer neuen Ordensregel, die nach ihm Joachinistische Regel heißt. Nach der Approbation durch Coelestin III. 1196 werden zahlreiche Klöster nach dieser Reform Joachims gegründet. 1202 oder 1205 stirbt er. Obgleich seine Lehre offene Ketzerei war, wurde Joachim merkwürdigerweise nie als Haeretiker verurteilt. Die Franziskaner erkannten sich ein halbes Jahr-

hundert später als Träger seiner Verheißungen; Martin Luther, Thomas Müntzer, Ernst Bloch schätzten seine christliche Sozialutopie hoch ein; Hegels Geschichtsphilosophie übernahm das Schema der drei Entwicklungsstufen. Aber Joachim unterschied sich von allen anderen Utopisten: er setzte dem Dritten Reich, dem Reich des Geistes und der Freiheit einen Termin, einen gefährlich nahen Termin, von seiner Zeit aus gesehen, nämlich die Mitte des 13. Jahrhunderts.

An einem Pfingstmorgen eines Jahres zwischen 1190 und 1195 hatte er eine plötzliche Erleuchtung, die ihm ein jahrelang in Studium und Meditation gesuchtes Verständnis einer Stelle der Apokalypse brachte (*Expositio in Apocalypsa*, fol. 39 c). Er fand die Konkordanz zwischen den Epochen der Heilsgeschichte im Spiegel der Trinität. Den drei göttlichen Personen, Vater, Sohn und Geist, entsprachen drei Zeitalter, des Alten Testaments, des Neuen Testaments und des Geistes. Die Wiederkunft Christi ist somit nicht der geglaubte und von vielen erwartete Weltuntergang, sondern nur das Ende der zweiten Epoche und der Anfang des dritten Reiches. Mit dem zweiten Reich geht auch die jetzige äußere Ordnung der Kirche zu Ende, das geistige Reich braucht weder Papst noch Klerus, es kennt keine Sakramente und keine heilige Schrift mehr. Wenn heute ein Theologe solche Sätze publizieren würde, drohte ihm anderes als die Heiligsprechung. Ein Wort Nietzsches paßt (nach Walter Nigg) ausgezeichnet auf Joachim: »Die stillsten Worte sind es, welche den Sturm bringen, Gedanken, die mit Taubenfüßen kommen, lenken die Welt.«

3. FRANCESCO D'ASSISI braucht eigentlich nicht vorgestellt zu werden, denn jeder kennt ihn. 1181 und 1182 in Assisi/Umbrien geboren und am 3. Oktober 1226 gestorben im Angesicht seiner Stadt, auf dem Boden neben dem Kirchlein im Tal liegend, das er eigenhändig wieder aufgebaut hatte. Er ist über die Grenzen der Jahrhunderte, der Erdteile, der Religionen und Konfessionen hinweg everbody's darling, der Inbegriff eines Heiligen. Die Schwierigkeit mit ihm liegt darin, daß es viele, viel zu viele Bilder von Franziskus gibt, die nicht so recht zusammenpassen. Für die historische Forschung läßt sich schon Spreu vom Weizen scheiden; doch wer er wirklich war, der diese beispiellose Faszination ausstrahlt, das ist unter all den Übermalungen schwer zu finden. Man muß sich also sein eigenes Bild machen. Was ich skizzieren kann, ist nur eine unter anderen möglichen Darstellungen und läßt von meinem engen persönlichen Verhältnis zu ihm kaum etwas erkennen.

Warum er hier in diese Runde aufgenommen wurde, bedarf einer kleinen Rechtfertigung. Einmal wäre die Wirkungsgeschichte der Joachimschen Prophetie um ihren Höhepunkt gebracht, wenn nicht das franziskanische Selbstverständnis hinzuberichtet würde, nach dem Franziskus der verheißene Dux des neuen Zeitalters sei, der »andere Christus«, und seine Minderbrüder die Träger der neuen Bewegung. Doch das ist noch zu wenig, und der wahre Grund liegt in meinem – schon erwähnten – Bild, das ihn nicht als harmlosen Troubadour, als Bruder Immerfroh, sieht, sondern als den Begründer einer neuen Weltfrömmigkeit, der die Welt als Schöpfung und als Ort der Gotteserfahrung versteht, der Religion als Erfahrung und Intuition im Diesseits findet und sich dem konkreten Menschen, dem Hungrigen und Ausgestoßenen hier und jetzt zuwendet. Damit hat er Unersetzliches zur Wirklichkeit als Natur und zum Verständnis der Gegenwart als allein verfügbarer Zeit geleistet. Daher gehört er zu den Anstoß gebenden Denkern, und daß er denken konnte, bezweifeln nur diejenigen, welche behaupten, er habe nichts Bemerkenswertes geschrieben. Auf die Dauer fasziniert allein der Geist. Daher ist unter jeder denkbaren Hinsicht unvorstellbar, daß Francesco eine solche Gefolgschaft gefunden, eine Jahrhunderte überlebende Bewegung ausgelöst hätte, daß Adelige und Juristen ihm zugelaufen wären und die Franziskaner wichtige Lehrstühle in Padua, Bologna, Oxford und Paris einzunehmen imstande gewesen wären, wenn der Gründer nichts anderes zu sagen gehabt hätte als das, was ihm die frommen Legenden in den Mund legen.

4. NICCOLÒ MACHIAVELLI hat einen schlechten Ruf. Machiavellismus wurde zum Schlagwort für bedenkenloses politisches Handeln, für brutale Methoden zur Durchsetzung politischer Ziele und allgemein für die schlimme Trennung von Politik und Moral. Ob sich das zu Recht oder zu Unrecht mit seinem Namen verbindet, steht jetzt nicht zur Debatte. Vielmehr erscheint er hier als einer der geschichtsmächtigsten Denker, besonders als einer, der die Dinge sieht, wie sie sind, nicht wie sie sein sollten; der von der Wirklichkeit spricht, nicht von Utopien. Im Jahre 1469 in Florenz geboren, wurde er zum Juristen ausgebildet, erhielt mit 29 Jahren das Amt eines Sekretärs der Zweiten Kanzlei, was heute etwa dem Innenministerium eines Stadtstaates entspricht. Für kurze Zeit war er Kommissar für den Krieg gegen Pisa, richtete anstelle des Söldnerheeres eine Bürgerwehr ein, die allerdings beim ersten Scharmützel davonlief. Unter spanischer Herrschaft endete die Republik, der Machiavelli diente, er verlor sein Amt und floh, kehrte später noch einmal in eine untergeordnete Stellung zurück und starb, nach erneuter Verbannung, im Jahre 1527.

Sein wichtigstes Buch heißt *Der Fürst* (*Il Principe*), 1513 gedruckt, worin er einem Herrscher Ratschläge erteilt, wie am besten zu regieren sei. Wiederum faßt er nur in Begriffe, was ist. Den mächtigen Cesare

Borgia hat er in vielen, stilistisch meisterhaften Berichten beschrieben und darin bewiesen, wie scharf er den beobachtet hat, der mit List, Verschlagenheit und Gewissenlosigkeit eine Sache durchzusetzen verstand. *Il Principe* und *Discorsi* zeigen, wie man sich unter mißgünstigen, egoistischen, niederträchtigen Menschen behaupten kann. Die Discorsi stellen keine Normen und schon gar keine Ideale auf. Wenn man bedenkt, daß noch 250 Jahre nach Machiavelli, im 18. Jahrhundert, die Aufgabe eines Geschichtsschreibers darin gesehen wurde, »die Toten den Lebenden als Exempel der Moralität« vorzustellen, Geschichte als Erbauung und Belehrung zur Besserung der Sitten, dann wird deutlich, wie sehr Machiavelli seiner Zeit voraus war und worin er, anstößig genug, Denkschmerzen bereitete.

5. Auch GIORDANO BRUNO war kein Heiliger, wenngleich ein begnadeter Ketzer. Weil ihn das hl. Officium zum Tode auf dem Scheiterhaufen verurteilte, ist er als Märtyrer unter den Philosophen geadelt. Als Filippo Bruno in Nola bei Neapel 1548 geboren (weshalb er von sich selbst und einige von ihm als »dem Nolaner« sprechen), trat er 1565 in den Dominikaner-Orden ein und hieß seitdem Giordano. 1576 trat er wegen eines ihm drohenden Verfahrens der Inquisition wieder aus, was der Hinzufügung bedarf, daß ein Ordensaustritt damals kein Spaziergang war. Er floh nach Genua, hielt in Ligurien Privatvorlesungen, floh weiter nach Turin, Genf, Lyon, Paris, wohnte zwei Jahre lang in London im Haus des französischen Botschafters am englischen Hof, versuchte in Oxford einen Lehrauftrag zu erhalten, scheiterte damit und rechnete verärgert mit den Dons in Oxford in *La cena delle cenere* (1584) ab. Ins Deutsche als *Aschermittwochsmahl* übertragen, sind die Dialoge noch heute eine vergnügliche Lektüre, allerdings weniger für Engländer. Sein Hauptbuch heißt *De la causa, principio et uno* (*Von der Ursache, dem Prinzip und dem Einen*), es ist kurz nach dem *Aschermittwochsmahl*, ebenfalls in Dialogform, verfaßt. 1585 kehrte er nach Paris zurück, mußte jedoch erneut fliehen, diesmal über den Rhein nach Mainz, Wiesbaden, Marburg, wo man ihm auch keinen Lehrauftrag geben wollte. So versucht er es bei den Protestanten in Wittenberg und Helmstedt, geht enttäuscht nach Frankfurt an den Main zurück, wo er keine Aufenthaltserlaubnis erhält. In Zürich kündigt er Privatvorlesungen an, bewirbt sich schließlich um den vakanten Lehrstuhl für Mathematik in Padua (den dann Galilei übernahm) und läßt sich nach Venedig einladen. Dort verrät ihn sein Gastgeber Giovanni Mocenigo an die Inquisition; man verlegt den Prozeß nach Rom, wo Bruno wegen »Zweifel an der Trinität und Inkarnation« zum Tode verurteilt wurde. Am 17. Februar des Jahres 1600 wurde er auf dem Campo de Fiore in Rom öffentlich verbrannt.

6. GIAMBATTISTA VICO – es ist kaum zu glauben, aber neuere Philosophiegeschichten[4] verzeichnen keinen Namen Vico. Er wurde 1668 in Neapel geboren, wo er 1725 die *Principi di Scienza Nuova* (*Prinzipien der Neuen Wissenschaft über die gemeinschaftliche Natur der Völker*) publizierte. Zu seiner Zeit war Vico ein unbeachteter und verkannter Mann, was allerdings seine Selbsteinschätzung nicht betrübte. Die Geschichte, von der er gesagt hatte, daß sie ganz und gar von Menschen gemacht werde und daher am besten von allem erforscht werden könne, die Geschichte bzw. ihr »Urteil«, hat ihm recht gegeben. Vico ist auf diesem Gebiet der umfassendste Denker geworden, der erste, der Historie und Philosophie wirklich zusammengeführt hat, und der Geschichte im Bereich der Philosophie – lange vor Hegel – eine legitime Position zuwies.

Sein Brot verdiente er als kleiner Professor der Rhetorik in Neapel, wo er für die großen Herren Prunkreden zu verfassen hatte. Wer ihn kannte, war gerührt von diesem herzensguten Menschen, der gütig, hilflos und fromm manchmal »mit weit geöffneten Augen, abgezehrt und einen Stecken in der Hand«[5] durch die Straßen geisterte, als ob er den Verstand verloren hätte. Er hatte jedoch etwas Großes gesehen und wußte noch nicht, wohin damit. Was er sah, war, wie Benedetto Croce später schrieb, eine kopernikanische Wende, eine Revolution des Menschen gegen die Wissenschaft, weg vom Kosmologisch-Naturwissenschaftlichen, weg vom Trend seiner Zeit also, hin zum Menschlich-Geschichtlichen. 1744 legte er den Griffel aus der Hand, wie man so sagt. Im Schlußwort der *Neuen Wissenschaft* steht der schöne und wahre Satz: »Che se non siesi pio, non si può daddovere esser saggio« – daß, wer nicht fromm ist, in Wahrheit auch kein Weiser sein kann.

7. HENRY DAVID THOREAU stünde sicherlich in meiner Philosophiegeschichte, schriebe ich eine. Das wäre dann wahrscheinlich die einzige Erwähnung in deutschen akademischen Philosophie-Publikationen. Dabei hatte der 1817 in Concord im Staate Massachusetts/USA Geborene ein Buch geschrieben, von dem Hermann Hesse sagte, die amerikanische Literatur habe kein schöneres und tieferes Buch aufzuweisen. H.D. Thoreau studierte in Harvard, war eine Zeitlang Lehrer am Gymnasium seiner Heimatstadt, dann Redakteur und alles mögliche sonst noch. Eines Tages zog er sich an einen Waldsee zurück, ein paar Kilometer außerhalb von Concord, weil er das Leben viel zu kostbar fand, um es in Gesellschaft von Mitbürgern zu verbringen, von denen er nichts hielt. Dort schrieb er das Buch *Walden* oder *Leben in den Wäldern*, das 1854 erschien. Weil er keine Steuern bezahlen wollte, wurde er verhaftet. Als Frucht dieser Erfahrung schrieb er einen Essay:

Über die Pflicht zum Ungehorsam gegen den Staat. Am 6. Mai 1862 starb er; Ralph Waldo Emerson, sein Freund, hielt die Trauerrede, die Kinder von Concord bekamen schulfrei. Thoreau war den meisten Schülern, wenigstens vom Hörensagen her, bekannt, denn er hatte seine Laufbahn als Lehrer aufgekündigt, weil er sich weigerte, die Prügelstrafe zu praktizieren. Wer war er wirklich? Gandhi wurde von ihm inspiriert, die französische Résistance berief sich auf ihn, aber auch die englischen Gewerkschaften kennen ihn, amerikanische Bürgerrechtsbewegungen, Hippies, Aussteiger, Wehrdienstverweigerer lesen und zitieren aus seinen anstößigen Schriften. Es muß etwas an ihm sein, das kennenzulernen lohnen wird.

8. GUSTAV THEODOR FECHNER (1801-1887) ist der Sohn eines Lutherischen Pastors aus der Lausitz. Dessen Vater war schon Geistlicher, auch die Mutter stammt aus einem Pfarrhaus. So wie die Verhältnisse damals lagen, war Fechner bestens disponiert, fast prädestiniert, ein deutscher Philosoph zu werden. Doch er studierte Medizin und blieb lebenslang ein Naturwissenschafter; als Psychophysiker entwickelte er eine Disziplin der experimentellen Psychologie, welche die Beziehungen zwischen Reizen und Empfindungen erforscht. Auch für die angewandte Mathematik hat er Hervorragendes geleistet. Und doch schrieb er (unter dem Pseudonym »Dr. Mises«) Bücher mit so seltsamen Titeln wie *Vergleichende Anatomie der Engel* (1825), *Büchlein vom Leben nach dem Tode* (1836), *Nanna oder über das Seelenleben der Pflanzen* (1848) und *Zend-Avesta* (1851). Zend bedeutet Kommentar, Avesta heißt die heilige Schrift der altpersischen Religion des Zarathustra.

War er verrückt? Keineswegs. Er war krank, lange Jahre schwer krank, fast erblindet und verhungert, am Ende seiner Kräfte. Da genas er plötzlich, 1843, und ab da versteckte sich der Metaphysiker im Physiker nicht mehr hinter einem Pseudonym, vielmehr trat er mit seinem Namen dafür ein, daß alles beseelt sei, Pflanzen wie Tiere, die Erde, der Kosmos. Aus der Naturwissenschaft heraus, auf induktivem Wege wird es möglich sein, eine Brücke zur Metaphysik des Geistes zu schlagen und die Solidarität alles Lebendigen erkennbar werden zu lassen, eine Gemeinschaft zu schaffen, die Bäume und Blumen, Tiere und Menschen, in geschwisterlicher Einheit alle Kreatur umfaßt, sogar die Verstorbenen mit einbezieht. Wir müssen an der Hand der Erfahrung die Erfahrung überschreiten, denn in der Erfahrung selbst liegen empirische Hinweise dafür, daß sie zu überschreiten ist. Solche Sätze, die bei Fechner natürlich nicht isoliert auftauchen, sondern wohl durchdacht und im Ganzen geordnet sind, zählte Max Scheler zum Tiefsten, was je in der Philosophie gedacht wurde. Lob kam auch aus Amerika: William

James begeisterte sich für Fechners zu höchster Blüte gebrachte Beobachtungsgabe, sein mathematisch präzises Denken, sein scharfsinniges Unterscheidungsvermögen und sein hohes menschliches Empfinden.[6] Wie ist es möglich geworden, daß ein so interessanter Mensch und Denker zu den fast völlig Vergessenen der Philosophiegeschichte gehört? Sind wir so reich, daß wir »die fremden Säle des eigenen Schlosses« (Franz Kafka) nicht mehr zu öffnen brauchen?

9. ALBERT SCHWEITZER; auch er ein Pfarrersohn, aus dem Elsaß, 1875 geboren, habilitierter Theologe, jeweils promovierter Philosoph und Mediziner, Schriftsteller, Organist, Bach-Forscher, Nobelpreisträger, Verächter der Atomwaffen. Als er 1965 in Lambarene, Afrika, starb, war er von aller Welt verehrt worden wie kaum ein anderer Mensch seiner Zeit. Er hat, wie Carl Jakob Burckhardt sagte, »Vertrauen schenkende Zeichen« gegeben, daß die Wahrheit doch zu ihrem Recht kommen könne. Heute erinnert sich mancher seines Namens, für die deutsche Philosophie aber existiert er überhaupt nicht (mit Ausnahme der *Philosophie der Gegenwart in Selbstdarstellungen*, Bd. VII, im Verlag Felix Meiner, Leipzig 1929). Bezeichnenderweise erschien die erste Gesamtausgabe der Werke 1956 (19 Bände) in Japan, was andererseits verständlich wird, wenn man bedenkt, daß dieses Land die Schrecken der atomaren Vernichtung bisher als einziges erlebt hat und in Albert Schweitzer einen Anwalt für die neue Gesinnung der Menschlichkeit sieht. Die jüngste deutsche fünfbändige Ausgabe, kommissarisch von Beck in München ausgeliefert, ist – wiederum bemerkenswert – in der DDR gedruckt worden.

Die umfassende »Ehrfurcht vor dem Leben«, aber auch die neue Gesinnung der Menschheit als »Bruderschaft der vom Schmerz Gezeichneten« bestimmen sein Handeln. Daß seine Ethik jede Art von Töten als Unmenschlichkeit brandmarkt, Hetz- und Treibjagden ebenso wie Kriege und deren Vorbereitung, machen ihn bei denen, die ihn so selbstgefällig geehrt hatten, suspekt. Der Arzt von Lambarene war ein willkommenes Alibi (wie heute seine Nachfolgerin in dieser Rolle, Mutter Teresa) für alle, die sich Hofphilosophen, Philanthropen und andere Narren halten, um desto ungestörter »Realpolitik« betreiben zu können, gerade so, wie Machiavelli sie beschrieben hat. Was überhaupt nicht in ihr Bild vom guten Schweitzer paßt, ist, daß er die Kehrseite seines Prinzips der Liebe zum Leben, nämlich den Haß gegenüber denen, die quälen und töten, ebenso deutlich ausgesprochen hat. Schweitzer nahm das immer gültige Wort des Anselm von Canterbury ernst: »Müßig und durchaus nutzlos ist das Bewußt-Sein und Erkannt-Sein jedweden Dings, wenn es nicht nach der Forderung der Vernunft auch geliebt oder verworfen würde« (*Monologion* cap. XLIX) – geliebt, oder wenn nicht liebenswert, wie Waffen und Gewalt, als verwerflich und hassenswert gebrandmarkt.

10. THEODOR LESSING (1872–1933) entstammte einer alten jüdischen Familie aus Hannover, die sich aus Verehrung für den Verfasser des »*Nathan*« den Namen Lessing zugelegt hatte. Nach einem Studium der Medizin (Promotion 1895) wandte er sich der Psychologie und Philosophie zu und promovierte 1899 zum Dr. phil. Eines seiner früheren Werke »*Europa und Asien*« (1916) weist im Untertitel ›Der Untergang der Erde am Geist‹ auf seine Nähe zum *Geist als Widersacher der Seele*; in der Tat war Lessing jahrelang mit Ludwig Klages befreundet.

Eine Autobiographie mit dem eindeutigen Titel *Einmal und nie wieder* (1928) und Bücher mit so hübschen Namen wie *Meine Tiere* und *Meine Blumen* lassen einen liebenswerten Menschen vermuten. Doch kaum jemand hat soviel Gehässigkeit auf sich gezogen wie Lessing. Er habilitierte sich an der TH Hannover und lehrte dort ab 1922 als a. o. Professor Philosophie. Als man in Deutschland nach dem Ersten Weltkrieg von Revanche und einem neuen Krieg träumte, sich an nationalen Symbolen und Idolen aufgeilte, deckte Lessing anläßlich der Wahl Hindenburgs zum Reichspräsidenten die Hintergründe des deutschen Chauvinismus auf. Daraufhin begann die Hetze, ein regelrechtes Kesseltreiben setzte ein. Von Jung-Nazis geschürt, verlangten Studenten die Absetzung Lessings; seine Vorlesungen wurden systematisch gestört oder verhindert. Als der Rektor sich vor Lessing stellte, traten erst die Studenten in Hannover in Vorlesungsstreik, bald danach die Studentenvertretungen fast aller deutscher Hochschulen.

Im Februar 1933, ein paar Tage nach der Machtübernahme Hitlers, floh Lessing über die Grenze nach Marienbad in die Tschechoslowakei. Eine Kopfprämie von RM 80000,– wurde ausgesetzt, eine unerhörte Summe für einen solchen Zweck; ein Mörder fand sich und erschoß Lessing heimtückisch im Park des böhmischen Kurorts. Deutsche Zeitungen meldeten: »Mit Professor Lessing ist eine der übelsten Erscheinungen der Nachkriegszeit aus dem Leben geschieden. Er gehörte zu jenem Teil der Professorenschaft, der mit einem intellektuellen Pazifismus... die deutschen Hochschulen verseuchte. Nun ist auch dieser unselige Spuk weggewischt«[7]. Goebbels schmähte ihn öffentlich auf dem Nürnberger Parteitag und kündete eine »konsequente Lösung der Rassenfrage« an. Die erfolgte dann in den Gaskammern von Auschwitz, Maidanek und Treblinka. Überflüssig ist es, zu erwähnen, daß Lessings Bücher alle auf den Scheiterhaufen der Universitätsstädte verbrannt wurden. Aber wenigstens eine seiner Schriften ist es wert, der

Asche der Vergessenheit entrissen und weitergereicht zu werden. Es ist die *Geschichte als Sinngebung des Sinnlosen*. Mit diesem Buch allein, in dem Lessing die herkömmlichen Kategorien der Geschichtsschreibung und Geschichtsphilosophie radikal zurückweist, beschäftigen wir uns hier.

11. TEILHARD DE CHARDIN wurde 1881 auf dem Familiengut bei Clermont-Ferrand in Südfrankreich geboren. Als er 1955 in New York starb, gehörte er immer noch dem Jesuiten-Orden an, in den er im Alter von achtzehn Jahren eingetreten war. Dieser Orden aber hatte die Veröffentlichung seiner Schriften verhindert, und noch nach seinem Tod, im Dezember 1957, verfügte der Vatikan, daß »die Bücher des P. Teilhard de Chardin S.J. aus allen Bibliotheken der Priesterseminare und allen kirchlichen Häusern entfernt werden. Sie dürfen in katholischen Buchhandlungen nicht verkauft werden. Es ist verboten, sie in andere Sprachen zu übersetzen.«[8]

Doch genau dies geschah: Es kam zu einem unvorstellbaren Triumph des toten Autors. Seine Schriften wurden überall gelesen, in die Schaufenster der katholischen Buchhandlungen als Blickfang gestellt, in alle gängigen Sprachen übersetzt und mit höchsten Auflagen verbreitet. Das war nur möglich (abgesehen davon, daß kirchliche Verbote fast stets das Gegenteil bewirken), weil er die Erwartungen und Hoffnungen vieler Menschen in einer noch nie gehörten Weise aussprach. Einige Bücher von ihm und über ihn verraten etwas über den Erfolg und die erstaunliche Rezeption: *Die Suche nach dem verlorenen Weltbild*, *Die Sehnsucht der Menschen nach der Einheit*, *Gott spricht in der Sprache der Welt*, die Materie ist *das göttliche Milieu*, der *Leib Gottes*, und so weiter. Das scheint die These zu sein: Es darf keine Trennung, wenigstens keine bleibende Kluft zwischen Profanem und Religiösem geben, auch keine Trennung zwischen Philosophie, Naturwissenschaften und Theologie. Teilhard hat das in einem manchmal atemberaubenden Entwurf für das 20. Jahrhundert neu formuliert.

Dreißig Jahre nach dem Bekanntwerden seiner Schriften sieht es so aus, als ob die ersten Wellen des Chardinismus ausgelaufen seien; doch der Wind weht immer noch; wir wissen nicht, welchen Sturm er entfachen wird. Man mag zu Teilhard de Chardin stehen wie man will, etwa seine Anthropologie hochschätzen und zugleich bedauern, daß er alles in dieser merkwürdigen christologischen Spekulation für viele unannehmbar machte. Seinen Platz hat er jetzt schon unter denen, die ungewöhnliche Anstöße gaben und uns bisher fremde Modelle des Denkens vor Augen stellten.

12. E. M. CIORAN. Der einzige noch lebende in dieser Galerie der

Nonkonformisten, aber auch metaphorisch gesprochen »der Letzte«. Geboren 1911 in Rumänien als Sohn eines griechisch-orthodoxen Popen und einer ungarischen Baronin, lebt er seit 1937 in Paris und veröffentlicht dort in anspruchsvoller französischer Prosa aphoristische Philosophie mit schockierenden Titeln wie *Auf dem Gipfel der Verzweiflung*, *Lehre vom Zerfall*, *Syllogismen der Bitterkeit*, *Die verfehlte Schöpfung*, *Absturz in die Zeit* und *Vom Nachteil geboren zu sein*. Gabriel Marcel entdeckte seine Verwandtschaft zum Existentialismus und nannte ihn einen der kühnsten und heftigsten Belastungszeugen, die je erschienen sind im Laufe des endlosen Prozesses zwischen den Menschen und der Welt oder Gott. Cioran wirkt wie »ein jüngerer Bruder Nietzsches«[9], aber er hat sich selbst mehr an Shakespeare, Dostojewski und Schopenhauer orientiert. Mit Nietzsche verbinde ihn nur eine »Temperamentsähnlichkeit«[10], weil beide »schlaflose Geister« seien. Cioran verflucht den geschichtlichen Prozeß, den Fortschritt, die westliche Zivilisation – und läßt sich doch jedes Jahr ärztlich untersuchen, berichtet über das letzte Röntgenbild mit negativem Befund, er benutzt das Telefon, fliegt zu Kongressen – im übrigen aber ist er gegen alles, was seit Adam und Eva passierte. Wie reimt sich das zusammen, was ist glaubhaft an einem solchen Menschen, der sich eine Theorie des Suizid zurechtmachen muß, um sich nicht schon lange das Leben genommen zu haben? Was er schreibt ist allemal anstößig, doch ist es auch wert, als neue philosophische Aussage über die Wirklichkeit recordiert zu werden?

Mit der Grundthese, es sei besser, nicht geboren zu werden, verbindet sich der Letzte in der Reihe, Cioran, mit dem Ersten, Kohelet, der die Toten preist, weil sie den Lebenden viel voraus haben; glücklicher jedoch als beide darf der genannt werden, »der noch nicht geworden ist«. So übersetzt die neue Einheitsbibel, aber das kann so nicht sein: das Wörtchen »noch« verfälscht die ganze Aussage. Schließlich stimmen fast alle Philosophen Asiens und Europas seit einigen tausend Jahren darin überein, daß es besser sei, jung zu sterben als alt zu werden, das Beste von allem jedoch, überhaupt nicht geboren zu sein, nicht noch nicht geboren zu sein. Die Absicht und der mögliche Nutzen im Kennenlernen dieser sehr unterschiedlichen Denker liegen darin, daß sie alle ein Modell anstößigen Denkens geboten haben. Und diese Modelle muß man einmal Revue passieren lassen, denn sonst erkennt man sie nicht wieder oder man übersieht neue Formen des Anstoßes. Die Philosophie lebt von diesen unmittelbar erlebten Konflikten einzelner Menschen mit der ihnen aufgezwungenen Wirklichkeit. Aber wer nicht sehen gelernt hat, wird achtlos an ihren Beispielen vorübergehen.

I. Teil

1. Kohelet

Von Sokrates kennen viele Leute bestenfalls einen Satz, den sie auch noch häufig falsch verstehen: »Ich weiß, daß ich nichts weiß.« Von Kohelet, dem Unbekannten, sind dagegen mindestens drei Sätze im Umlauf: »Eitelkeit, Eitelkeit, alles ist eitel« (1, 2); sodann: »Es gibt nichts Neues unter der Sonne« (1, 9); und schließlich: »Alles hat seine Stunde, für jedes Geschehen unter dem Himmel gibt es eine bestimmte Zeit: eine Zeit zum Weinen, eine Zeit zum Lachen...« etc. (3, 1-8). Für die Verbreitung der zuletzt genannten Weisheit hat auch die hübsche Melodie eines Liedes beigetragen: »To every thing there is a season, and a time to every purpose under the heaven: a time to be born and a time to die...« etc. Es sind drei vortreffliche Beispiele dafür, wie populäre Sprüche haarscharf das verfehlen, was der Urheber sagen wollte. Das gilt für das angebliche Nichtwissen des Sokrates gleichfalls. Nicht als ob Kohelet daran gezweifelt hätte, daß Eitelkeit mehr als Bescheidenheit unter den Menschen verbreitet sei oder daß alles seit Ewigkeit schon so war, wie es sich unseren Augen zeigt, daß es die richtige Zeit für alles gebe und wir nicht über jedes Ding jederzeit verfügten. Nur trifft das nicht den Kern seiner Mitteilung.

Das Mittelalter hatte es sich leicht gemacht und den Beginn der Rede des Predigers mit Vanitas vanitatum, omnia vanitas ins Lateinische gebracht, woraus die Aufforderung abgeleitet werden konnte, irdische Güter solle man verachten, die himmlischen dagegen begehren.[1] Vanitas, Eitelkeit, ist jedoch nur eine metaphorische Wiedergabe des hebräischen Ausdrucks für Wind, Hauch, Dunst (haevael). Im übertragenen Sinne kann daraus Qualm, Rauch, Blendwerk werden, aber auch luftiger Gedanke, Luftschloß, Wolkenkuckucksheim, Wolkenkukkucksheim ist alles. Die neue interkonfessionelle deutsche Bibelausgabe hat sich für »Windhauch« entschieden. »Haschen nach Luft« stand ebenso zur Debatte wie »Hirngespinst«. Mit keinem davon läßt sich gut leben, aber wir haben zum Glück nicht die Sorgen der Exegeten. Unsere Frage lautet: was ist die philosophische Aussage dieser über den ganzen Text formelhaft wiederkehrenden Feststellung?

Es sind im wesentlichen drei Thesen (die Zahl drei ist zufällig und ohne geheimnisvolle Absicht): (1) Das Geschehen unter der Sonne, d. h. alles, was die Menschen auf der Erde in diesem Leben betrifft, alles geschieht in der Zeit. Wie ein Hauch uns streift, so nimmt die Zeit mit sich, was für einen Augenblick Ereignis war. Der unerbittliche Faktor Zeit macht zunichte, was Menschen an Beständigem zu besitzen versuchen. (2) Das Prinzip Zeitlichkeit umfaßt auch die Maßstäbe des Überlieferten und die bisherigen Wertungen; es führt zur Korrektur der Moral, zur Entlarvung der Konventionen als Spinngewebe und zum Sturz der Bildungsweisheiten. »Nicht den Schnellen gehört im Wettlauf der Sieg, nicht den Tapferen der Sieg im Kampf, auch nicht den Gebildeten die Nahrung, auch nicht den Klugen der Reichtum, auch nicht den Könnern der Beifall, sondern jeden treffen Zufall und Zeit.« (9, 11-12) (3) Daraus aber den Schluß zu ziehen, daß folglich alles sinnlos sei, einem nichts bleibe, als den Strick zu nehmen oder verzweifelnd nihilistische Philosophie zu verbreiten, entspräche kaum der Botschaft des Buches. Die erschütternde Erfahrung läßt nicht »trotz allem« auch noch ein Fünkchen Hoffnung übrig, vielmehr empfiehlt sie, in der neuen Sicht zu prüfen, was wert ist und bleibt – eigentlich nichts anderes, als was Descartes später in seinem Discours und den Meditationen auch unternommen hat. Es entsprach inhaltlich nur nicht dem, was die Frommen aus der Bibel als Wort Gottes zu hören erwarteten. Als Antwort auf die Flüchtigkeit irdischen Daseins empfahl Kohelet nicht die Verachtung, sondern den Genuß des Augenblicks: »Iß freudig dein Brot, und trink vergnügt deinen Wein.« (9, 7)

(1) Dem Kreislauf der Natur allein gilt der Spruch: Es gibt nichts Neues unter der Sonne (1, 9); der Wind dreht und kehrt zurück; die Flüsse münden ins Meer, das nicht voll wird davon, weil die Wasser zum Ort ihres Ursprungs herabregnen, um wieder zu entspringen. Wir können das in der Sprache nur unzureichend ausdrücken, unsere Worte sind überanstrengt, es bleibt auch keine Erinnerung an Früheres.

Diesen Zyklus durchbricht die völlig anders geartete Konstitution des Menschen. Der Wechsel, die Bewegung scheinen gleich zu sein; alles fließt, doch nicht um wiederzukehren, sondern in der Luft aufgelöst zu werden; nur ein Windhauch war es. Gibt es wirklich nichts Beständiges in den Geschäften der Menschen? Wissen und Können, erlebte Freude, ein glücklich verbrachter Tag – ist das völlig umsonst? »Ich baute mir Häuser, ich pflanzte Weinberge, ich legte mir Gärten und Parks an, darin pflanzte ich alle Arten von Bäumen. Ich legte Wasserbecken an, um aus ihnen den sprossenden Baumbestand zu bewässern... ich hortete Silber und Gold... was immer meine Augen sich wünschten, verwehrte ich ihnen nicht, versagte meinem Herzen keine einzige Freude« (2, 4-10). Ist es nicht besser, ein Haus zu besitzen als obdachlos zu sein, Wissen, Bildung im Kopf zu haben, als wie ungebildete Toren im Dunkeln zu tappen?

Das wäre so, aber was der Wind verweht hat, bleibt nicht; der Besitzende muß wie der Landstreicher sterben; vom Wissen ist nach dem Tode ebensoviel übrig wie vom Nichtwissen; den Weisen und den Dummen wird man vergessen haben, weil es keine Erinnerung gibt, die währt. Man ist versucht zu widersprechen. Auch wenn mein Haus einstürzt und mein Besitz, an den ich so viel Kunstsinn verschwendet habe, nach meinem Tod an einen Nichtsnutz übergeht und mein Leben nur ein Vorübergang, ein Windhauch war, würde ich für diese flüchtige Passage doch lieber Wissen, Gesundheit, Reichtum, Wohlstand und halbwegs annehmbare Zeitumstände wählen, statt mir Unwissenheit, Krankheit, Armut, Hunger und Krieg dadurch erträglich zu machen, daß ich behauptete, alles sei gleich viel wert, nämlich nichts. Im Tode gleicht der König dem Bettler; ja, schon, aber vorher?

Der Einwand wäre vernünftig und nicht leicht zu widerlegen, wenn die unterstellten Bedingungen zuträfen: daß wir unser Glück selbst gründen, unseren Zustand, so oder anders, selbst wählen könnten. Aber hier schiebt Kohelet einen Satz ein, der an die griechische Moira erinnert: »Ich habe aber beobachtet, daß dieses von Gottes Verfügung abhängt.« (2, 24) Es gibt Menschen, »denen Gott wohl will« (2, 26). Wenn aber unser Schicksal von woanders verfügt wird, »welchen Vorteil hat dann einer davon, daß er sich anstrengt?« (3, 9). Die Fragen bleiben vorerst offen, denn die Einführung einer Erklärung von der Art, wie sie »das ist Gottes Verfügung« darstellt, bringt Komplikationen höherer Art mit sich, die sich erst im dritten Teil lösen werden.

»Alles hat seine Stunde, für jedes Geschehen unter dem Himmel gibt es eine bestimmte Zeit.« (3, 1) Die ganze Kette der paarweise zusammengestellten Gegensätze (Geborenwerden – Sterben; Pflanzen – Ernten; Töten – Heilen; Schweigen – Reden usw.) wird durch die allgemeine These: daß dies alles in der Zeit geschieht, dominiert. Insofern liegt der Akzent nicht, wie im üblichen Verständnis, auf der richtigen Zeit, dem für jedes Ding eigenen Zeitpunkt, sondern darauf, daß alles, gar alles »in der Zeit« geschieht und damit flüchtig ist. Nichts, was wir zwischen Geburt und Tod unternehmen, kann aus dem Windhauch gerettet werden; Liebe, Umarmung, Glücksgefühl, von dem wir Dauer wünschen, nicht gerade Ewigkeit, aber doch ein bißchen länger als üblich, vollzieht sich unter dem Verdikt: alles, ausnahmslos alles unterliegt totaler Zeitlichkeit. Allerdings gilt das auch für Krankheiten, Gefängnisaufenthalt, Schmerzen und die Gesellschaft unangenehmer

Menschen: auch sie gehen vorüber. Soll man daher in der Balance Trost finden, gleichen sich Lust und Unlust, wenn die Rechnung am Ende aufgemacht wird, schließlich doch aus? Wäre es dann gerecht, den Zeitfaktor, der Übel abkürzt, zu loben, an demselben Zeitraffer aber zu verzweifeln, wenn er auch die Stunden des Glücks verfliegen läßt? Nach einiger Bestimmung erscheint vielleicht die Zeitlichkeit unseres Daseins, also die begrenzte, abgemessene Spanne, die uns gewährt ist, als das größere Geschenk, verglichen mit dem törichten Wunsch, zeitlos, also immerfort, ewig leben zu können.

Zu dem, was »alles unter der Sonne« vorkommt, gehören aber nicht nur Leiden und Freuden der Menschen, sondern auch andere Wesen, untergeordnete und übergeordnete Spezies, Tiere einerseits, geistige Wesenheiten wie Gerechtigkeit, Glückseligkeit, Bildung, Frömmigkeit andererseits. Während in der griechischen Philosophie der Antike die wesensmäßige Verschiedenheit zwischen Mensch und Tier betont wird, eben weil der Mensch Anteil an den Ideen der Gerechtigkeit, Frömmigkeit hat und Verantwortlichkeit für sein Handeln Voraussetzung einer Ethik wird, urteilt Kohelet lapidar: Worin besteht dann der Unterschied? Wir unterliegen demselben Geschick; wir sterben, sie sterben, Menschen wie Tiere kehren zum Staub zurück, aus dem sie entstanden sind, so daß wir erkennen müssen, daß wir keinen Vorteil ihnen gegenüber haben, sondern »eigentlich Tiere sind« (3, 19; vorher: 18-21). Was die Gerechtigkeit angeht, so findet sie nicht statt. Selbst an Orten, wo Recht zu sprechen wäre, bei den Gerichten, geschieht Unrecht. Nicht im einen oder anderen Fall, wenn ein unerwartetes Strafmaß das Rechtsempfinden verletzt, was bis heute die Regel ist (aber doch nicht in Frage stellt, daß es ein gerechtes Maß gibt, eben weil die regulative Idee der Gerechtigkeit ein Chaos der Werte und Urteile verhindert), nein, nicht diese oder jene ungerechte Handlung führt Kohelet an, sondern assertorische und endgültige Schlüsse: es gibt weder Gerechtigkeit noch Barmherzigkeit. Die Ausgebeuteten weinen, niemand tröstet; die Ausbeuter üben Gewalt, niemand greift ein (4, 1-6).

Ehre, Verehrung könnten Kategorien sein, durch die sich der Mensch von der bloßen Unterwerfung der Tiere unter Stärkere unterscheidet. Aber dem ist auch nicht so, hier ist nichts Bleibendes sondern »Windhauch« wie überall (4, 13-16). Könige werden abgelöst und das Volk jubelt dem nächsten, jungen Manne zu, der noch nichts ahnt von der wankelmütigen Volksgunst, bis er gestürzt wird und einsieht, daß die ihm entgegengebrachte Reverenz nicht mehr wert war als ein Wölkchen Weihrauch, das im Winde verweht.

Glück durch Reichtum und Bildung erweist sich als ebenso trügerisch wegen dieser alles zersetzenden Zeitlichkeit. Wer nichts besitzt, schläft ruhiger als der um den Verlust seiner Habe Bangende. Voll Sorge, immer mehr wissen zu wollen, immer mehr besitzen zu wollen, denn der Luxus ist unersättlich und fordert stets mehr; diese Schraube des Zuwachses, des Fortschritts im Quantitativen, ist wie eine Krankheit (5, 12). Wer hundert Söhne zeugte und zweimal tausend Jahre leben könnte, darf seinen vermeintlichen Schatz nicht gegen das Schicksal einer Fehlgeburt aufwiegen, denn diese tot Geborenen oder nie Geborenen übertreffen alles zeitliche Glück. Mit dem Wind kamen sie aus dem Dunkel, gingen in die Nacht und ihr Name blieb ungenannt (6, 5). Sie hatten eine Ruhe, um die Lebende sie beneiden sollten.

Zu dem kostbaren Besitz, den kein Dieb wegtragen kann, den kein Rost zerfrißt, der auch der Zeit nicht ausgeliefert scheint, gehören Wissen, Bildung, Lebensweisheiten von alters her. Sie wenigstens werden Bestand haben, denn sie haben sich seit Generationen bewährt. Auch diese gängige Ansicht ist eitel, sie hält einer genauen Überprüfung nicht stand. Kohelet führt diese »Ideologiekritik« so gründlich durch (6, 11-9, 6), daß es lohnt, sie unter dem zweiten Kapitel angemessen darzustellen.

Vorher aber ist eine Stellungnahme zu der im ersten Teil zusammengefaßten These von der durchgängigen Zeitlichkeit erforderlich. Alles, ausnahmslos, unterliegt der Zeit und damit der Vergänglichkeit. Gut, aber weiß man das nicht auch ohne Kohelet, kann das der Inhalt seiner anstößigen Botschaft sein? Darauf ist mit einem Ja und einem Nein zu antworten. Es ist nicht die ganze Botschaft, sondern nur die erste Prämisse dazu, aber die gehört wesentlich zur Aussage, und ob sie schokkiert, hängt von der Intensität der Einbildungskraft ab, ob sich jemand bildkräftig vorstellen kann, was das heißt: daß wir einem Windhauch nachjagen, wenn wir etwas, sei es uns selbst oder uns lieb gewordene andere Menschen und Institutionen in einer bestimmten Form festhalten wollen.

Wie sehr wir uns verändern, zeigt der Blick in den Spiegel, davon brauchen wir gar nicht zu reden. Leben ist Wachstum, Zunahme und Abnahme, stete Bewegung, niemals Stillstand. Der Gedanke, ein junger Mensch würde seine gerade erworbene Weltanschauung lebenslang unmodifiziert behalten, erschreckt. Dieser Mensch wäre entweder nie jung gewesen oder zwar den Jahren nach alt geworden, aber kindisch geblieben. »Früher hast du anders gesprochen«, höre ich manchmal als Vorhalt von Bekannten, die ich lange nicht getroffen habe. Natürlich, inzwischen sind so viele Jahre vergangen, was, glaubt ihr, habe ich mit all dieser Zeit getan?

Doch aufgepaßt: was wir für uns selbstverständlich in Anspruch nehmen, unsere Ansichten und Zuneigungen kritisch zu überprüfen und zu korrigieren, stört uns erheblich an anderen Menschen. Denen halten wir nämlich vor, sie hätten früher so nicht gedacht; wir schätzen es überhaupt nicht, unser Bild von anderen laufend den Veränderungen anpassen zu müssen. Die Regel wird durch die Ausnahme bestätigt, wenn in wenigen Fällen eine frühere verstockte Haltung erfreulicherweise aufgegeben worden ist.

Was den Besitz anbelangt, sind wir zwar bereit, zuzustimmen, man hänge nicht daran, setze sein Herz nicht auf Geld und leblose Dinge, da nichts davon uns über den Tod hinaus bleibe. Doch wie reagieren wir, wenn wir die Nachricht erhalten, das neue Auto sei gestohlen und zu Schrott gefahren worden? Es versteht sich, daß wir nicht imstande sind, gleich ein anderes kaufen zu können, denn das Konto bei der Bank, die wir verachten, ist überzogen und die Brieftasche leer. Die Möbel werden, der Schulden wegen, weggetragen und versteigert. Sagen wir dann: dahin gehen sie, meine Besitztümer, was bedeuten sie schon, ob ich sie habe oder nicht, alles ist Windhauch, nichts als Eitelkeit! Zu was wir aufgefordert sind, ist rückhaltlose Ehrlichkeit, Offenheit uns selbst gegenüber.

Doch das trifft noch nicht den Kern der These Kohelets, das Gesagte bewegt sich immer noch im Rahmen erträglicher Erfahrung. Der Windhauch, die Flüchtigkeit und Unbeständigkeit umfaßt auch das Wort als Akt, die performative Äußerung, das Versprechen. Es sagt sich so leichthin: natürlich ändert sich alles, wir, samt unserer Liebe und Treue, alte Verbindungen lösen sich, neue werden eingegangen. Aber ist das richtig begriffen? Nichts gilt dauerhaft: der Handschlag, mit dem Beistand, Hilfe besiegelt worden sind; der Eid, die gewissenhafte Versicherung, auf mein Wort sei Verlaß. Alles ist Rauch, mit dem leichten Wind verhaucht, ohne Spur verflüchtigt; dann ist eine Welt zerstört worden. Sind wir immer noch bereit, uns dabei beruhigt dem nächsten Thema zuzuwenden?

Nicht nur Menschen, auch Institutionen ändern sich; Gott sei Dank ist das so, sagen wir zunächst, dann bleibt doch die Hoffnung, daß auf eine schlechte Regierung eine bessere folgt, der erbärmliche Zustand einer Stadt oder eines Landes auch wieder in eine erträgliche Situation wechselt. Doch beim zweiten Gedanken daran geben wir vielleicht zu, daß wir, wenn wir noch nicht zynisch geworden sind, gerade von Institutionen Bestand erwarten. Wir kommen und gehen, der Staat, die Kirche, die Universität aber sind da, wenigstens über einen längeren Zeitraum, als ein Menschenleben ausmacht. Wenn wir in Not geraten, brauchen wir die Unterstützung der staatlichen Organe, der Polizei, der Stadtverwaltungen, der Gerichte, der Botschaften im Ausland. Wie sehr wünschen wir sie dann stabil und potent! Flughäfen, Flugüberwachung, das Funktionieren des gesamten Verkehrswesens, die Zuverlässigkeit des Operationsteams in der Klinik. Wir bauen darauf, auch wenn philosophische Skepsis gerade in diesen Bereichen nicht erwartet, daß immer alles gelingt, was die Technik durchführt.

Viele, gerade ältere Menschen, hätten den Wechsel der konziliarischen Reform in der Römischen Kirche lieber nicht erlebt, obwohl sie sich darüber im klaren sind, daß ein Festhalten an einmal zeitlich gewordenen Formen ja gerade diese vorkonziliarische Kirche nie gebracht hätte, die nun unverändert bleiben sollte. Die Universität, der ich heute angehöre, ist nicht mehr diese Universität, in die ich vor 25 Jahren eingetreten bin. Nostalgie war nie meine Sache, obgleich ich bedaure, daß wir in Deutschland allzuleicht Traditionen in den Wind werfen im Vergleich zu anderen Ländern, England beispielsweise, wo man Formen, die sich bewährt haben, länger zu behalten bereit ist als bei uns. Wünschte ich deshalb, die Studentenrevolte der sechziger – siebziger Jahre mit ihren vielgestaltigen Folgen hätte nie stattgefunden?

Eben die genannten Beispiele der Institutionen zeigen, daß es nicht so leicht geht, die These Kohelets als etwas Banales, als Alltagsweisheit beiseite zu schieben. Durchgängige, totale Zeitlichkeit hätte Konsequenzen, die wir noch längst nicht bedacht, nur gestreift haben. Wenn Kohelet nicht nur ein Analytiker des Unheils oder ein nihilistischer Existentialist war, dessen Botschaft uns völlige Hilflosigkeit, Sinnlosigkeit, Ausweglosigkeit, ja, den reinen Irrsinn menschlichen Lebens und gemeinschaftlichen Zusammenlebens vor Augen stellen soll, dann muß er einen Ausweg zeigen. Vorerst sind wir etwa dort angelangt, wo Descartes am Ende der ersten Meditation stand: bei der Feststellung: es gibt also nichts, woran nicht mit gutem Grund gezweifelt werden darf. Auch Kohelets Metapher des »Windhauchs« ist ein genius malignus, ein nur für begrenzte Zeit erträglicher Einfall. Wer damit Ernst machte und zu leben versuchte, müßte wahnsinnig werden.

(2) Zu den fragwürdigsten Erbstücken der Volksmoral gehören, auch schon früher – wie man am Beispiel Kohelets zeigen kann –, die alten Spruchweisheiten, als Lebensregeln weitergereicht, mit dem Siegel des von vielen Generationen Erprobten versehen. Kritisch überprüft werden sie selten, obwohl sie offensichtlich mehr Unheil anrichten als Gutes stiften. Die gedankenlose Folgerung »Wer lügt, der stiehlt und kommt an den Galgen« gehört zu denen der bösen Sorte, doch auch so harmlose Worte wie »Morgenstund hat Gold im Mund« stim-

men einfach nicht; sie könnte auch »aller Laster Anfang« sein, und wer anderen eine Grube gräbt, fällt keineswegs immer selbst hinein. In Kulturen mit wenig differenzierter Bildungsorganisation spielen solche Formen des Verhaltens eine für uns unvorstellbare Rolle. Sie kommen als Wort Gottes oder Rat der Götter, als Diktum einer mystischen Weisheit oder als Erfahrung der Alten, die in diesen Gesellschaften noch nicht die Rolle der Senior Citizens spielen, sondern geachtet und gehört werden. Solch hochrangige Maximen zu revidieren, sie für ungültig zu erklären und einige gar in ihren Gegensatz zu wenden, war zu anderen Zeiten und ist heute noch in anderen Gesellschaften ein tollkühnes, an Hochverrat grenzendes Unternehmen und überhaupt nicht zu vergleichen mit der lässigen Geste, mit der wir vielleicht ein Kalenderblatt abreißen und – nach flüchtigem Blick auf den Spruch – in den Papierkorb werfen.

Wer mit der Verinnerlichung der Grundthese »Alles geschieht in der Zeit« ernst macht, muß nicht nur die theoretischen Einsichten überprüfen (was ist Zeit, Bewegung, Veränderung?), vielmehr stehen die praktischen Verhaltensweisen auf dem Spiel. Weshalb sollte sich im Bereich des Handelns plötzlich Beständigkeit herausstellen; in welche unerschütterlichen Grundsätze der Moral könnten wir uns angesichts der Gültigkeit der Zeitprämisse noch flüchten? Die Antwort ist kurz: es ist auch hier keine Beständigkeit anzunehmen, es existieren keine festen Fundamente der Moral; ein Rückzug in den Schutzraum einer durch Konventionen gedeckten Sitte ist nur vorübergehend möglich. Auch hierin sehe ich eine Ähnlichkeit zu Descartes' provisorischer Moral oder »Moral auf Zeit« aus dem *Discours de la méthode*.

Es gibt so viele Worte, die nur den Windhauch vermehren, sagt Kohelet (6, 11). Was nützen sie dem Menschen während der Tage seines Lebens, was helfen sie zur Vorwegnahme der Zukunft? Nichts; aber das liegt weniger daran, daß auch sie in den Wind gesprochen sind, eher daran, daß einige trügerische Geborgenheit vortäuschen, andere wahr und falsch zugleich sind, wieder andere gleich ironisch ad absurdum geführt werden können. Zum Beispiel gibt es den Satz, daß ein guter Ruf besser rieche als Parfüm. Wenn dem so wäre, meint Kohelet, dann sei der Besuch in einem Haus, in dem man trauert, dem Besuch in einem Haus, in dem ein Fest gefeiert und getrunken wird, vorzuziehen und der Tag des Todes besser als der einer Geburt (7, 1-2). Weshalb? Ein neugeborenes Kind hat wohl noch keinen guten Namen, noch keinen Ruf erworben, daher riecht es im Kinderzimmer nicht gut. Erst am Todestag ist das Maß des ehrbaren Rufes voll, es müßte wohl duften im Haus eines Toten.

Kohelet spielt mit diesen Volksweisheiten, wechselt dann aber zu dem nicht so leicht spöttisch abzufertigenden Bildungswissen. »Besser der Ausgang einer Sache als ihr Anfang, besser der Vorsichtige als der Stürmische. Laß dich nicht so aufregen, daß du dich ärgerst, denn der Ärger steckt in den Ungebildeten. – Doch frage nicht: Wie kommt es, daß die früheren Zeiten besser waren als unsere? Denn deine Frage zeugt nicht von Wissen.« (7, 8-10) Dieser kleine Abschnitt sieht selbst einer Rhapsodie von Lebensregeln zum Verwechseln ähnlich; dennoch sind diese Sätze, eben weil sie sich in die Form derer kleiden, gegen die sie argumentieren, eine elegante Widerlegung des Fortschritts durch Bildung.

Der gebildete Mensch zeichnet sich – unter anderen Eigenschaften – durch die folgenden aus: er bricht nicht emotionell den Stab aus Ungeduld, er kann zuwarten, hält sich zurück, bleibt kühl und sachlich, ärgert sich nicht oder verbirgt wenigstens seinen Ärger, auf keinen Fall läßt er sich provozieren etc. etc. Der kluge Diplomat, ein Gentleman, der seine Gefühle unter Kontrolle hält, kein vorschnelles Wort seinen Lippen entweichen läßt, immer Herr der Lage bleibt, kann seine Haltung nur pflegen, indem er diese Tugenden schätzt. Hand in Hand damit aber geht einmal seine Verachtung des jugendlichen Eifers, des raschen unbedachten Wortes, der unbeherrschten Geste des Hitzkopfs. Dann aber wendet sich seine Sorge der um sich greifenden Verrohung der Sitten zu, des seit Anfang der Menschheitsgeschichte beklagten Zerfalls von Stil, Formen und gutem Benehmen. Früher war das doch noch anders, in den guten alten Zeiten, von denen wir, je älter wir werden, desto fester behaupten, es hätte sie gegeben. Aber dann stimmt etwas nicht: der hochgebildete Konservative mit den guten Manieren scheint ein lebender Widerspruch zu sein, was nicht heißt, er sei als Gesellschafter unangenehm. Im Gegenteil, weil er so sympathisch wirkt, merkt man nicht, wie er sich über die Fragwürdigkeit der Zeitbedingungen seines Wissens hinwegtäuscht.

»Wissen ist soviel wert wie ererbter Besitz« (7, 11), später bei Francis Bacon heißt es »Wissen ist Macht«. »Aber halte dich nicht zu streng an das Gesetz, und sei nicht maßlos im Erwerb von Wissen.« (7, 16) Der Besitz eines Vermögens, sei es materieller oder geistiger Art, gaukelt Sicherheiten vor, die nicht standhalten. Wissen zu besitzen, zu wissen, wo Wissen ist, wie man darüber verfügt, zu wissen, wie man sein Wissen und Vermögen vermehrt, das halten alle für höchst begehrenswert. Wer nur auf einem Haufen Geld sitzt und im übrigen ein Dummkopf genannt werden muß, dessen Freude wird kurz sein. Wissen dagegen wird als Mittel angesehen, Reichtum zu erwerben und zu behalten: »Das Wissen ist für den Gebildeten ein stärkerer Schutz als zehn

Machthaber zusammen, die in der Stadt geherrscht haben.« (7, 19) Doch: »Höre nicht auf all die Worte, die man so sagt.« (7, 21)

»Auf beiden Wegen habe ich es mit dem Wissen versucht. Ich habe gesagt: Ich will lernen und dadurch gebildet werden. Aber das Wissen blieb für mich in der Ferne... So habe ich mich, besser gesagt, mein Verstand hat sich, umgestellt. Ich wollte nun forschend und suchend erkennen, was dasjenige Wissen wirklich ist, das Einzelbeobachtungen zusammenrechnet.« (7, 23-25) Die deutsche Übersetzung dieser zwei Sätze klingt überraschend modern, und erst recht ist es der Gedankengang. Die zwei Wege, von denen Kohelet spricht, sind immer noch die, welche wir auch gehen, um Wissen zu erwerben: (1) Lernen, um gebildet zu werden, ist der Weg der Aneignung des traditionellen Bildungsgutes. Literatur, Geschichte, Philosophie kann man zusammenlesen und sich im humanistischen Sinne als gebildet ansehen. (2) Lernen wir aber auch aus eigenen Beobachtungen, indem wir methodisch unsere Erfahrungen verwerten. Lebenserfahrung, praktisches Wissen, reife Urteilskraft wachsen uns auf diese Weise zu. Und doch blieb alles »für mich in der Ferne«, d. h. in der Entfernung des Unerreichbaren. Nun gibt es den dritten Weg, den der Reflexionsphilosophie, ein Weg, der Wissen höherer Art, ein Meta-Wissen aus der Überlegung zieht, wie denn möglich sei, sich Wissen auf dem Wege der Tradition anzueignen bzw. durch Erfahrung zu Erkenntnis zu gelangen. Überprüft wird also nicht, wie ich mich zur Wirklichkeit verhalte, sondern, was Induktion als Methode sei, wie Wissen aus Einzelbeobachtungen zu einer Wissenschaft werden könne. Wohlan, die Philosophie ist im Grundriß fertig, die wissenstheoretischen Kurse sind eingerichtet. Zweitausend Jahre lang, nachdem Kohelet gelehrt hatte, wurde dieses Wissen in die Scheunen (sprich: Bibliotheken) eingefahren, es wurde umgesetzt in praktische, technische Formen und hat sich so über die ganze Erde verbreitet.

Mit welchem Ergebnis? »Sieh dir an, was ich, Beobachtung um Beobachtung, herausgefunden habe, bis ich schließlich das Ergebnis fand... Sieh dir an, was ich als einziges herausgefunden habe: Gott hat die Menschen rechtschaffen gemacht, aber sie haben sich in allen möglichen Berechnungen versucht« (7, 27-29). Um den Sinn der Feststellung zu treffen, muß man das Wort kennen, das im Hebräischen zwei Bedeutungen hat: »Berechnungen« und »Belagerungsmaschinen«, zur Zeit Kohelets das Neueste der Rüstungsindustrie.[2] Zu welchem Zweck gab uns Gott die Gaben der Vernunft, der rechten Einsicht und technischen Intelligenz: um Maschinen zu konstruieren, mit denen wir uns gegenseitig berechnen, belagern, belauern, bedrängen, besiegen und begraben. Tod steht am Ende, für alle, die Wissenden und die Unwissenden, die Rechtschaffenen und die Schurken. »Es gibt keinen Menschen, der Macht hat über den Wind... Es gibt keine Macht über den Tag des Todes; es gibt im Krieg kein Entkommen; es gibt im Krieg kein Verhandeln; Gesetzlosigkeit spart die nicht aus, die sie in Gang setzten.« (8, 8-9)[3]

Nichts stimmt also mehr; sollte es eine ursprüngliche Ordnung gegeben haben, wie die Mythen aus Paradiesen oder von goldenen Zeitaltern berichten, auf unserer Welt ist sie verschwunden. »Denen, die Gott fürchten, wird es gutgehen« heißt es in den Psalmen, und »dem, der das Gesetz übertritt, wird es schlecht ergehen«. Doch wie sieht die Wirklichkeit aus? »Ein Sünder kann hundertmal Böses tun und dennoch lange leben... Es gibt gesetzestreue Menschen, denen es so ergeht, als hätten sie wie Gesetzesbrecher gehandelt; und es gibt Gesetzesbrecher, denen es so ergeht, als hätten sie wie Gesetzestreue gehandelt« (8, 12-14). Anstand, Ehrlichkeit, Großherzigkeit wurden in der Regel nie mit Gesundheit, Glück und reichem Leben belohnt; Betrug im großen Stil, Verrat und Mordlust kaum je mit Krankheit, Unglück und Gewissensplagen bestraft. Die glatte Rechnung ging noch selten auf, höchstens in Trivialromanen oder amerikanischen Filmen. Wir wissen nicht, ob wir geliebt werden oder verworfen sind, beides ist offen, wie das Geschick verfügt (vgl. 9, 1). »Das ist das Schlimmste an allem, was unter der Sonne getan wurde, daß alle einst dasselbe Geschick trifft, so daß in den Menschen die Lust zum Bösen wächst und Verblendung ihren Geist erfaßt...« (9, 3)

So ist alles verkehrt, die Weisheiten des Volkes lügen, Moral wird nicht honoriert, »Dummheit wird auf höchste Posten gestellt...« (10, 6), die angeblichen Werte sind keine Sterne am Himmel, sondern Irrlichter. »Nicht den Schnellen gehört im Wettlauf der Sieg, nicht den Tapferen der Sieg im Kampf, auch nicht den Gebildeten die Nahrung, auch nicht den Klugen der Reichtum, auch nicht den Könnern der Beifall, sondern jeden treffen Zufall und Zeit.« (9, 11)

(3) Nach dieser Bestandsaufnahme liegt der Schluß nahe, das Schlüsselwort des Kohelet nicht mit Vanitas, Eitelkeit, zu übertragen, sondern ebenso kräftig zuzulangen und totale Sinnlosigkeit zu konstatieren. »Windhauch« ist dann nur die Bewegung des Nichts. Wie soll man sich in einer solchen Welt pervertierter Geltungen noch einrichten? Entweder man nimmt teil an der Plünderung und verschafft sich auf Kosten anderer rücksichtslos so viele Vorteile wie nur möglich, im großen Stil allerdings, nicht wie die kleinen Halunken, die gefangen werden. Oder man zieht sich völlig zurück, enthält sich jeder Art von Mittäterschaft, beruflich und politisch, verzichtet auf die Segnungen der

»Belagerungsmaschinen«, ob sie nun Computer oder Weltraum-Programm heißen; man steigt aus, zuerst vielleicht romantisch »grün« oder ästhetizistisch distanziert oder als Verweigerer gegenüber jeder Forderung. Dann wird unausweichlich die Frage zu beantworten sein, die »Grundfrage der Philosophie«: ob das Leben sich lohne oder nicht. Somit gebe es »nur ein wirklich ernstes philosophisches Problem: den Selbstmord«[4], schreibt Camus und verwirft den Gedanken daran ebenso wie den, durch »Hoffnung« oder den »Sprung in den Glauben« der absurden Konstellation zu entkommen, die er übrigens ganz wie Kohelet beschreibt: »Der Tod ist da, als die einzige Realität.«[5]

Ich habe Camus nicht ohne Absicht ins Spiel gebracht, weil ich die überraschende Ähnlichkeit, aber auch die leichten Verschiedenheiten zwischen den beiden, zeitlich so weit auseinanderliegenden, Autoren streifen möchte. Sisyphos lehrt uns größere Treue, als sie üblich ist; dieses Universum, das keinen Herrn mehr kennt, kommt ihm weder unfruchtbar noch wertlos vor. Das Schicksal ist eine menschliche Angelegenheit, meine persönliche Sache geworden. Wie der Ödipus des Sophokles ist er zu der Einsicht gelangt: »Allen Prüfungen zum Trotz – mein vorgerücktes Alter und die Größe meiner Seele sagen mir, daß alles gut ist« ... »Wir müssen uns Sisyphos als einen glücklichen Menschen vorstellen.«[6]

Ohne literarische Verklärung, allerdings in schlichten Sätzen, streut auch Kohelet mehrmals seine Empfehlungen ein. Es sind keine Aufforderungen zum Freitod, um das sinnlose Dauern abzukürzen, keine Parolen zur Verachtung des grausamen Schicksals, auf einer Warteliste zum Tode stets abberufbar zu sein, keine Verzweiflungstat wird gefordert als angemessene Reaktion gegenüber soviel Unrecht und Heuchelei. Nein: »Iß freudig dein Brot, und trinke vergnügt deinen Wein, denn das, was du tust, hat Gott längst so festgelegt, wie es ihm gefiel. Trag jederzeit frische Kleider, und nie fehle duftendes Öl auf deinem Haupt. Mit einem Menschen, den du liebst, genieße das Leben alle Tage deines Lebens voller Windhauch, die er dir unter der Sonne geschenkt hat, alle deine Tage... denn das ist dein Anteil am Leben.« (9, 7-9)

Damit es nicht nur einmal gesagt ist, vielleicht versehentlich in den Text gelangt, hier die Wiederholungen an anderen Stellen: »Das hatte ich erkannt: Es gibt kein in allem Tun gründendes Glück, es sei denn, ein jeder freue sich, und so verschafft er sich Glück, während er noch lebt: immer, wenn ein Mensch ißt und trinkt und durch seinen ganzen Besitz das Glück kennenlernt, das ein Geschenk Gottes ist« (3, 12-13). Noch einmal an anderer Stelle: »Das ist etwas, was ich eingesehen habe: Das vollkommene Glück besteht darin, daß jemand ißt und trinkt und das Glück kennenlernt durch seinen eigenen Besitz, für den er sich unter der Sonne anstrengt während der wenigen Tage seines Lebens, die Gott ihm geschenkt hat. Denn das ist sein Anteil.« (5, 17)

Solch einfache Sätze bedürfen keiner Interpretation, sie lassen sich aber auch nicht durch hermeneutische, allegorische Kunstgriffe in anspruchsvolle ethische Maximen verwandeln. Es hilft nichts, sie stehen so da, anstößig sind sie und für die Frommen seit langem ein Skandal. So darf das nicht in der Bibel stehen, der heiligen Schrift der Christenheit, die das Wort Gottes hütet. Doch, da steht es, in aller heidnischen, hedonistischen Pracht: Laßt uns essen und trinken, denn morgen sind wir tot.

Nun war es stets Art der Weisen, einen Satz oder zwei Sprüche zu tun, ohne weitere Begründung oder Hilfen zur Einsicht in die Aussage zu bieten. Philosophen, damit verglichen, sind nur teilbeschäftigte »Weise«, ihre hauptsächliche Aufgabe ist es, Wege aufzuweisen, wie man das Verständnis einer Sache erreichen kann. Und da finden sich doch bei näherem Hinsehen einige Spuren, die nicht übergangen werden sollten. (Also folgt nun doch wieder eine Interpretation entgegen der eben gerühmten lapidaren und evidenten Einfachheit? Nein, ich versuche nicht den Blick von den kräftigen Bildern des Essens und Trinkens und Liebens in abstrakte Höhen abzulenken, sondern lediglich auf ein paar marginale Worte aufmerksam zu machen.)

Zuerst muß noch eine Bemerkung zur »Bibel der Christenheit« gesagt werden. Es handelt sich, recht besehen, um die heiligen Schriften des Judentums, die nicht unter der Hinsicht ihrer Verwendung in christlich-puritanischen Bibelunterweisungen abgefaßt worden sind. Insofern muß das »seit langem anstößige Wort« präzisiert werden: anscheinend war früher für die Juden nicht anstößig, was Kohelet empfahl; erst seit der Zeit, als das (dann sogenannte) Alte Testament im Lichte des Neuen Testaments buchstabiert wurde, kamen solche Schriften, denen man prophetische Anzeichen der späteren Wirksamkeit Christi entnehmen konnte, zu Ansehen, während andere, die früher ihrer verständnisvollen Menschlichkeit wegen sehr geschätzt waren, plötzlich als »zu menschlich«, »fast gotteslästerlich« erschienen. Das »Hohe Lied der Liebe« gehört dazu, »Hiob« und eben »Kohelet«. Doch das sei nur nebenbei erwähnt, es bedeutet für unser Thema nicht viel.

Wenn es allerdings so ausgelegt werden sollte, daß das Skandalöse der Aussage nur in einer bigotten, rigiden oder snobistischen Haltung gewisser Bibelfreunde zu liegen scheint, dann müßte hinzugefügt werden, daß die Sätze, würden sie in einer philosophischen Ethik stehen, auf vergleichbare Aversion stoßen würden. Sie wären zu trivial, man würde sich schämen, animalische Bedürfnisse als optimale Weise zur Gestaltung sittlich-verantworteten Lebens anzupreisen. Zum Glück – für ihn und uns – schrieb Kohelet aber keine Abhandlung zur Ethik, und so darf seine Schrift als unkritische populäre Literatur zur Erbauung und Belehrung eingeordnet werden. Ist es indes überhaupt »Philosophie«, was er uns da vorsetzt, und nicht eher der Rat, unnützes Philosophieren zu lassen und sich statt dessen den Freuden der Tafel und des Bettes zuzuwenden? Überdies ist ein fatalistischer Ton nicht zu überhören: »Das, was du tust, hat Gott längst festgelegt« (9,7), »...du kannst das Handeln Gottes nicht erkennen« (11,5), so an mehreren Stellen. Die Grundstimmung scheint die einer ohnmächtigen Resignation zu sein, ziemlich ungeeignet, um den Beruf eines Volksgelehrten auszuüben. Wenn es im Nachwort heißt: Kohelet »hat einfachen Leuten Kenntnisse beigebracht« (12,9), fragt man sich, welcher Art die gewesen sein mögen und welchen Nutzen die Belehrten daraus ziehen konnten.

Also rümpfen die Frommen die Nase, und die Gebildeten drücken ihre Verachtung dadurch aus, daß sie Trivialliteratur ignorieren.

Ich hätte Kohelet kaum ausgewählt, wenn ich nicht überzeugt gewesen wäre, daß er etwas zu sagen hat, was sich anzuhören immer lohnt. Da steht die beispiellos eindringliche Mahnung: alles geschieht in der Zeit, unser Leben, kurz oder lang, verläuft unbarmherzig in einer Richtung, auf den Tod zu. Kaum geboren, sterben wir schon ab, jede Minute ist ein Schritt auf dem Weg, den wir alle gehen.

»...ein Mensch geht zu seinem ewigen Haus,
und die Klagenden ziehn durch die Straßen –
ja, ehe die silberne Schnur zerreißt,
die goldene Schale bricht,
der Krug an der Quelle zerschmettert wird,
das Rad zerbrochen in die Grube fällt,
der Staub auf die Erde zurückwirbelt als das, was er war,
und der Atem zu Gott zurückkehrt, der ihn gegeben hat.« (12,5-7)

Die Allgegenwart des Todes, oder genauer: des Sterbenmüssens, ist der dominierende Faktor menschlichen Daseins. Natürlich umfaßt der Geltungsbereich dieses Naturgesetzes alle Lebewesen, aber – soweit wir wissen – allein der Mensch ist sich seiner Sterblichkeit bewußt oder müßte es sein. Wir brauchen die Gründe nicht zu erörtern, weshalb die meisten Menschen diese fundamentale Wahrheit, das einzig Gewisse schlechthin, verdrängen und sich so verhalten, als sei das eine unangenehme Begleiterscheinung wie Armut und Krankheit, die vorwiegend andere betrifft. Dieser Ignoranten Leben besteht aus nichts anderem, als daß sie durch Firlefanz und Geschwätzigkeit der inneren Langeweile zu entfliehen versuchen; es ist ärgerlich, davon reden zu müssen... Selten wurde die Banalität dieser Elenden sarkastischer geschildert als in den *Aphorismen zur Lebensweisheit* von Arthur Schopenhauer.

So wie ein Akkord das gesamte Musikstück bindet, so legt die Zeitlichkeit allen Geschehens die Maßstäbe fest. Sie ist der Archimedische Punkt, von dem aus die Wirklichkeit ihr Gewicht oder ihr Gericht erhält. Was etwas wert ist, bestimmt allein diese Kategorie. Und was, bitte, ist etwas wert, unter diesem Verdikt betrachtet? Allein das, was in der Gegenwart geschieht! Der kostbare Augenblick, kostbar allerdings nur für den, der Kohelets Einsicht selbst verinnerlicht hat, dieser flüchtige Moment kann festgehalten werden durch bewußte, intensive Gestaltung. Daß Zeit alles sei und alles in der Zeit geschehe, ist eine tröstliche oder katastrophale, gewiß aber keine banale Aussage. Sie spendet Trost dem, der mit der geschenkten Zeit etwas anzufangen weiß, der langen Atems gelassen, und befreit von der höllischen Vorstellung, irdische Zustände könnten ewig dauern, die Welt sich verändern sieht. Verheerend muß die späte Erkenntnis sein, falls sie sich einstellte, daß die Chancen ungenutzt geblieben, die vielen möglichen Wege nicht beschritten worden und die Gelegenheiten unwiederkehrbar verloren sind. Die Zeit ist abgelaufen, und siehe, es war nichts geblieben. Es ist nicht einfach nur die Losung *carpe diem*, nütze den Tag, iß und trink solange es dir schmeckt, leg dich in die Sonne, solange sie scheint. Daß Essen und Trinken und Faulenzen menschenwürdige Handlungen sind, oder, beim Sonnenbad, gerade nicht zu handeln dem Menschen auch geziemt, was dies alles wert ist, bestimmt allein unser Entschluß, diese Stunde zu einem Höhepunkt zu machen, sie im Tun oder auch Nichtstun, unwiderruflich, zu genießen.

Wenn dies alles so ist, so einfach ist, warum richtet sich kaum jemand danach? In der Tat scheint es, wider alle Erwartungen, schwer zu sein, in der Gegenwart als einzig möglicher Daseinsform zu leben und sich im übrigen damit abzufinden, daß die großen Abläufe der Welt ohnehin nicht in unsere Verfügung gegeben sind. Wenn ich die Erfahrungen meiner Begegnungen mit Menschen zusammenschaue, dann finde ich mehr Leute mit der Vergangenheit oder der Zukunft beschäftigt, nicht als Historiker oder Astrologen, sondern in der Weise, daß sie gar nicht ihr eigenes Leben führen. Einige sind vorwiegend mit vermuteten Absichten anderer Menschen beschäftigt, jagen Phantomen ihrer verpaßten Gelegenheiten der Jugendzeit nach, die sie am liebsten in die Zukunft projizieren, weil die ja »noch nicht« erledigt ist. Auf der einen Seite haben sie sich ganz der Vergangenheit verschrieben, weil sie sich einmal festlegen ließen, auf eine bestimmte Ausbildung hin, einen Beruf, auf Heirat und Ehestand mit Familie, oder ohne Ehe und Familie zu leben beschlossen. Andererseits verhalten sie sich so, als ob es nach vorne hin keine Grenzen gäbe. Alles habe seine Zeit, mißverstehen sie Kohelet und vertrauen darauf, daß die Zeit der unangenehmen Erlebnisse wie Weinen, Klagen, Hassen, Kranksein, Sterben nie kommen werde.

Trifft dann ein, wovon sie am liebsten nie gesprochen hätten, geben sie sich äußerst bestürzt: Wer denkt schon daran! So etwas gibt es doch gar nicht! Es darf nicht wahr sein!

Wer seine Gegenwart nicht versteht, begreift auch nicht, was Vergangenheit bedeutet. Dieser Satz gilt ebenso wie der bekanntere, daß der seine Gegenwart nicht kenne, wer nichts davon wisse, woher und woraus sie entstanden sei. Denn das Vergangene ist nur präsent in der gegenwärtigen Erinnerung, und wird, wenn der Zeitfaktor außer acht gelassen ist, fälschlicherweise als etwas in sich Bestehendes betrachtet. Der Irrtum gegenüber der Geschichte liegt weithin in der nicht richtig begriffenen Gegenwart, die ja alles Vergangene auch einmal gewesen ist. Und Zukunft findet ihren richtigen Platz nur dort, wo sie, im Durchgang durch die Phasen des Noch-Nicht und Schon-nicht-Mehr Wirklichkeit werden kann: im Bewußtsein der Gegenwart.

Ich halte Kohelets Einsicht für eine der Geburtsstunden des Philosophierens. Es gibt mehrere, versteht sich, und so könnte der Begriff »Geburtsstunde« unangemessen erscheinen. Doch Kohelet hat nicht die Philosophie erfunden, sondern präsentiert das Ergebnis seines Forschens. »Ich fand es so...« Das ist nur ein Vorzug, den er, wie Descartes, gegenüber anderen Philosophen aufweist. Er kann nämlich die Frage der modernen Analytiker, woher er denn das wisse, was er da behaupte, klar beantworten. Nicht aus Mythen und Tradition stammt sein Wissen, er orakelt nicht aus dunklen Tiefen, er weiß aus Beobachtung und Erfahrung. »Zu untersuchen und zu erforschen« hatte er sich vorgenommen, »was unter dem Himmel getan wurde.« (1, 13) »Ich trieb meine Forschung an mir selbst, indem ich meinen Leib mit Wein lockte, während mein Verstand das Wissen auf die Weide führte...« (2, 3); »Ich legte mir Gärten und Parks an...« (2, 5); »Ich dachte nach, indem ich beobachtete, was Wissen wirklich ist...« (2, 12); »Ich stellte mich um und überließ mich der Verzweiflung über meinen ganzen Besitz...« (2, 20). Und wieder und wieder betont er: »Ich habe beobachtet...« (4, 1; 4, 7; 8, 16; 9, 11 und 13), dann »habe ich eingesehen« (5, 17); »Auf allen Wegen habe ich es... versucht« (7, 23). Daher ist sein Rat: »Geh auf den Wegen, die dein Herz dir sagt, zu dem, was deine Augen vor sich sehen« (11, 9) das beste Rezept, das Philosophierende beherzigen sollten.

2. Joachim de Fiore

Als Hegel sechshundert Jahre nach Joachims Erleuchtungs-Erlebnis in seinen Berliner *Vorlesungen über die Philosophie der Geschichte* die unfaßbaren Worte aussprach, daß den Christen der Schlüssel zur Weltgeschichte gegeben worden und die Zeit gekommen sei, den Plan der Vorsehung einzusehen, denn wir wüßten jetzt nicht nur, daß Gott sei, sondern was er sei, nämlich ein dreifaltiger Gott[1], übernahm er unmittelbar das methodische Muster des kalabrischen Abtes. Beide, Joachim und Hegel, übertrugen ein theologisches Konstrukt auf den Geschichtsverlauf, der sich folglich trinitarisch entfalte. Mittelbar knüpfte Hegel an eine seit dem 13. Jahrhundert nicht abgerissene Tradition des Joachimismus an, der besonders im schwäbischen Pietismus gepflegt und dem Studenten Hegel im Evangelischen Stift in Tübingen vertraut wurde. Daß solche Lehre »Philosophie« und nicht etwa hinterlistige Theologie sei, war für Hegel vollkommen klar, da er Philosophie als das Element ansah, in dem Gott sich zu seinem eigenen Wissen von sich selbst erhebt. Aber nicht von Hegel ist die Rede, er steht hier lediglich als Zeuge für die Geschichtsmächtigkeit der leisen Gedanken, die auf Taubenfüßen einherkommen und die Welt bewegen. Von dem, was die Welt Joachims politisch bewegte, kann auch nicht gesprochen werden, denn es bedürfte einer ausführlichen Darlegung der Fakten, inwieweit Geschichtsdeutungen für die Machtpolitik der Staufer in Unter- und Mittel-Italien, für den rätselhaften Volkstribunen Cola di Rienzo, für die römisch-kuriale Reichsdeutung, die Theorien der translatio imperii, für die Reformation und die säkularisierte Staatslehre eine Rolle spielten.

Joachim gilt als »Prophet«, aber diese Bezeichnung könnte dahin mißverstanden werden, daß er wie ein Orakel kommende künftige Ereignisse heraufziehen sah. Das trifft jedoch nicht zu; er ist ein »typologischer Exeget«[2], das heißt, er legt die Schriften der Offenbarung aus, hier besonders die sogenannte Apokalypse, indem er die einzelnen Personen, Figuren, Tiere, Bilder und Symbole bestimmten Ereignissen der Heilsgeschichte zuordnet. Das war sein Beruf sozusagen, und im Versuch, die Bibel und das Weltgeschehen in einem umfassenden Verständnis zu koordinieren und die Geschichte nicht nur bis in die eigene Zeit, sondern darüber hinaus zu führen, wird er auch zum »Propheten«, zum Verkünder eines neuen Zeitalters. Nur hat er für mich wenig Ähnlichkeit mit den Propheten Israels, desto mehr von einem Gnostiker, der für sich ein »höheres Wissen« beansprucht. Und als Gnostiker erkennt sich auch Hegel in ihm wieder.

Das geheimnisvolle Wissen, das sich ihm als plötzliche Einsicht eröffnete, war das dreifaltige Wesen Gottes in seiner heilsgeschichtlichen Entfaltung. Anders gesagt, hatte er durchschaut, wie die innere Beziehung der drei göttlichen Personen, Vater, Sohn und Heiliger Geist mit drei Epochen der Geschichte korrespondiere: mit der Zeit des Vaters im Alten Testament, der des Sohnes im Neuen Testament und in der gegenwärtigen christlichen Kirche sowie dem Zeitalter des Geistes, das noch nicht angebrochen ist, jedoch bevorsteht.

Da er, wie gesagt, als Exeget Typologe war, beschreibt er die einzelnen Weltepochen und Heilszeiten in einer Dreierreihe von Zuständen. Ein Status folgt auf den anderen und aus dem vorhergehenden: aus der Wissenschaft die Weisheit zur Erkenntnis; der Knechtschaft folgt die Sohnschaft und im dritten Status die Freiheit. Das erste Zeitalter brachte die Furcht, das zweite den Glauben, das dritte die Liebe. Aus dem Knecht erhebt sich der Freie und schließlich der Freund. Das Licht der Gestirne weicht der Morgenröte und diese der Sonne des Tages, und so weiter. Die Wiederholungen sind im einzelnen erschöpfend und ermüdend.

Um was handelt es sich? Es handelt sich um einen Ablösungsprozeß nach dem Prinzip der Entwicklung. Das ist wichtig festzuhalten, weil das Revolutionäre, als das die Franziskaner ab 1241 Joachims Geschichtskonzept begriffen haben, ein Mißverständnis wäre, wenn es sich um eine stille Entfaltung der schon immer alles in sich bergenden Gesamtzeit handelte. »Das Neue wächst aus dem Alten, im Schoß und Schutze des Alten so lange heran, bis es die eigene Kraft hat, als eine besondere eigene Gestalt aus ihm hervorzugehen und sich vom Alten zu lösen«, beschreibt Ernst Benz den Vorgang.[3] Klar in Erscheinung getreten... Was ist so klar daran? Daß es nicht mehr, wie bisher angenommen, zwei Teile der Zeitrechnung geben, ante et post Christum natum, sondern drei. Das letzte Zeitalter vor der Wiederkunft Christi, die mit dem Weltuntergang zusammen gedacht wird, ist damit nicht das letzte Zeitalter dieser Welt. Es wird ein neues folgen, das dritte Reich, und dieses wird nicht, wie selbstverständlich die Tradition berichtete, in einem Jenseits liegen, sondern hier, sehr diesseitig und recht bald einbrechen.

Als Theoretiker eines Evolutionsschemas wäre Joachim höchstens ein sublim anstößiger Denker, obwohl es die Mächtigen nie gerne gehört haben, daß die Zeit ihrer Herrschaft auch einmal, vielleicht früher als erwünscht, zu Ende gehe. Als Philosoph dagegen führt er einen Gedanken ein, der Geschichte machen wird und eine völlig andere Deutung seiner Prophetie zuläßt. Es ist der Begriff der Ablösung von Bezeichnung (designatio) und Erfüllung (consummatio) oder, wie wir ihn besser kennen, nachdem ihn Hegel so benutzt hat: den des Aufhebens in dreifachem Sinne, (1) als außer Kraft setzen, (2) auf eine höhere Ebene bringen und (3) als Erfüllung der vorangegangenen Stufen. Und jetzt wird eindeutig die Struktur des Fortschritts gegenüber der Entwicklung sichtbar und zugleich das Anstößige offensichtlich. Die Geistkirche ist dann nicht nur die Erfüllung und Vollendung der Papstkirche, sondern das Ende und die Vernichtung des sie tragenden Klerikerstandes mitsamt den Sakramenten und der Predigt. Die Sakramente bedeuten ja nichts anderes, als daß der Geist zur Zeit der Herrschaft des zweiten Reiches in der Verhüllung des Fleisches, der Elemente und Naturalien, erscheinen muß. Diese Bilder jener Dinge müssen nun vergehen, der Geist wird im dritten Reich nicht mehr auf die Verhüllung in Kleider und Buchstaben angewiesen sein.

Als die wichtigsten Kategorien zur philosophischen Geschichtsschreibung nennt Hegel die »Veränderung« und die »Verjüngung«. Auch diesen letzten Begriff entnahm er der Typologie Joachims. Wie David die Nachfolge Sauls antrat, so der Evangelist Johannes die des Petrus, und die neuen Orden der Geistkirche die Sukzession der Bischöfe. Das setzt aber jeweils das Absterben der vorangegangenen Gruppe voraus.[4] Wie Petrus den Märtyrertod starb und Johannes ihn lange überlebte, so wird die Papstkirche sterben, die Johanneskirche, die des Geistes und der Liebe aber bis zum Ende der Weltzeit dauern.

Die Metamorphose bezeichnet Joachim mit dem Ausdruck transire. Auch er ist doppeldeutig und kann als »innere Verwandlung« genommen werden. Damit läßt sich die Veränderung der Lebensformen und gesellschaftlichen Konventionen verstehen, allgemein ein Prozeß der Vergeistigung bezeichnet werden. Im anderen Sinne aber scheint das Revolutionäre sofort durch: danach ist der Übergang ein Hinübergehen in den Tod, ein Absterben, Ausgelöschtwerden wie bei der ersten Stufe des »Aufhebens«. Freilich ist dieser Übergang dialektisch, d. h. im Verlauf der Geschichte nicht bloß in die Richtung des Verfalls, sondern ebenso als stete Selbstverjüngung zu sehen. Aber es bleibt dabei und ist nicht hinwegzudisputieren, daß im transire nicht bloß Neues auf Altes folgt, sondern das Alte dabei zugrunde geht, wiewohl aufgehoben in neuer Form es weiterbestehen mag. Es ist eine Frage der Akzentsetzung und zugleich der historischen Interpretation der Person des Abtes Joachim. Die unbegreifliche Tatsache, daß er zeitlebens nicht verurteilt worden ist, zum Glück für ihn, wird plausibel, wenn man die Hypothese verfolgt, daß er selbst »noch keine revolutionären Folgerungen aus dem Gedanken der Verwandlung gezogen« habe, wie Ernst Benz[5] es sagt. Er habe sich mit seinem Geschichtsschema willig der zweiten Zeit eingeordnet und ihrer Form der Kirche unterworfen. Erst die nächste Generation, die Spiritualen, die in sich die Verheißung erfüllt sahen, brachten die provokativen Ideen zur Explosion.

Ihm sei das Umstürzlerische seiner Deutungen wohl selbst nicht immer ganz bewußt geworden, meint Karl August Fink.[6] Er weist allerdings auch darauf hin, daß man auf dem IV. Laterankonzil (1215) einige Äußerungen Joachims zur Trinitätslehre verwarf, zugleich aber seine Schrifterklärung von den Päpsten gebilligt und gefördert wurde. Erst 50 Jahre nach seinem Tod las eine päpstliche Kommission die Schriften aus gegebenem Anlaß, nämlich dem Aufruhr der Franziskaner-Spiritualen, noch einmal und wies einige Thesen zurück. Als Ganzes jedoch wurde seine Geschichtstheologie nie verdammt.

Ohne den Kirchenhistorikern ins Handwerk pfuschen zu wollen, erlaube ich mir, einige Zweifel über dieses friedliche Bild zu äußern. Die Ankündigung der Erscheinung des Antichristen einerseits, und die eines neuen Führers in das dritte Reich, die eindeutige Beschreibung vom Ende der zweiten Epoche mit ihrem alten Führer, dem Sohn und seiner Papstkirche, die Ablösung der zur damaligen Zeit voll etablierten religiösen Ordnung der Welt, war nicht bloß »angedeutet« oder implicite enthalten. Wie kann man annehmen, daß einem so gescheiten und gelehrten Menschen wie Joachim nicht bewußt gewesen sei, was er da sagte? Das neue Reich als ordo iustorum brauche keine Hierarchie, die Mönche treten an die Stelle des Klerus aus der zweiten Stufe der Fleischeskirche. Das Neue Testament sei nicht mehr die letzte Norm, denn es werde aufgehoben, d. h. überhöht durch das ungeschriebene evangelium aeternum, in dem nichts mehr verhüllt, sondern ein jedes offen daliege. Die theologischen Konsequenzen sind nicht übergehbar: die christologisch orientierte Epoche der Heilsgeschichte war zu Ende. Die Offenbarung ist mit Christus nicht abgeschlossen – was bisher eine fundamentale Voraussetzung christlicher Theologie war[7] –, die Wiederkunft des Herrn ist nicht mehr zu erwarten, statt dessen steht der Reichsgedanke jetzt im Mittelpunkt. Die wohlverwaltete Kirche wird abgelehnt, die bisher gültigen Formen, Papsttum, Klerus, Sakramente sind zum Absterben freigegeben usw.

Wenn das nicht offene Häresie (im Sinne der Orthodoxie) ist, weiß ich nicht mehr, was so genannt werden könnte. Der Gregorianische Kalender hätte im Jahre 1250 abgeschlossen werden und die Zeitrechnung »nach Christus«, wie wir in der westlichen Welt bis heute zählen, aufhören können; die spätere lutherische Reformation wäre, mangels Masse, überflüssig gewesen, denn das Joachimisische Reichssystem hätte nichts von dem übriggelassen, was im 16. Jahrhundert noch zu reformieren gewesen war. »Hätte«, »wäre« – es ist nicht dazu gekommen, wie die Wortwahl anzeigt und die Geschichte der Fakten leider berichtet.

Auch Rupert Lay, der jesuitische Philosoph in seinem Buch über die Ketzer, wundert sich, »daß die Kirche der Kreuzzugszeit keine seiner revolutionären Ansichten verwarf. Sollte die Kreuzzugskirche toleranter gewesen sein als die Kirche der Gegenwart?«[8] Aber Lay weiß auch keine befriedigende Antwort auf seine rhetorische Frage zu geben. Wir müssen selbst eine Antwort zu formulieren versuchen und zunehmend Distanz zu den theologischen und kirchenpolitischen Vorgängen gewinnen. Die kamen hier nur deshalb zur Sprache, weil Joachim ein prächtiges Beispiel dafür ist, wie Denkanstöße für die Philosophie von außen kommen und man die Modelle anstößigen Denkens kennengelernt haben muß, um neue Formen des Anstoßes zu kennen, mögen sie aus den Konflikten der Theologie, den Naturwissenschaften oder der Gesellschaft mit Problemen der Rechtsstaatlichkeit, Euthanasie, Geburtenbeschränkung, der vielfältigen Freiheitsberaubung, des Terrorismus usw. kommen.

Zu den Fakten, mit denen wir uns vor aller philosophischen Stellungnahme befassen müssen, gehört, daß Joachims freie Geschichtsdeutung im Gewand der Schrifterklärung keine Utopie war. Aber selbst Utopien sind letzten Endes dazu verfaßt, um in literarisch versteckter Form Kritik an konkreten, bestehenden Zuständen zu äußern. Wenn sein Entwurf prophetisch-utopisch aufgefaßt würde, dann steckte in ihm immer noch eine scharfe Kritik an der christlichen Buchstabenreligion, als Institutionen und Ämterhierarchie. Ohne sein Medium der typologischen Exegese zu verlassen, stellte Joachim zu seiner Zeit durchaus übliche Berechnungen an, den Anbruch auf Grund der in Apokalypse genannten 42 Generationen (zu je etwa dreißig Jahren) auf die Mitte des 13. Jahrhunderts, für 1250 oder 1260 anzusetzen. Es kommt nicht so genau auf die Exaktheit der Rechnung an, sondern darauf, daß er einen Termin gesetzt hat, was kein Utopist tun würde. Die Spannung, ja die heftige Erregung, die seine Vision hervorgerufen haben muß, lag darin begründet, daß der neue Status nicht lange auf sich warten läßt, sondern die baldige Verwandlung bevorsteht und aus den Anzeichen schon sichtbar wird.

Ein weiteres Faktum, zugleich das eben besprochene Anzeichen, muß noch ausgearbeitet werden und übergeht nun den erst im nächsten Kapitel zu portraitierenden Franz von Assisi. Wir eilen also über dessen Person, der im Todesjahr von Joachim de Fiore, 1202, im Gefängnis in Perugia den Zusammenbruch seines bisherigen Lebens und die Ahnung von etwas Neuem erfährt, über vierzig Jahre voraus in das Jahr 1241.

Das Kloster in Floris, von Joachim einst in einer Landschaft von wilder Schönheit gegründet, lag in einer fast unzugänglichen Hochebene. Die Abgeschiedenheit des Klosters, die Einsamkeit der Mönche, die strenge Regel und der kontemplativ-meditative Charakter der Schriftauslegung des Gründerabtes sind, nebenbei gesagt, äußerliche, aber auch einsichtige Momente dafür, daß der Sprengstoff, der in Joachims Geheimlehre steckte, nicht gleich zündete. Nach seinem Tode wurden die Schriften des als beatus spiritu dotatus prophetico hoch verehrten Joachim als esoterischer Schatz gehütet und nur innerhalb der eigenen Klostergemeinschaften weitergegeben. Ein Abt des Fiore-ordens, dessen Kloster zwischen Lucca und Pisa lag, floh vor dem sich nähernden Staufer-Kaiser Friedrich II., weil er fürchtete, der werde das Kloster vernichten. Denn daß dieser Kaiser der von Joachim als Zeichen der Zeitenwende auftretende Antichrist sei, daran gab es für die Mönche seines Ordens keinen Zweifel.

Um vor allem die kostbaren Schriften zu retten, brachte der Abt sie nach Pisa und bat die dortigen Franziskaner-Minoriten, sie zu verstekken. Diese nun waren neugierig geworden, lasen die Schriften und verstanden sie auf Anhieb oder unter Anleitung des geflohenen Abtes. Denn da war ja offenkundig von ihnen und ihrer Zeit die Rede: das Jahr 1250 stand zu erwarten, nicht bloß war der Staufer Friedrich der angekündigte Antichrist, sondern der Dux, der zweite, neue Christus war auch schon erschienen, nämlich der heilige Franziskus, und die Träger der Bewegung waren seine Minderbrüder, die von Joachim benannten Mönche des neuen geistigen Status der Liebeskirche.

Das ist alles haargenau durch einen Augenzeugen beschrieben, Salimbene mit Namen, der persönlich erlebt hat, wie einige Brüder, Bartholomeo Guisculus und Gerardus de Borgo San Donnino, totaliter Joachitae wurden. Es ging jetzt nur darum, dieses evangelium aeternum in die Wirklichkeit umzusetzen.

Wir wollen dieses reizvolle Kapitel der exaltierten Franziskaner nicht weiterverfolgen, sondern von den weiteren Fakten der Geschichte sprechen, und die sind zunächst enttäuschend. Die hohen Erwartungen haben sich nicht erfüllt, die großangelegte Drei-Reiche-Lehre scheitert schon daran, daß die verkündete Ablösung des zweiten Reiches nicht eintrat. Und der Anbruch des neuen Reiches des Geistes anstelle der Institutionen der Kirche und des Staates läßt bis heute auf sich warten. Ernst Benz widmete sein Buch *Ecclesia Spiritualis* 1934 »Der kommenden Kirche«. Glaubte er tatsächlich noch an die Transformation? Ernst Bloch hoffte (bis zu seinem Ende?) auf die Erfüllung des Endzeitkommunismus, in dem die Institution des Staates aufgehoben sein würde.

Die apokalyptischen Spiritualen degradierten zur Sekte, aber es gab weit über das Mittelalter hinaus immer wieder Persönlichkeiten, denen Joachims Deutung lebendigen Anstoß gab, die bereit waren, die nun gegen die Bewegungen des Geistes und der Freiheit einsetzenden Verfolgungen auf sich zu nehmen und dafür zu sterben. So muß nun die andere Seite der Münze auch zur Frage stehen: nicht nur, warum leise Gedanken so geschichtsmächtig werden können, sondern auch, weshalb große Ideen an der Wirklichkeit scheitern müssen. Es gibt viele Beispiele dafür; das für uns aktuelle ist wohl die Idee eines vereinigten Europa; in den fünfziger Jahren begeistert ergriffen, verkam sie in der Subventions-Bürokratie zur Absurdität. Die Menschheit kenne »Beispiele von wirkenden, weiterwirkenden Träumen, die die Welt verändern, indem sie neuen Wirklichkeiten den Weg bereiten«, schreibt Meinhold Krauss in einer Aufsatzsammlung über *Visionen und Wirklichkeiten*. Und das ist wohl die beste Formulierung, die man für anstößige Gedanken der Art, wie wir sie hier kennenlernen, finden kann: neuen Wirklichkeiten den Weg zu bereiten. »Selbst dort, wo die Erfüllung ausfällt, bleibt eine Spur, die darauf wartet, zu ihrer Zeit neu entdeckt und wieder begangen zu werden. Die Uhr der Menschheitsgeschichte würde stehenbleiben und sogar rückwärts laufen, wenn es die großen Träume, die Visionen nicht gäbe.«[9]

Wenn man genau hinsieht, ging mit Joachims Vision von den drei Reichen das Mittelalter zu Ende, also wesentlich früher, als die Historiker allgemein ansetzen. Die viel strapazierte wundervolle Einheit von Glauben und Denken im Europa des Mittelalters hat es wohl nie gegeben; das Geschichtsdenken differenzierte schon lange vor den theologischen Summen das auseinander, was fiktiv in der Scholastik aufrechterhalten wurde. Die Reformation im 16. Jahrhundert war nur die zeitlich späteste und einzig politisch wirksam gewordene Veränderung in einer durch Jahrhunderte vorbereiteten inneren Reform der Armutsbewegung und der neuen Ordensgründungen. Der Ruf nach einer re-formatio der Kirche an Haupt und Gliedern kann seit dem 12. Jahrhundert gehört werden, und zwar je länger desto umgestümer.

Das Gebäude der mittelalterlichen Ordnung war durch Joachims Theorie vom evangelium aeternum aufgebrochen, und zwar radikal, unreparierbar. Es war nur eine Theorie, ja, aber es ist immer nur eine Theorie, also ein in sich schlüssiges Ganzes von Thesen, die sich aus einem Prinzip ableiten. Der Gedanke einer philosophia perennis, einer ewigen, transzendenten Wahrheit, die zu allen Zeiten, von vielen Philosophen ins Bewußtsein gebracht worden sei, war auch nur eine Theorie. Der Ausdruck, als terminus technicus, stammt zwar von Steuco (aus Gubbio in Umbrien: *De perenni philosophia libri X*, 1540), also vom Ende der Spätscholastik, doch bringt er die schon 500 Jahre vorher konzipierte Geschlossenheit des durch die Vernunft erkennbaren, aber nicht von den Menschen gesetzten Weltbildes auf den Begriff. Dieses geschlossene Weltbild ist Jahrhunderte vor Copernicus und Galilei durch Joachim erschüttert worden, nur hat das kaum jemand beachtet. Das Erdbeben, das er auslöste, wurde nicht registriert, obwohl das innere Beben wohl bis heute in den Herzen derer spürbar bleibt, die sich nicht mit Ideen abfinden können, wenn sie zu Institutionen erstarrt sind.

Das sind die zwei Seiten der Wirksamkeit von Theorien, die Macht ihrer jeweils zu aktivierenden Möglichkeit, einer passiven Potenz sozusagen, und die Ohnmacht des an sich vernünftigen Gedankens angesichts einer politisch etablierten Realität. Aufgegriffen haben die Joachimschen Anstöße der Franziskaner Bentivenga (auch er wurde in Gubbio geboren), der zu Beginn des 14. Jahrhunderts in Umbrien die »Gemeinschaft des Geistes der Freiheit« gründete, die Begarden- und Beginen-Konvente in den Niederlanden, die freigeistigen Bewegungen im Elsaß und Thomas Müntzer, der am 2. Dezember 1523 schrieb: »Ihr sollt wissen, daß sie diese meine Lehre dem Abt Joachim zuschreiben und heißen sie Ewiges Evangelium in großem Spott. Bei mir ist das Zeugnis des Abtes Joachim groß. Ich habe ihn allein über Jeremias gelesen.«[10] Schließlich muß Hegel nochmals erwähnt werden, in dessen dialektischem Schema des Fortschritts Joachims Trinitätsentfaltung bestens aufgehoben und dem Marxismus als wissenschaftlicher Hauptschlüssel zur Eröffnung aller gesellschaftlichen Prozesse übergeben wurde.

Die Ohnmacht dagegen, das Scheitern, bekommen diejenigen schmerzhaft zu spüren, die versuchen, Ideale oder Utopien konkret umzusetzen. Von der Schwierigkeit, mit Idealen zurechtzukommen, zeugt der Begriff der Gerechtigkeit. Die Idee der Gerechtigkeit »steigt nicht in Reinheit auf die Erde nieder«, schreibt Wolfgang Trillhaas[11], »sondern realisiert sich im Ausgleich der Interessen. Wenn dieser Ausgleich von allen Beteiligten zuletzt als ›gerecht‹ anerkannt wird, dann ist das auf Erden menschenmögliche Maß an Gerechtigkeit erreicht. Die Verwirklichung der Gerechtigkeit ist also weitgehend eine Sache der Klugheit.«

Diese Bemerkungen treffen analog auf die Idee vom »Dritten Reich des Geistes« zu. Auch dieses Reich steigt nicht in Reinheit auf die Erde nieder, sondern realisiert sich allenfalls im Ausgleich politischer Interessen. Das »menschenmögliche Maß« ist nur die euphemische Beschreibung dafür, daß, nach Kant, ein Ideal von seinen mangelhaften Kopien »jederzeit unendlich weit« entfernt bleibt.[12] Dazu paßt, recht gut hier, der Unterschied zwischen der Idee des »Ewigen Evangeliums« und dem Ideal eines »Reiches der Freiheit«. Zum Ideal muß nämlich noch hinzukommen, daß es wünschenswert sei, nicht bloß in concreto, sondern in individuo.[13] Das ist einerseits vorstellbar, ein Ideal kann bei mehreren einzelnen Menschen in dem Maße verwirklicht werden, wie einige Menschen imstande sind, regulative Ideen zu Prinzipien ihres Handelns zu machen. Andererseits werden Vorstellungen niemals in den Köpfen der Mehrzahl Gestalt ergreifen, wenn nicht zuvor die gesellschaftlich-politischen Bedingungen geschaffen worden sind, bei denen solche Vorstellungen real werden könnten. Ob das Ideal die Richtschnur dafür abgibt und die Machthabenden sich daran orientieren, bleibt freilich ein Desiderat und in der Geschichte ein seltener Glücksfall. Recht behalten immer, die sich Realisten nennen, deren Maximen sich nicht an den Wünschen, sondern am eigenen Wollen des Erreichbaren orientieren.

Soviel zum Schicksal der Ideen. Es muß jedoch angefügt werden, daß Joachims Geschichtsentwurf auch ganz anders gesehen werden darf. Daß er keine Utopie sein wollte, wurde schon erwähnt, er braucht aber auch kein bloß idealistisches Konzept zu bleiben. Der kontemplative Abt war gewiß kein Phantast, er hat nicht absichtslos und ahnungslos über mögliche kirchenpolitische Konsequenzen Träume zu Papier gebracht. Er hat die Zustände seiner Zeit gesehen, wie sie sind, nicht wie sie sein könnten. Mit Fug und Recht würde man ihn einen scharfen Analytiker der geschichtlichen Wirklichkeit nennen. Dazu gilt sein Interesse primär der Gegenwart, nicht der Zukunft »der kommenden Kirche« (E. Benz). Sein im Detail bekannter Lebenslauf, der relativ häufige Ortswechsel, das Verlassen eines Klosters, die Gründung neuer Gemeinschaften, der Entwurf einer verbesserten Ordensregel, all dies weist auf einen Mann, der konkret entschlossen handelt und der Zeit seine Prägung, den Zeitgenossen seine Führung zu geben weiß.

Die Form seiner »Prophetie«, die, wie wir wissen, keine war, darf nicht darüber hinwegtäuschen, daß es sich um praktische Philosophie handelt. Es kommt nicht darauf an, von woher, aus welchem Medium das Denkmodell übernommen worden ist. Man kann das Schema der Entfaltung sehr wohl als Interpretation einer heiligen Schrift ausgeben. Vielleicht lassen sich anstößige Gedanken so am besten tarnen, es kann aber auch einfach die gerade übliche Methode einer wissenschaftlichen Untersuchung sein. Die Formen haben gewechselt: im Lehrgedicht des Parmenides spricht die Göttin Dike, beim *Symposion* werden Preisreden verschiedener Teilnehmer auf den Eros gehalten, das Gespräch ist Medium der Sokratischen Unterredung, Augustin führt Soliloquien und schreibt ein Bekenntnis; Schriftkommentare sind eine Weise der Schulphilosophie, die anderen sind Disputationen, gesammelt werden sie in Summen. Ob jemand Meditationen verfaßt wie Descartes oder Notizen macht wie Wittgenstein, zeitgenössische oder klassische Literatur wie Romano Guardini interpretiert oder »Anstößige Denker« vorstellt, immer ist es möglich, die eigene philosophische Aussage zu transportieren. Philosophisch wird eine Theorie durch die Aussage über die Wirklichkeit, nicht durch Begriffskonstruktionen. Philosophische Kritik kann sich am konkreten Stoff eines bedeutsamen Textes festmachen, wofür Spinozas *Theologisch-Politischer Traktat* das beste Beispiel abgibt.

Bibelauslegung war zu Spinozas Zeit (Mitte des 17. Jahrhunderts in den Niederlanden) weniger eine innerkirchliche, fachtheologische Aufgabe, vielmehr ein Politicum. Die Ansprüche der herrschenden Konfessionen sind kaum auf die Bereiche des Glaubens beschränkt, auch gebietsrechtliche, parteilogische, ideologische Forderungen, immer bestens mit Bibelzitaten begründet und demzufolge eine nie versiegende Quelle von Streitigkeiten und blutigen Auseinandersetzungen. Spinoza führte in seinem Traktat exemplarisch die moderne historisch-philologische Methode der Schriftinterpretation vor, die Kapitel handeln von Propheten und Prophetien, von Zeremonien und Wundern, von der Geschichte der Hebräer und dem Recht des Staates bis zur Forderung, daß in einem freien Staate jedem erlaubt sein müsse, zu denken, was er wolle und zu sagen, was er denke.

Wer den *Theologisch-Politischen Traktat* Spinozas aus der Hand legt, weil er die zahllosen hebräischen Zitate nicht lesen kann und ihm die minutiöse Wortklauberei zuviel wird, verdient Nachsicht. Der Text gleicht in seiner langweiligen voluminösen Form dem Apokalypsen-Kommentar der Expositio in Apocalypsis des Joachim de Fiore. Der Inhalt ist gleichermaßen explosiv, nur daß Spinoza, anders als der nahezu heilig gesprochene Joachim, seines Traktates wegen verfemt und verfolgt wurde (die Erde habe nie einen verfluchteren Menschen getragen als diesen Gottlosen, eiferten die Bibelfundamentalisten). Nicht auf das Gewand kommt es an; Philosophierende sollten die Probleme dort aufgreifen, wo sie sich stellen und sie in angemessener Weise darstellen. Es gibt kein vorgeschriebenes Schema für eine philosophische Abhandlung; auch das gehört zur Freiheit des Denkens und sollte diejenigen ermutigen, die sich lieber in selbstgewählten literarischen Dispositionen statt in vorgeschriebenen Schemata äußern möchten.

3. Francesco d'Assisi

Einem Menschen kann nichts Schlimmeres passieren, als daß er Eltern hat. Nicht genug damit, daß sie einen ungefragt in die Welt gesetzt haben, nein, sie erwarten dafür auch noch Dank; aber das Schlimmste von allem ist, daß sie einen so erziehen möchten, wie sie selbst sind. So jedenfalls denkt Thomas von Celano, der erste Biograph des Francesco, und er beruft sich dabei auf ein Wort Senecas: »Weil wir unter den Bemühungen unserer Eltern groß werden, deshalb folgen uns von Kindheit an alle Übel nach«[1], denn aus der verderbten Wurzel wächst ein verderbter Baum, und was einmal verhunzt ist, kann kaum mehr richtig werden. Je mehr die Eltern ihre Kinder »in die Konventionen der herrschenden Gesellschaft und ihre Lebensformen hineinerzogen haben, desto mehr werden sie verderbt... In diesem bereits infizierten Lebensraum empfängt (der junge Mensch) von seinem ersten Tag an in der Erziehung die Keime seines geistlichen Todes«[2].

Nach Thomas hat der Tuchhändler und Großkaufmann Pietro Bernardone (die Mutter wird merkwürdigerweise nie erwähnt; sie scheint aus einer französischen Familie zu stammen, jedenfalls deutet der Spitzname »Francesco« oder »Franceschino« – Französchen – darauf hin. Auch später, wird berichtet, sang Francesco, wenn er fröhlich war, Lieder französischer Texte) sein Früchtchen Francesco »nach der Eitelkeit der Welt erzogen«, und indem der Junge das erbärmliche Leben seiner Eltern nachahmte, wurde er noch nichtiger als sie: ein umbrischer Kavalier, der in gesellschaftlichen Manieren und gepflegten Umgangsformen seine Altersgenossen überragte. Öffentliches Ansehen und völliges Angepaßtsein an die Gewohnheiten der eleganten Welt vollendeten das von den Eltern begonnene Werk der Geistlosigkeit und Gottlosigkeit.

Die Konversion erfolgte dann (vorbereitet in einem Traum im Gefängnis von Perugia, durch das ihn ansprechende Kreuzesbild in San Damiano); es war eine plötzliche Einwirkung Gottes. »Niemand zeigte mir, was ich zu tun hätte, sondern der Allerhöchste selbst offenbarte mir, daß ich nach der Weise des heiligen Evangeliums leben sollte« erinnerte sich Franziskus später, und Thomas beschrieb den Wechsel als

Wiedergeburt mit anderen Vorzeichen: »Er begann sich selbst häßlich zu werden und alles zu verachten, was er vordem geliebt und bewundert hatte.« Soviel und genug für unsere Zwecke zur ersten Lebensbeschreibung von 1228 des Thomas von Celano, der Franziskus persönlich gekannt hat und zum offiziellen Biographen bestimmt wurde.

Ganz anders die spätere Lebensgeschichte aus der Feder des Philosophen, Theologen und Ordensgenerals Bonaventura, dessen *Großes Franziskusleben* 1260/62 erschien, zugleich mit der Anordnung, alle anderen Viten über das Leben des Heiligen müßten verbrannt werden. Bonaventuras Lebensbericht wurde nun die offizielle Ordenslegende, und da ist von verpfuschter Jugend oder von Verstrickungen in die Eitelkeiten der Welt nicht mehr die Rede. Im Gegenteil, der kleine Francesco ähnelte in auffallender Weise dem lieben Jesulein aus Nazareth, von Geburt an durch Gottes Gnade vor Gefahren und Fehlentwicklungen bewahrt, reifte er an Alter und Weisheit zur Freude aller heran. Während die anderen »lasziven Jünglinge« Assisis der »Leichtfertigkeit des Fleisches« nachgingen, weilte er unter dem »überirdischen Schutz göttlicher Fürsorge« – usw. Das Modell ist also nicht »Bekehrung«, sondern »Entwicklung«. So wird die »Freigebigkeit« Francescos, der kostbare Tuchballen aus dem Laden seines Vaters versilberte und verschwenderisch dessen Vermögen unter die Leute brachte, von Thomas als ein Laster verurteilt: der Nichtsnutz habe seinen Vater bestohlen und das Geld verpraßt. Bei Bonaventura hört sich das anders an: die Freigebigkeit war eine Tugend des Mitleids mit den Armen, die auf die spätere Liebestätigkeit des Heiligen hinweist. Die göttliche Anlage entfaltete sich in der Kindheit und findet habituelle Bestätigung im großen Werk der Heiligung.

Da es hier nicht um historische Kritik geht, braucht die Vielzahl der erzählenden Quellen nicht weiter ausgebreitet zu werden. Die meisten der angeblichen Zeugnisse sind zwei, drei Generationen nach dem Tod von Franziskus geschrieben worden und geben, wie ich einleitend schon sagte, ein Bild seiner Person, jeweils ein bestimmtes Bild, von dem man ohne sichere Kriterien nicht sagen kann, es treffe zu, es sei historisch-wissenschaftlich belegbar. Wir bräuchten uns um diese Lebensbilder mitsamt ihren Ungereimtheiten überhaupt nicht zu kümmern, wenn es damit getan wäre, die Werke des Franziskus zu lesen und zu interpretieren. Zwar gibt es über dreißig größere und kleinere Schriftstücke, herausragend das Testament; ihr Verfasser war auch ein Dichter, von hohem Rang wie Jacopone da Todi; doch in erster Linie war er nicht ein Schriftsteller, sondern eine der großen Gestalten, die mehr durch ihr Leben selbst als durch ihre Lehre wirkten. Daher ist es unerläßlich, sich erst darüber klar zu werden, wer er war, denn, wie es nur wünschenswert sein kann, sind Leben und Denken bei ihm eine unauflösliche Einheit.

Einige der möglichen Vorstellungen hat Ernst Benz zusammengestellt[3]; sie können wir wenigstens ihrer Bezeichnung nach zur Kenntnis nehmen. Es gibt eine theologische Deutung und eine messianische Deutung seines Lebens. Wichtiger ist die Selbstdeutung des Francesco; die Frage ist nur, was dabei aus erster und was aus zweiter und dritter Hand stammt. Gut belegt ist die Deutung des Heiligen bei seinen Schülern und durch sie: als Herold Gottes, als neuer Evangelist, als David des neuen Reiches, als zweiter Christus, als Seraphim und oberster Heiliger, als Führer der Kirche im Zeitalter des Geistes etc. Dann gibt es die Deutung der Person durch die offizielle Kirche, die Stigmatisation als testimonia, die Geistbegabung des Franziskus, die intelligentia spiritualis und sein Orden in der Geist-Kirche. Schließlich – ich habe Dutzende Aspekte ausgelassen – noch sein Testament. Als wichtigstes Selbst-Zeugnis steht es außer Reihe und gibt manchen Aufschluß. Die übrigen Deutungen sind, wie gesagt, Bilder und Vorstellungen anderer, also schon fertige Urteile. Ich möchte jedoch einen davon verschiedenen Weg des Zugangs vorschlagen, eklektisch einerseits, quer durch die vorhandenen Berichte das herausholend, was ein bestimmtes Kriterium erfüllt; andererseits werde ich mich auf das Testament und einige bisher wenig beachtete Quellen stützen, die oft ganz entgegengesetzte Züge an Franziskus hervortreten lassen als die offiziellen Biographien und die ausschmückenden Legenden. Sie sind erst vor ein paar Jahren von Elisabeth Hug und Anton Rotzetter herausgegeben und erstmalig in die deutsche Sprache übersetzt worden.[4]

Das Kriterium ist sehr einfach, mehr eine Art Faustregel als eine hermeneutische Methode. Von den abweichenden Darstellungen des Thomas von Celano und des Bonaventura in ihren Lebensberichten war schon gesprochen worden. Nun gibt es auch von Thomas selbst zu der schon erwähnten frühesten Vita von 1228/29 eine spätere aus den Jahren 1246/47, die er auf Wunsch des Ordensgenerals Crescentius von Jesi verfaßt hatte. Die Veränderungen sind bemerkenswert und führen mit zwei, drei Beispielen direkt zum Schlüssel der Beurteilung; gefordert ist die Unterscheidung zwischen dem, was eckig, anstößig, ganz unpassend für einen Heiligen ist und dem, was allzu glatt, rund, unglaubwürdig geschönt wurde. Überspitzt gesagt lautet das Kriterium: je ungereimter desto echter. Zum Beispiel gibt es die von vielen berichtete Episode, daß Francesco den Bruch mit seinem Vater in aller Öffentlichkeit vor dem Bischof als perplexem Zeugen und einer großen

Menge Zuschauer im Vorhof des Domes zu Assisi vollzogen habe. Die Tatsache als solche ist schon beachtenswert. Erst plündert der junge Mann den Besitz des Vaters, denkt nicht im geringsten daran, sich berechtigte Vorhalte anzuhören, sondern droht mit einem Skandal, falls der alte Herr auf Rückzahlung oder Abarbeitung der Schulden im Ladengeschäft bestehe. Zum Skandal kommt es dann; der Bischof wird, als Notar sozusagen, dazugeholt, es gibt Streit hin und her, keine Seite lenkt ein, da zieht sich Francesco vor allen Leuten aus, splitternackt, und wirft die Kleider seinem Vater an den Kopf: »Hier hast du das Letzte zurück, ich will nichts mehr behalten, was mich an dich erinnert.« Der Bischof macht der peinlichen Szene ein Ende und wickelt seinen Umhang um den Entblößten.

Unerhört lieblos und schroff, statt liebenswürdig und höflich, wie er angeblich von Kind auf war, ist sein Verhalten; doch eben weil es unpassend für eine frisierte Legende ist, wirkt es höchst glaubwürdig. Dazu kommt, daß Thomas in der ersten Fassung geschrieben hatte, daß Francesco auch sein Lendentuch, also die Unterhose, weggeworfen hatte und nackt vor dem Bischof stand. In der späten Version warf der sich inzwischen als Heiliger entpuppende Franz nur seine Oberkleider ab und – trug zur Freude aller Tugendhaften darunter ein härenes Bußgewand, das er nicht und nie mehr ablegte. Dergleichen Veränderungen gibt es viele, jeder Zug des unbeherrschten, impulsiven jungen Umbriers, der zu Aufwallung und Zorn neigte, wurde später getilgt oder gemildert. Wenn man die Entkleidungsszene auf den herrlichen Fresken Giottos anschaut, dann zeigt sich – meisterhaft gemalt, versteht sich – der Sieg der Heiligen-Viten mit all ihrer Langweiligkeit: »Er entblößte sich aller irdischen Bindungen und wollte nur noch völlig besitzlos dem himmlischen Vater gehören.« Diese Umdeutungen stellen viele prominente Kunstfälschungen in den Schatten. Da ist zuerst das Testament zu analysieren. Allein daß es vorhanden ist, hat eine Bedeutung, denn es scheint eine neue literarische Form zu sein, bisher waren »geistliche Testamente« nicht üblich. Der Bischof von Terni hatte Franziskus einen »armseligen, unansehnlichen, ungebildeten Mann« genannt, worauf der Poverello sich demütig bedankte, für die große Ehre, die Wahrheit über ihn gesagt zu haben. Der kleine, unbedeutende Bettler schreibt ein Testament mit großem Anspruch: er hält sein Leben für bedeutend und verbindlich in seinen Erfahrungen für alle, die unter seiner Regel stehen. Er erinnert, ermahnt, ermuntert, erklärt und verbietet, alles in einem Ton, der Autorität und Selbstbewußtsein verrät. Wer den Text unvoreingenommen liest, hört auch den Zorn heraus, seinen Unwillen über die Entwicklung des Ordens, den er so nicht gewollt hat. »Bis zum Tag meines Todes werde ich aber dennoch nicht aufhören, die Brüder durch Beispiel und Handeln zu lehren, den Weg zu gehen, den der Herr mir aufgezeigt hat und den ich ihnen gezeigt habe.

Und ich habe auf sie eingewirkt, so daß sie unentschuldbar sind vor dem Herrn und ich nicht verpflichtet bin, vor Gott über sie und mich Rechenschaft abzulegen« (*H. u. R.*, 157). Sogar »Maßlosigkeit« und »Leidenschaft« (*H. u. R.*, 31) kommen unter der Oberfläche zum Vorschein. Er war nicht der alles duldende, schwächliche Ästhet, sondern einer, der verletzten Herzens aufschreit und mit allen Kräften, die ihm seine Krankheiten gelassen haben, protestiert. Der Text bebt, ein zorniges Zittern begleitet die Worte, mit denen er die Nivellierung seiner Lebensform und den Verlust der anfänglichen Reinheit seines Vorhabens beklagt. Wenn ihr so leben wollt, wie die anderen Mönche der etablierten Orden, dann hättet ihr ja gleich Benediktiner oder Augustiner werden können, die Protektion der Kurie genießen, in kultivierten Klöstern leben, Theologen und Gelehrte von Rang unter euresgleichen haben, ruft er ihnen zu. Mich aber habt ihr verraten, in meiner Schwachheit nahmt ihr den Anlaß, mich in die Ecke der Heiligmäßigkeit zu stellen, nur um mich um so sicherer loszuwerden.

Die Enttäuschung des armen Francesco war groß und verständlich. Sie bringt eine weitere Variante zu der bei Joachim von Fiore schon aufgebrachten verzweifelten Frage: warum gehen alle großen Ideen so rasch zugrunde? Sie verschwinden nicht völlig, im Gegenteil, sie leben erstaunlicherweise jahrhundertelang weiter, aber sie erdulden so viele Metamorphosen, daß sie kaum wiederzuerkennen sind. Anpassung, Mittelmäßigkeit, angeblich vernünftige Kompromisse, zeitgemäße Reformen – diese Momente sind, unter andern, die Übel, mit denen Ideen zugrunde gerichtet werden.

Die Augenzeugenberichte, von denen jetzt gesprochen werden wird, und die alle mit ungefähr dieser Einleitung beginnen: »Wir, die wir mit ihm waren, bezeugen...« (*H. u. R.*, 143) sind vermutlich aus der Sammlung erhalten geblieben, die der schon erwähnte Generalminister (d.i. der Ordensobere, wobei »Minister« bei den Franziskanern wörtlich »Diener« heißt) Crescentius von Jesi angeregt hatte, und aus denen Thomas von Celano einen zweiten Lebensbericht verfaßt hat, allerdings, wie Vergleiche erweisen, indem er alles unterschlug, was nicht mehr ins offizielle Bild des Ordensgründers paßte.

Den Originalzeugnissen jedoch fehlt jede »hagiographische Tendenz« (*H. u. R.*, 144), sie sind lebensnah, konkret und echt, auch wenn es nicht mit der Vorstellung eines Heiligen verträglich ist, was sie melden. Die Absicht, Unerfreuliches zu verschweigen, ist ihnen fremd; sie berichten nicht nach Mustern, beweihräuchern keinen zweiten David, Elias oder Christus, sehen Francesco nicht von Engeln umschwirrt und erzählen, was man zum Leben eines Menschen nicht hinzuerfindet, wenn es nicht da ist.

Eine belanglose, wirklich nebensächliche, aber reizende Geschichte schildert einer, der den sehr kranken Franziskus gepflegt hatte. »Ich fühle mich ganz schwach«, sagte der Kranke zum Pfleger, »es wäre besser etwas zu essen.« »Was möchtest du denn haben?« fragte der Bruder. »Am liebsten hätte ich Brot mit Petersilie drauf«, antwortete Francesco, »vielleicht findest du welche im Garten.« Der Bruder versuchte es, fand aber nichts, denn es war in der Nacht (was Franziskus nicht wußte, denn seiner Augenkrankheit wegen konnte er kein Licht ertragen und lag auch tagsüber im Dunkeln). Ein anderer Bruder, der die Küche besorgte, entmutigte ihn vollends: »Auch wenn es taghell wäre, fändest du keine Petersilie im Garten, denn das wenige, das dort wuchs, pflückte ich, kaum war es aus dem Boden heraus, und mischte es unter das Essen, weil er Petersilie so gerne mag.« (Vgl. *H.u.R.*, 188f.).

Oder ein anderes Beispiel dafür, was nicht der Phantasie von Hagiographen entsprungen ist: ein schlotternder, überängstlicher Francesco – alles andere als ein Held. Er war mit Bruder Angelus nach Rom gekommen und hatte, eingeladen von Leo Kardinal von Santo Croce, in einem Turm der Stadtmauer Quartier bezogen. Es war Winter mit heftigen Stürmen und Schneefall. »In der ersten Nacht«, so berichtet Bruder Angelus Tancredi, einer der ersten zwölf Gefährten des Franziskus, »hörte ich ihn rufen und eilte zu ihm. Franziskus war fiebrig, zitterte am ganzen Leib, behauptete, Dämonen hätten ihn geschlagen und bat mich, neben ihm zu bleiben, denn er fürchte sich, allein zu sein.« (Vgl. *H.u.R.*, 162f.)

Eines Tages besuchte er einen armen Priester in der Nähe von Rieti; der lebte bei seiner kleinen Kirche, um die ein Weinberg angelegt war. Zur selben Zeit weilte auch der Papst Honorius mit einigen Kardinälen und anderen hohen Klerikern in dieser Stadt; sie hatten gehört, daß Francesco bei dem Priester zu Besuch sei und viele von ihnen, die ihn verehrten, kamen, um mit ihm zu sprechen. Aber alle hatten durch den kleinen Weinberg zu gehen, um in das Haus zu gelangen. Zu dieser Zeit waren gerade die Trauben reif, und nach ein paar Tagen war der ganze Weinberg zerstört, denn einige hatten Trauben gepflückt, sie gleich an Ort und Stelle gegessen oder mitgenommen, andere aber hatten im Vorbeigehen sinnlos Trauben abgerissen, sie weggeworfen oder gar am

Boden zertreten. Der arme Priester regte sich auf und ärgerte sich sehr: »In diesem Jahr habe ich meinen Weinberg verloren, und obwohl er so winzig ist, reichte er doch aus, mir soviel Wein zu geben, wie ich für mich brauche.« (Vgl. *H. u. R.*, 189) Die Legende fährt dann fort, daß Francesco ihn tröstet und auf wunderbare Weise die 13 Fässer Wein ersetzte. Aber das ist die Ausdeutung im Stil der Fioretti, der Legenden. Der erste Akt jedoch, bei dem Kardinäle einen Weinberg vandalisieren und sich dabei wie dumme Jungen aufführen, der ist nicht Bestandteil frommer Dichtung, sondern – so darf man annehmen – eine Tatsache.

Fast alle Zeugen erwähnen auch zwischendurch seine schwächliche Konstitution: »...er war wohl seit seiner Jugend von Natur aus ein gebrechlicher und schwacher Mann, der in der Welt nur behütet und umsorgt leben konnte« (*H. u. R.*, 161), oder: »...er war der Natur nach ein schwacher und gebrechlicher Mensch, der täglich, bis zu seinem Tode, immer kränker wurde« (*H. u. R.*, 164). Auch wenn es sich gleichlautend anhört, die Zeugen müssen ihn so erlebt haben, sonst würden sie nicht berichten, wie elend er anzusehen war.

Keineswegs immer von allen »behütet und umsorgt«, wurde Francesco häufig vernachlässigt, sogar lieblos behandelt. Auch darüber schweigen die offiziellen Biographien. Sie unterschlagen einen verletzten Menschen, der darunter leidet, aufs Altenteil abgeschoben zu sein, den verehrten Gründer im Ruhestand spielen zu dürfen, über dessen Kopf hinweg andere nach ihren Vorstellungen handeln. Die Augenzeugenberichte vermerken, daß er aufbegehrt hat, sich beschwerte, zornig geworden sei. Auch wissen sie nichts von der Süßigkeit, in die ihm angeblich seine frühere Aversion gegenüber Aussätzigen verwandelt worden sei. Im Gegenteil, er schien sein Leben lang den Horror vor diesen Ärmsten nie verloren zu haben; besonders der Anblick im fortgeschrittenen Stadium der Krankheit rief in ihm Entsetzen und Ekel hervor – und dann überwand er sich und aß mit dem Kranken aus derselben Schüssel. Auch hier stimmt alles: er war ein Mensch aus Fleisch und Blut, schwach, wie wir alle sind, ein wenig eitel, wie einer ist, wenn er Lumpen zur Schau trägt, verwundbar, liebesbedürftig, hilflos und wütend. Von ihm, aber nicht von der verkitschten Figur des weltentrückten Heiligen, kann man sich etwas sagen lassen. Und nun ist es an der Zeit, das hervorzuholen, was durch ihn Bleibendes an den Tag getreten ist.

Wenn historisch nicht ausgeholt werden soll, und das ist meine Absicht, müssen Andeutungen genügen. Die christliche Theologie hatte die Offenbarung durch das Wort so sehr in den Mittelpunkt ihres Interesses gestellt, daß die ursprüngliche Offenbarung Gottes durch und in der Schöpfung nahezu völlig vergessen worden war. So gab es Frömmigkeit als reine Innerlichkeit, und draußen eine Welt, die nicht mit dem Menschen versöhnt war. Getrennt lagen auseinander Gott und Welt, Mensch und Natur, Gebet und Alltag, Kontemplation und Aktion. Und darauf zielt der Anstoß Francescos: er vereint in seiner Person beispielhaft, was vorher zerrissen war. Gotteserfahrung und Welterfahrung sind für ihn nicht zwei Wege nebeneinander, er erlebt Gott nur in der Welt und die Welt nur als Schöpfung Gottes, »als Ort der Zuwendung zu Gott« (*H. u. R.*, 11). Um Gott zu finden und damit den Ursprung seiner Herkunft und den Sinn seines Lebens, braucht er nicht aus der Welt zu fliehen, weil ihm jede Wirklichkeit Symbolon, »Zusammenfallen des Ganzen im Fragment« (ebd.), Hinweis, Deutung und Erklärung ist. Sein Denken und Meditieren ist »sinnliche Spiritualität« (*H. u. R.*, 147), er kennt keine Innerlichkeit ohne Sinnlichkeit, es gibt für ihn nicht bloß Äußerliches, es ist stets Äußerung eines größeren Reichtums. Die Weisheit ist nicht im Wort und überhaupt nicht in Büchern niedergelegt, daher schenkt er die einzige Bibel, die seine Brüder besitzen, einer hungernden alten Frau, damit sie beim Händler Geld dafür bekomme. Bohnen und Oliven, ein Stück Fleisch und Wein dazu – mit der heiligen Schrift erkauft! Die frommen Brüder damals und heute fanden das sehr anstößig. Aber Francesco lächelte: »Gib unserer Mutter das Neue Testament, damit sie es verkaufe, um ihre ärgste Not zu wenden. Ich vertraue fest, daß das dem Herrn und seiner Mutter mehr gefällt, als wenn ihr in ihm lesen würdet« (leicht verändert zit., *H. u. R.*, 175).

Da alles erfüllt ist von Göttlichem, kann es nichts geben, was außerhalb des göttlichen Bereiches steht (das ist fast wörtlich Teilhard de Chardin vorweggenommen). Die Armen gehören zur Welt, ja verschärft gesagt: ihnen gehört die Welt, die Reichen besitzen nur Geliehenes, sie müssen es abgeben, wenn ein Armer es verlangt. Die Tiere gehören zur Welt, ja verschärft gesagt: ihnen gehört die Welt ebenso wie den Menschen. Daher müssen wir ihnen abgeben, was sie zum Leben brauchen: sie haben die gleichen Rechte wie wir. Sie zu jagen und zu töten ist Frevel an der Schöpfung Gottes. Man muß hören, an wen diese Worte gerichtet sind, denn damals wie z. T. noch heute hält man es in romanischen Ländern für gut christlich, Tieren eine Seele abzusprechen. Und nicht nur in diesen Ländern, sondern überall auf der Welt werden sie verfolgt und abgeschlachtet, wenn sie, wie Robben und Delphine, auch ihren Anteil an den Fischen des Meeres haben wollen.

Die Behutsamkeit im Umgang mit allem Lebendigen versteht sich von selbst. Kein Mensch war zu häßlich, kein Wurm zu gering, um nicht von Franziskus gegrüßt und behandelt zu werden wie der Papst. Von allen Menschen waren ihm die Zukurzgekommenen, die Entrechteten, am nächsten; von den Tieren liebte er besonders die Vögel und unter ihnen am meisten seine Schwestern, die Lerchen, ihres jubelnden Gesanges im stehenden Flug unter der Sonne wegen, aber auch ihres schlichten Gewandes und – es muß sich um Haubenlerchen gehandelt haben – ihrer Kapuzen zuliebe, durch die sie den Bettelmönchen glichen. Nicht nur verbot er überall, wohin er kam, sie zu fangen, sondern bat die Leute inständig, sie an Weihnachten durch Körner und anderes geeignete Futter zu beschenken.

Er sprach mit Blumen und redete Bäume wie Menschen an, die Gärtner, die er sogenanntes Unkraut jäten sah, flehte er an, doch damit aufzuhören. Was ihnen wild und scheinbar unnütz erschien, war ihm das schönste Gewächs des Gartens. Es gibt keinen Unterschied zwischen Kraut, das wir züchten und verwerten, und Un-Kraut, das wir glauben, vernichten zu dürfen. Alle Kräuter sind herrliche und heilende Gaben der Natur, gleich liebenswert und staunenswürdig.

Was sich nicht von selbst versteht ist die Achtsamkeit, die er im Umgang mit den Elementen erwies, die man allgemein für leblos hält: das Feuer, das Wasser, die Steine, die Erde, der Wind. Doch es ist nur die Konsequenz aus seiner Verehrung der Schöpfung als Ort des Heiligen. Nur – die es zum ersten Male sahen und erlebten, wie er mit dem Waschwasser, das gebraucht und weggeschüttet wurde, sorgfältig umging, um es nicht mit den Füßen zu treten; die sich darüber wunderten, wie zärtlich er eine Kerze ausblies oder eine Fackel löschte, weil er das Feuer schätzte, wie er die Erde liebkoste, die uns hervorgebracht hat und wieder aufnehmen wird, die fühlten sehr stark, daß eine neue Dimension der Frömmigkeit und des Weltverhaltens sichtbar geworden ist.

Ohne es begrifflich zu formulieren, wehrt Francesco jede dualistische Position fast instinktiv ab. Solcher Dualismus war in den ersten nachchristlichen Jahrhunderten (durch Mani zum Beispiel) theologisch-philosophisch sehr einflußreich aufgetreten, zwar bekämpft, aber nie zum Verschwinden gebracht worden. Im Volksglauben setzte er sich mit den plausiblen Erklärungen fest, das Böse stamme vom Teufel, die guten Mächte des Himmels stritten mit den bösen Geistern der Hölle um die Seele des Menschen etc. Wenn man nicht zwei, sondern nur ein Prinzip annimmt (wie später auch Giordano Bruno: *Von der Ursache, dem Prinzip und dem Einen*), dann muß man einen Grund dafür benennen, weshalb es außer dem guten Gott noch all das Böse und Häßliche, das Leiden der Kinder, die Grausamkeiten aus dem Herzen der Menschen und den gnadenlosen Tod gibt. Für Franziskus ist das kein philosophisches Problem, oder adäquat ausgedrückt, solche Gedanken trüben sein Bild von der Herrlichkeit der Schöpfung nicht. Er leidet selbst in unbeschreiblicher Weise, er leidet mit den anderen und vergießt Tränen niemals im Selbstmitleid, sondern über den Schmerz anderer.

Als sein Augenleiden immer schlimmer wurde, holten die Brüder einen Arzt aus Rieti, der auf Augenkrankheiten spezialisiert war. Was das zur damaligen Zeit hieß, schildert ein Augenzeuge: »Eines Tages kam der Arzt und brachte ein Eisen, mit dem er das Ausbrennen... praktiziert. Und er ließ ein Feuer machen, um das Eisen zu erhitzen.« Als es glühte, sprach Francesco: »Mein Bruder Feuer, vornehm und nützlich unter allen Geschöpfen, die der Herr erschaffen hat, du sollst mir höflich sein in dieser Stunde. Denn ich liebte dich immer und werde dich auch weiterhin lieben, so bitte ich deinen Schöpfer, daß er deine Hitze so mäßige, wie ich sie ertragen kann.«

Wir aber, berichtet der Gefährte, die mit ihm waren, flohen alle aus Erbarmen und Mitleid mit ihm, erst nach dem Ausbrennen kehrten wir zurück. Das aber hatte lange gedauert, »beginnend unter dem Ohr bis zur Augenbraue, wegen des vielen Eiters, der Tag und Nacht durch viele Jahre hindurch täglich zu den Augen hinabfloß. Daher mußten... alle Venen vom Ohr bis zur Augenbraue abgetötet werden«. Wenn dies auch nichts nützte, so half es auch nicht, daß ein anderer Arzt beide Ohren durchbohrte. Es wurde nur ärger und schmerzhafter (vgl. *H. u. R.*, 184f., Zitate z. T. verändert).

Man kann es sich leicht machen und behaupten, angesichts kosmischer Dimensionen verschwände das tausendfache kleine Elend der Welt. Schon von einem Berg herab ist vom Jammer der Menschen im Tal, ihrer Eifersucht und ihrem Haß, den Ärgerlichkeiten und Widrigkeiten ihres Lebens nichts zu sehen; friedlich, allseits zufrieden und glücklich scheinen alle zu sein. Aber das trifft nicht den Dichter des »Sonnengesangs«, in den das Leiden der Kreatur ebenso eingegangen ist wie die Gefühle der angeblich »gefühllosen« Elemente. Grenzenloses Mitleiden heißt die Bedingtheit des Menschlichen, den Aspekt des Leidens keinen Moment außer acht zu lassen; so wie seine eigene Krankheit, die schwächliche Konstitution, das Augenleiden bis zur völligen Erblindung, ein Magengeschwür von Jugend auf und eindeutiger Magenkrebs in den letzten Jahren, immer präsent waren. Der Leib, der Bruder Esel, so freundlich wie er ist, einen lebenslang herumzutragen, hat nun einmal diese Seite auch, kein Anlaß deswegen an der Güte Gottes zu verzweifeln.

Daß Schwachheit zu unserer Natur gehört, kann keine radikale Askese verändern; sie läßt sich auch nicht idealistisch aufheben. Die Weise, wie Francesco mit ihr zurechtkommt, kennzeichnet einmal wieder seine Feinfühligkeit im Umgang mit anderen, dann aber auch seine gesunde Sinnlichkeit. Er forderte bei einem, gleich näher zu berichtenden Anlaß, daß jeder auf seine eigene Naturbeschaffenheit achten solle und seinem Körper geben müsse, was der brauche. Der eine braucht mehr, der andere weniger Schlaf; dem einen fällt Fasten leicht, den anderen bringt es beinahe um den Verstand. Und dann folgt in erstaunlicher Schärfe gesprochen der Satz: »Ich will und befehle euch, daß jeder – unter Berücksichtigung unserer Armut – seinen Körper zufriedenstelle, wie es ihm nötig ist« (*H. u. R.*, 161).

Der Anlaß wird so beschrieben: »In einer Nacht, als alle auf ihren Pritschen schliefen, schrie einer der Brüder etwa um Mitternacht: ›Ich sterbe, ich sterbe‹. Und alle schreckten auf und waren verblüfft. Franziskus sagte: ›Steht auf, Brüder, und zündet ein Licht an‹ ... ›Wer hat gesagt: Ich sterbe?‹ Jener Bruder aber gestand: ›Ich bin es‹. Und Franziskus sagte zu ihm: ›Was hast du, weshalb wirst du sterben?‹ und Jener: ›Ich sterbe vor Hunger‹.« (*H. u. R.*, 160).

Franziskus, ein Mensch voller Liebe und Diskretion, ließ sofort den Tisch decken und lud alle ein zum mitternächtlichen Mahl, denn er wollte den einen Bruder nicht dadurch beschämen, daß er vor aller Augen allein esse. Nachher ermahnte er sie, doch ja auf ihren Körper Rücksicht zu nehmen und ihn nicht durch übermäßiges Fasten zu schädigen. Gott wolle Barmherzigkeit und nicht Opfer. Unser Leib verdient ebensoviel Aufmerksamkeit und geduldige Nachsicht wie die leiblichen und geistigen Bedürfnisse anderer.

In seiner ökologischen Haltung war Francesco Jahrhunderte voraus. Mit Fug und Recht darf man behaupten, daß vom 13. bis 20. Jahrhundert die Natur vernachlässigt und mißverstanden wurde und es sich erst in unseren Tagen, vorwiegend unter jüngeren Menschen, herumgesprochen hat, daß die Natur eigene Rechte besitzt und nicht dazu vorhanden ist, um von uns ausgebeutet zu werden. Daß es gar kein Un-Kraut gibt, sondern nur Pflanzen wunderbaren Lebens und jeweils besonderer Schönheit, das hat – meines Wissens – seit Franziskus bis zu Gustav Theodor Fechner und Ludwig Klages niemand so laut gesagt, wenn es immer auch ein paar gegeben haben mag, die so dachten; so wie es heute, unter dem Druck der Verhältnisse, bei dem die Welt des Menschen durch die Zerstörung der Umwelt direkt bedroht ist, immer noch viele gibt, die nichts davon gespürt haben und mit ihren chemischen Giftjauchen jedem Hälmchen den Garaus machen, das sich am Rande des Ackers noch hervorwagt, dadurch das Wasser ungenießbar machen, Hecken und alle Bewohner dieser schützenden Lauben abbrennen.

Man muß seine Lebensphilosophie (ich zögere nicht, von »Philosophie« zu sprechen, selbstverständlich nicht als akademische begriffliche Lehre zu verstehen) gegen die Schulphilosophie und die Theologie von Welt und Mensch halten, um im Vergleich einen klaren Eindruck von der Einzigartigkeit seines Denkens und seiner Lebensweise zu erhalten. Freilich gab es die mächtigen Armutsbewegungen, die Waldenser und Katharer, und wenn die Mutter des Francesco aus Südfrankreich gekommen sein sollte, wußte sie vielleicht von diesen Radikalen eines neuen Evangeliums und pflanzte einige Gedanken davon in das Herz ihres Kindes. Aber das ist, nach vielen Seiten hin betrachtet, unwahrscheinlich, Francesco scheint sich keine Kenntnisse der Zeitgeschichte nach der Vergangenheit angeeignet zu haben. Er interessiert sich, merkwürdig genug, auch nicht für die Zukunft. Tradition und künftiges Heil der Menschheit gelten ihm gleichviel, nämlich als nichts Beachtenswertes. Allein die Gegenwart, die Zeit, in der Handeln möglich ist, praktische Hilfe und Zuwendung für andere zur Verfügung stehen, allein dieser Augenblick, durch den einer seinem liederlichen Leben Gewicht geben kann, indem er das in die Waagschale wirft, was zählt: Liebe, Zärtlichkeit, Mitleid, Barmherzigkeit, Treue. Was seine Auffassung von der Armut von der Rolle unterscheidet, die sie bei den Sekten des 12. und 13. Jahrhunderts spielte, bei aller Ähnlichkeit, ist, daß sie nicht bloß eine Befolgung eines evangelischen Gebotes ist, sondern im Ganzen seiner Natur- und Weltanschauung ihren Platz einnimmt. Viel weniger die Nachfolge Christi und viel mehr, wenn auch kaum beachtet, hat die vollständige Abkehr, der Bruch mit allen Wertvorstellungen der damaligen Gesellschaft seine Prinzipien geformt.

Vergleichen wir, wie vorher vorgeschlagen, einmal zwei Dokumente, die Hug und Rotzetter im Anhang ihrer Sammlung ebenfalls erstmals in deutscher Sprache abdrucken. Es handelt sich um je eine Friedens-Charta von 1203 und 1210, in denen nach dem Krieg zwischen den rivalisierenden Städten Perugia und Assisi Bedingungen festgelegt werden, die vom kleinsten Streit bis zur Steuer und Wehrpflicht Regelungen treffen und dabei, unbeabsichtigt, ein Bild der gesellschaftlichen Verhältnisse liefern.[5]

Zunächst ist von zwei verschiedenen Gruppen von Menschen die Rede, von den boni homines, den »guten Leuten« (zu ihnen zählten in

Assisi etwa 20 Familien, sie sind die besitzenden und regierenden Freiherren); sodann die homines populi, das Volk, auch populus oder communes oder minores, die Minderen, genannt. Grundlegende Wirklichkeit sind die Stadt, das Bürgertum und die feudale Rechtsordnung. (Das gilt hier nur für die beiden infrage stehenden Städte zu Anfang des 13. Jahrhunderts und kann nicht für alle italienischen politischen Verhältnisse stehen.) Dazu kommen noch die villani, die Landleute, vielfach als Leibeigene total abhängig und nicht als »Bauern« zu betrachten; die milites, die Richter; die pedites, das sind zwar die Soldaten, aber eigentlich die Bürger aus der zweiten Gruppe, die Wehrdienst leisten müssen, sofern sie sich nicht freikaufen konnten; schließlich die mercatores, die Kaufleute, aus deren Stand die Familie Bernardone erwähnt wurde.

Dann werden in dem Dokument Steuern festgesetzt, Grundabgaben, Unterhaltspflichten, Militär- und Gerichtsgebühren; eine Amnestie wird verkündet, Schulden geregelt, die Ämter der Bürgermeister definiert usw. Der Text ist für Historiker, die sich in neuester Zeit mehr für die sozialen und ökonomischen Faktoren interessieren als das früher der Fall war, aufschlußreich. Für uns wäre ein vertieftes Eingehen unverträglich mit der Absicht, das Denken des Außenseiters von Assisi und nicht das der bürgerlichen Stadtbevölkerung Umbriens kennenzulernen. Daher genügt eine Zusammenfassung der differierenden Merkmale: die völlige Umdeutung durch Francesco wird an wenigen Beispielen zu erkennen sein.

In beiden Verträgen »geht es um Geld, Besitz und Macht«. Wer Geld vorweisen kann, kauft sich los von lästigen Pflichten, des Wehrdienstes beispielsweise, er kann sich als freier Mensch mit vielen Rechten fühlen und stolz sein. Wer nichts besitzt, weder Geld noch einen guten Namen hat, existiert überhaupt nicht. Es sind »die Namenlosen, Sprachlosen, gesellschaftlich Geächteten und Abgewiesenen«, mit denen sich Francesco solidarisiert. Auch die Bezeichnung minores für die minderen Brüder, seine Genossen, ist nun nicht mehr im Standesregister der Stadt abzulesen. Im Vertrag von 1203 wird verboten, aus der Stadt hinauszugehen, exire de civitate, um sich mit anderen (gegen die Stadt) zu verbünden. Im Testament des Francesco taucht fast gleichlautend auf: exire de saeculo, was nicht Weggang aus der Welt = sterben heißen kann, sondern: »aus der konkreten Welt hinausgehen« meint, also Assisi verlassen und »sich mit anderen verbünden«, nämlich mit den »Armen, Schwachen, Kranken, Aussätzigen und Bettlern am Weg«. Er tut also gerade das, was verboten ist (wenn es auch nicht in der Weise im Vertrag festgelegt wurde).

Man muß aber die Hochachtung und allerhöchste Wertschätzung, den Besitz und Geld im Vertrag erhalten, im Ohr haben, um die grundsätzliche Umkehrung, die tatsächliche Perversion aller konventionellen Vorstellungen richtig begreifen zu können. Ich wiederhole daher: In Gesellschaft und Staat bestimmen Geld und Besitz über den Rang eines Menschen. Mit ihnen kann er sich von Auflagen freikaufen, alle Privilegien dazukaufen, sich fast unbeschränkte persönliche Freiheit erhalten und beschützen lassen und Anspruch auf Achtung erheben. Für Francesco spielen Besitz und Geld nicht nur keine wichtige Rolle, sondern haben schlechthin nichts zu suchen im Denken und Urteilen. Die Würde eines Menschen resultiert aus dem, was einer ist, nicht aus dem, was einer hat, was er von seinen Eltern ererbt oder sich selbst zugelegt hat. Wahre Freiheit kann man sich nicht kaufen, sie ist nicht für Gold und Münzen wohlfeil, weil sie keinen »Wert« hat, in dem Sinne, wie Werte in einer bürgerlichen Stadtordnung definiert werden. Franziskus stellt sich außerhalb der Ordnung, er lebt mit seinen Brüdern als nicht integrierte Gruppe fern der Stadt, gleich wie die anderen Armen und die Aussätzigen. Dafür werden sie von denen, die drin sind und dazugehören, vom Establishment, verachtet, beschimpft, verspottet und verjagt wie Land- und Stadtstreicher oder Zigeuner bei uns.

Das trifft allerdings nur für die Anfänge der Bewegung zu, später verwandelte sich die gesellschaftliche Geringschätzung in wohlwollende Duldung, als die Bürger gelernt hatten, die Fratres als billige Wasserträger, Krankenpfleger, Knechte und in vielen niederen Diensten einzustellen. Die vita communis, von der die Verträge reden, das gemeinsame Leben, verstehen die Franziskaner allerdings anders als die Stadtbewohner. Wie innerhalb der konventionierten Bürgerschaft der Besitz desjenigen garantiert wird, der dazugehört, so garantiert innerhalb der fraternitas allen, den Eingegliederten, aber besonders den Ausgegliederten die Gemeinschaft menschenwürdige Solidarität.

Franziskanisch gesinnte Menschen – und dazu braucht man kein Christ oder gar Mitglied eines der Ordenszweige der Franziskaner zu sein – finden sich im Verständnis, daß es keine Schande ist, sich demütig herabzusetzen (condescensio heißt der Begriff dafür, wie ihn Francesco verwendet).

Die Würde, die einer besitzt, und die Achtung, die er sich selbst entgegenbringt, verbieten, sich von anderen immer nur benutzen, ausnützen zu lassen. Demut ist dem Mut näher als der Gutmütigkeit. So gehört zur Rechtheit des Charakters auch, zu sagen, was recht ist und was unter keinen Umständen geduldet wird. Dennoch, bei allem nötigen Richtigstellen der Verhältnisse, werden Menschen, die von Francesco gelernt haben, niemals alle Rechte in Anspruch nehmen, die ihnen zustehen. Der Ausdruck »alle Rechtsmöglichkeiten selbstverständlich auszuschöpfen« gehört zur Sprache der Welt derer, die wohl nie verstehen werden, wie man so denken und leben kann wie Franz von Assisi.

4. Niccolò Machiavelli

Wenn Engländer den Teufel nicht direkt beim Namen nennen wollen, sprechen sie von »Old Nick«; aber diese Vorzugsstellung, der Rivale des »Allerhöchsten« zu sein, ist nur eine der Ehren, zu denen es Niccolò Machiavelli gebracht hat. »Er ist der meistgeschmähte politische Schriftsteller und Staatsphilosoph aller Zeiten. Seine Gedanken faszinieren und beunruhigen seit bald einem halben Jahrtausend Europa und die europäisch geprägte Welt. Machiavelli ist von Dilthey mit Recht als eine ›Weltmacht‹ bezeichnet worden. Er wurde befehdet, verdammt und als Agent der Hölle angeschwärzt.«[1] Mit diesen Sätzen leitet Gerd-Klaus Kaltenbrunner seine kurze Biographie ein; da Machiavelli also völlig unbestritten ein »anstößiger Denker« genannt werden darf, erübrigt sich eigentlich jedes weitere Detail, seine Person, aber auch den so geschmähten »Machiavellismus« betreffend. Nur eine Ausnahme soll gemacht werden: ein Brief, den Machiavelli unter dem Datum des 10. Dezember 1513 an seinen Freund Francesco Vettori nach Rom schrieb (der war Gesandter von Florenz beim Kirchenstaat), gibt Aufschluß über seine eigenartige Weise zu arbeiten und Erfahrungen zu sammeln. »Er schreibt darin voll ironischer Resignation, wie er seine Tage mit den Bauern, Holzfällern und Ziegelbrennern verbringe, wie er, statt an Fürstenhöfen zu verhandeln, die Durchreisenden in der Schenke nach den Neuigkeiten der Welt ausfrage und wie er sich schließlich am Nachmittag beim Wein und Tricktrackspiel den Kopf erhitze«[2]: »In diese Gemeinheit eingehüllt, hebe ich den Kopf aus dem Schimmel hervor und spotte meines tückischen Geschicks, zufrieden, daß es mich auf diese Weise tritt, weil ich sehen will, ob es sich dessen nicht schämt. Wenn der Abend kommt, kehre ich nach Hause zurück und gehe in mein Schreibzimmer. An der Schwelle werfe ich die Bauerntracht ab, voll Schmutz und Kot, ich lege prächtige Hofgewänder an und, angemessen bekleidet, begebe ich mich in die Säulenhallen der großen Alten (in seine Bibliothek). Freundlich von ihnen aufgenommen, nähre ich mich da mit der Speise, die allein die meinige ist, für die ich geboren ward. Da hält mich die Scham nicht zurück, mit ihnen zu sprechen, sie um den Grund ihrer Handlungen zu fragen, und herablassend antworten sie mir. Vier Stunden lang fühle ich keinen Kummer, vergesse alle Leiden, fürchte nicht die Armut, es schreckt mich nicht der Tod; ganz versetze ich mich in sie. Weil Dante gesagt hat, es gebe keine Wissenschaft, ohne das Gehörte zu behalten, habe ich aufgeschrieben, was ich durch ihre Unterhaltung gelernt, und ein Werkchen de principatibus geschrieben, worin ich die Fragen über diesen Gegenstand ergründe, so tief ich kann, betrachtend, was ein Fürstentum ist, wie viele Gattungen es gibt, wie man sie erwirbt, wie man sie erhält, wie man sie verliert.«[3]

Machiavelli hatte schon eine Reihe unterschiedlicher Schriften verfaßt, Gedichte, Skizzen, Komödien, dazu die wenig erfolgreichen »Sieben Bücher über die Kriegskunst« und eine »Geschichte der Stadt Florenz«. Beachtet wurde er allerdings erst durch das im Brief erwähnte Werkchen, der berühmte »Fürst« (il principe), von dem wir eben erfuhren, daß es anfänglich de principatibus, von den Fürstentümern, heißen sollte. Und dann die Betrachtungen über die ersten zehn Bände des Titus Livius, die besser als *Discorsi* bekannt sind.

Als Mann der politischen Aktion, der über das, was ihn und andere zum Handeln antreibt, nachgedacht hat, erlebt er nirgendwo den Anspruch, ein fertiges System der Staats-Philosophie vorzulegen. Nicht, daß er unsystematisch dächte, keineswegs, er beherrscht die Regeln der Logik aus dem Effeff, doch Vollständigkeit erstrebt er ganz woanders: er bemühe sich, »alle Dinge zu erörtern«, ungeschminkt, so wie sie sich zeigen. Damit ist schon etwas ganz Wesentliches seiner Denkweise erkannt: sie ist zutiefst nominalistisch, d. h., sie kommt zu keiner Metaphysik des Guten und Bösen, sondern nur zu einer Beschreibung von Tatbeständen, sie interessiert sich nicht für Weltlichkeit, sondern für den Zustand der konkreten Welt; nicht der Mensch an sich, eine Abstraktion, sondern die Menschen in ihrer Undankbarkeit, Verlogenheit, Wankelmütigkeit stehen zur Ansicht.

Damit sind wir schon bei den beiden Prämissen, die Machiavelli nicht diskutiert, sondern als unverrückbar gegeben annimmt. Es lohnt, sie genauer kennenzulernen.

(1) »Wenn ich den Lauf der Welt bedenke, so finde ich, daß die Welt stets die gleiche war. Es gab immer soviel Böses wie Gutes, aber beides wechselte von Land zu Land. So wissen wir aus der Geschichte, daß die alten Reiche durch den Wechsel der Sitten bald stiegen, bald sanken; die Welt aber blieb die gleiche.« (*Disc.* II, Vorrede).

In der Welt gilt stets dieselbe Naturgesetzlichkeit. Was sich zeitlich verändert und was an verschiedenen Orten anders aussieht, sind nicht verschieden wirkende Kräfte, sondern nur deren Farben oder deren

Schatten. Daraus ist der Schluß zulässig; daß eine Erfahrung, die wir irgendwo, irgendwann gemacht haben, für alle Orte und Zeiten gilt. Diese Folgerung ist allerdings logisch nur dann richtig, wenn vorher erwiesen ist, daß historische Gesetze dieselbe räumlich-zeitlich-unabhängige Gültigkeit besitzen wie Gesetze der Geometrie. Die Hypothese wird nur innerhalb des Umfangs von Machiavellis Weltanschauung verifiziert, außerhalb bleibt sie eine fragwürdige Spekulation. (Es ist freilich nicht korrekt, von der »Weltanschauung« Machiavellis zu sprechen. Ein Italiener schaut die Welt an, nur ein Deutscher hat eine Weltanschauung).

Welt ist Wirklichkeit, doch was ist wirklich? Natürlich nicht das »Wesen« der Dinge, sondern ihre Masse, die physikalischen Kräfte, die Energien. Das Wirken dieser Kräfte zu erforschen, ist Aufgabe der Physiker. Das Wirken der eigentlichen Beweggründe handelnder Personen zu erforschen, ist Aufgabe des Historikers und Philosophen. Machiavelli übertrug also die Methode der empirischen, exakten Beobachtung auf geschichtliche Tatbestände, was zu seiner Zeit für die Geschichtsschreibung alles andere als selbstverständlich war; darüber hinaus aber ergänzte er die Beobachtung »durch das naturwissenschaftliche Prinzip der Bloßlegung der empirisch in Raum und Zeit bestimmbaren und daher meßbaren... Ursachenreihen«[4]. Vor ihm wurde die Geschichte seines Landes beispielsweise als »Zerfall des Römischen Reiches« beschrieben, für Machiavelli aber ist sein Jahrhundert wie jedes andere auch eine eigenständige Epoche, von Eigenart, von Verursachungen und Auswirkungen.

Wenn die Ewigkeit des Geschehens nicht darin zu sehen ist, daß ein ewiger Sinn in der Geschichte waltet, sondern nur physikalische Gesetze der Anziehung und des Abstoßens gelten, dann ist alles Tun ein dauerndes Auf und Ab, in dem sich namenlose Umstände entwickeln, sich einige Formationen bilden, andere untergehen. Eine »Hierarchie der Geschehnisse« gibt es dann nicht, keinen Verfall und keinen Fortschritt. Die »Sinnstiftung des an sich Sinnlosen« (wie Theodor Lessing später formuliert), die Hierarchisierung der Vorkommnisse, geschieht allein durch die Einnahme eines Standpunktes zur Beurteilung. Als archimedischer Punkt außerhalb der Geschichte, auf den sich ein Geschichtsphilosoph setzen könnte, ist dieser Platz allerdings nicht zu haben.

(2) Nüchtern, skeptisch, durch und durch mutig die Realität beschreibend, weder sich noch anderen etwas vormachen wollend, besteht er beharrlich auf seiner zweiten Prämisse: »Von den Menschen läßt sich nur Schlechtes erwarten, wenn sie nicht zum Guten gezwun-

gen sind« (*Princ.*, 23)[5]. »Es scheint, daß es sich bei den Handlungen der Menschen begibt, daß immer dem Guten ein Übel nahe ist, das so leicht mit diesem Guten entsteht, so daß es unmöglich erscheint, das eine zu vermeiden, wenn man das andere will« (*Disc.* I, 37). Der zweite Satz aus den Discorsi erweist, daß Machiavellis Menschenbild nicht einfach menschenverachtend oder zynisch genannt werden sollte, es scheint eher tragisch zu sein. Denn das Gute zu wollen, heißt zugleich, das Böse zu riskieren, mit jedem Tun ist schon die Wahrscheinlichkeit gegeben, daß die gute Absicht in ihr Gegenteil verkehrt wird. Es klingt eher wie ein Verhängnis, jedenfalls ist nicht gesagt, die Bösartigkeit der Menschen sitze in ihren Herzen. Zwiespältig wie sie sind, entspricht ihrer Eigenart eine zweifache Anlage, einmal als virtu, zum anderen als fortuna. Darüber wird gleich mehr gesprochen werden.

Doch das ist wohl keine neue, aufregende Erkenntnis über die menschliche Natur. Von tragischen Verstrickungen lebt das antike Drama, die Bibel ist voller Geschichten und Gleichnisse dieser Art; über Machiavelli hinaus haben Shakespeare, Dostojewski, Camus schicksalhafte, zwangshafte Verkehrtheiten literarisch großartig herausgearbeitet. Aber jahrhundertelang lag das den Menschen Auszeichnende immer im geistigen Bereich, in seinen intellektuellen Fähigkeiten und seiner metaphysischen Zuordnung zu einer höheren als der diesseitigen Welt. »Nur um ein Geringes hast du ihn unter die Engel gestellt« – heißt es im Psalm, die Gottesebenbildlichkeit dominierte auch im gefallenen Menschen. Und nun schreibt einer, um das Jahr 1500, daß des Menschen Bestimmung sei, Teil der Naturkraft zu sein, raum-zeitlich begrenzt, denselben Elementen und Gesetzen unterworfen wie alle Bewegungen, der Mechanik näher als der Ethik. Wenn dies aber so ist, wiederum, kann nur von einer Hypothese die Rede sein, dann wäre es vernünftig, die Handlungen der Menschen nur unter dem Aspekt zu beurteilen, wie Bewegungen und Energien gemessen werden, nämlich nach dem optimalen Verhältnis »von Kraftaufwendung und Leistungseffekt«, also nach dem Kriterium der Zweckmäßigkeit[6]. Ethik kennt solche Gesetze nicht, deswegen wird sie noch nicht wertlos; sie ist, wie andere konventionelle Regulative, von sozialer Nützlichkeit – die allerdings selbst wieder ein Produkt »mechanisch« wirkender Prozesse darstellt.

Was nun den Menschen vor allem anderen bewegt, sind seine Affekte. Man darf sie nicht wie Augustinus als affectiones animi(ae) verstehen, denn sie können vom Geist, vom Bewußtsein her nicht beeinflußt werden. Es sind, nüchtern betrachtet, mechanisch wirkende Antriebe des Innenlebens, und daher können sie nur durch entsprechende Gegenkräfte gelenkt oder abgelenkt werden: durch List und Gewalt. Die menschlichen Affekte sind zahlreich und vielfältig, lassen sich jedoch auf zwei Grundaffekte zurückführen: auf Furcht und Begehrlichkeit. Immer sind die beiden im Spiel, wenngleich sie beim Vollzug der Handlung nicht wahrgenommen werden müssen. Wenn am Ende etwas Gutes herausgekommen ist, dann nicht, wie die Alten lehrten, weil Gutes intendiert wurde oder eine leitende Idee des Guten vor Augen gestanden hätte, sondern lediglich, weil im gegebenen Fall die Affekte »von der Zeit begleitet waren«[7], das Ziel sich also mit dem Zufall des Augenblicks im nachhinein erfolgreich deckte.

Das ist allerdings der gefährlichste Punkt der ganzen Argumentationskette, hier richtet eine Akzentverschiebung das größte Unheil an. Ich sage nicht, daß Machiavelli das wollte, aber wir wissen heute, wie die Historisierung des Augenblicks wegbereitend für den Totalitarismus gewirkt hat. Hegels totale Geschichtlichkeit, bei der welthistorische Individuen ihrer Zeit das Gesetz geben, weil sie allein wissen, was zu tun ist, und Heideggers fatale »Zeitigung des Seins«, seine Übersetzung des »je eigenen Daseins« in den geschichtlichen Augenblick nationalsozialistischer Erhebung bis hin zu seinem Aufruf an die Studentenschaft 1933 als Rektor der Universität Freiburg: »Der Führer selbst und allein ist die heutige und künftige deutsche Wirklichkeit und ihr Gesetz«[8] – all dies ist uns bekannt und hinterläßt einen üblen Nachgeschmack. Es ist der haarfeine Unterschied in der Deutung des Kairos, des richtigen Zeitpunktes, der Entschlossenheit, der völligen Hinwendung zur Gegenwart, der Annahme des Gegebenen, Bestehenden; das kann franziskanisch, aber auch machiavellistisch gewendet werden; wobei ich jetzt, entgegen meiner Absicht, »Machiavellismus« ins Spiel gebracht und in die böse Ecke gestellt habe. Aber Machiavelli braucht ja kein Machiavellist gewesen zu sein. Die Frage allerdings darf man an ihn richten, obgleich sie uns gestellt ist: ob es wohl in Ordnung sei, den Menschen allein aus der Geschichte, d. h. aus der faktischen Geschichtlichkeit seines Daseins heraus erklären zu wollen.

Bei Machiavelli hört sich das menschliche Drama so an: »Die Menschen sind stets im Kampf. Sind sie es enthoben, aus Not kämpfen zu müssen, so kämpfen sie aus Ehrbegier, die in des Menschen Brust so mächtig wirkt, daß sie uns nie verläßt, so hoch wir auch steigen mögen. Die Ursache dafür ist, daß die Natur die Menschen so geschaffen hat, daß sie alles begehren können, aber nicht alles zu erlangen imstande sind. Da nun immer das Verlangen, zu erwerben, größer ist als die Macht dazu, so entsteht daraus Unzufriedenheit mit dem, was man besitzt, und die geringe Befriedigung mit dem, was der Besitz gewährt.

Hieraus entsteht der ewige Wechsel des menschlichen Schicksals. So kommt es zu Feindschaften und Krieg, aus denen Zusammenbruch und Erhebung hervorgehen« (*Disc.* I, 37).

Mit diesen Worten zeigt sich Machiavelli als erfahrener Menschenkenner, als unbestechlicher Beobachter, aber auch als »großer Theoretiker der Dekadenz«[9]. Die beiden wichtigsten Begriffe des letzten Satzes sind daraufhin näher zu betrachten: decadenza und riordinamento, Niedergang oder Zusammenbruch und Erhebung oder Erneuerung. Die Discorsi hat er jenen »jungen Menschen gewidmet, welche die gegenwärtigen Zeiten des Verfalls ablehnen und neue vorbereiten«. Die Erneuerung und damit der Abbruch des dekadenten Prozesses geschieht, indem man die Institutionen zu ihren Anfängen zurückführt. Das ist es ja, was alle Re-formationen zu beabsichtigen vorgeben: zurück zum reinen Urzustand. Alle Anfänge müssen etwas Besseres gewesen sein als die abgenützten Erscheinungen der späteren Zeiten. In der Demaskierung des eigenen Zeitalters ist der Aufruf enthalten, den Verfall aufzuhalten und die Regeneration einzuleiten.

Durch Erziehung auf übliche Weise ist ein riordinamento allerdings nicht zu erreichen, denn die dem entgegenwirkenden Kräfte der Egoismen in der Natur der Menschen lassen keine Ausrichtung auf überindividuelle Ziele zu. Zwang würde da mehr nützen als Erziehung, und so könnte man Politik auch definieren als eine Darstellung der Wirkung bestimmter Institutionen auf die Affekte der Menschen. Wohlgemerkt, Machiavelli sagt auch hier nicht, daß es so sein solle, daß er es so wünsche, sondern lediglich, daß er bei gründlicherer Betrachtung der Vorgänge nichts anderes finde, als das, was er jetzt beim Namen nennt.

Und auch das fand er vor: daß es im Grunde zwei Arten von Menschen gibt, so verschieden, daß man beinahe von zwei völlig anderen Wesen reden könnte: vulgo und virtuoso. Der virtuoso, die einzelne Persönlichkeit, der in der Renaissance entdeckte famose Mensch, hat sich von seinen unbewußten Kräften der Affekte gelöst und lebt aus dem von der Vernunft erhellten Willen. Die Masse dagegen ist reines Material des Geschehens, völlig der Schwerkraft unterworfen. Wenn die Masse mit der Materie verglichen wird, dann die Einzelpersönlichkeit mit der Form: durch sie wird einer Zeit Gestalt gegeben. Aber beide, alle, sind höheren Mächten ausgeliefert, so daß »alles geschichtliche Geschehen... die Resultate ihres korrespondierenden Wirkens«[10] darstellt. Diese »Mächte« oder »Kräfte« oder was immer für metaphysische Entitäten sie sein mögen, heißen virtu und fortuna. Fortuna ist als Zufallsglück zur Hälfte Herrin über unsere Taten. Die andere Hälfte gehört der virtu, der Tugend der Entschlossenheit, der schöpferischen Energie. Virtu ist wie die griechische areté natürlich nicht »Tugend« im Verständnis des 19. Jahrhunderts, sondern hohe Fertigkeit, Charakter, die Kraft des Leibes und des Geistes, sich herrscherlich gegen die Schwerkraft durchzusetzen, sich spielend dem Sog der Affekte zu entziehen. Virtu ist das rechte Maß des Menschen, Potenz und Energie, von der Vernunft beraten und geleitet. Aber sie ist keine moralische Kategorie, sie ist auch ganz und gar diesseitig, der Gnade nicht bedürftig. Nur ist sie nicht allein, sie teilt die Weltregierung mit der Fortuna. Auch diese ist keine göttliche Allegorie, sondern eine naturwüchsige Macht, die außerhalb unserer erkennbaren Dimensionen wirkt. Wir können sie weder beeinflussen noch uns ihrer Kraft entziehen. Unbegreifbar zwar, doch nicht weniger mächtig als das Rationale, eher unberechenbar gewalttätiger, zuweilen listig, verschlagen, dämonisch; sie ist das, was Hegel als die »List der Vernunft« benannte, eine unheimliche Gegenkraft zur Weltvernunft, die ihre eigenen Ziele verfolgt. Auch wenn kein Gott in die Geschichte eingreift, verhindert Fortuna, daß die Menschen sich zu Herren der Geschichte versteigen könnten.

Wer töricht ist, stellt sich Fortuna in den Weg und hält ihr trotzig sein Selbstbestimmungsrecht entgegen. Diese lächerliche Geste wird mit dem, der sich erdreistete, weggefegt. Wer dagegen weise ist, erkennt die Geschicke webenden Bewegungen des Glücks und schiebt das Weberschiffchen selbst nach Kräften mit. »Die Geschichte beweist, daß die Menschen Fortuna unterstützen, nicht aber, daß sie sich ihr widersetzen können. Sie können die Fäden zusammenweben, nicht sie zerreißen. Sie dürfen sich indessen nie selbst verlassen. Da sie die Schritte der Fortuna nicht kennen und diese auf krummen, ungebahnten Pfaden wandelt, so sollen sie immer hoffen und hoffend in keiner Lage, in keiner Not noch Mühsal sich selbst verlieren.« (*Disc.* II,2).

Zwischen Virtu und Fortuna scheint eine reziproke Symbiose zu bestehen, je stärker die eine, desto schwächer die andere und umgekehrt. Das ist eigentlich die Garantie dafür, daß es Hoffnung gibt und Anstrengung sich lohnt. Wenn wir uns weder Fortuna widersetzen noch uns ihr entziehen können, dann bleibt uns doch, die eigene Virtu zu bestärken und in dem Maß, in dem uns das gelingt, Fortuna abzuschwächen. Wer kühn, beherzt zugreift, bezwingt sie leichter, als wer vorsichtig abwägend zögert.

Das sind die Koordinaten der Kräfte, innerhalb deren Einflußbereich Geschichte vorangeht. Stoff der Geschichte ist das politische Verhalten der Menschen, und dieses äußert sich im Willen zur Selbstbehauptung.[11] Es muß von der Staatstheorie des Machiavelli gesprochen werden, obwohl mir nicht daran liegt, sie hier ausführlich oder auch nur zureichend vorzustellen. Aristoteles folgend geht Machiavelli vom Allgemeinen zum Besonderen, er unterscheidet Völker, Fürstentümer und Republiken, wobei er jeweils an konkrete Verhältnisse erinnert. Das könnte ganz schön langweilig sein, wenn nicht der Pfeffer seiner unverstellten, direkten und anstößigen Feststellungen dazwischengestreut wäre. Zu den Völkern: sie hält er für »gesund«, wenn die Bürger zwar frei, aber arm sind und die sie beherrschende Obrigkeit reich, denn dann wird der Einzelne vor dem Ganzen zurückstehen. Kehren sich jedoch die Verhältnisse um, und wir wissen, nach welchen Regeln das erfolgen kann, nämlich dem Wechsel von Virtu und Fortuna, dann ist der Sturz in die Knechtschaft unausweichlich. Nun setzt die Mechanik des riordinamento ein: Es kommt einer, der mit Feuer und Schwert den Staat aus den anfänglichen Kräften heraus, die sein Entstehen ermöglichten, erneuert. Das geht freilich nicht ohne Blutvergießen; den großen Einzelnen, das welthistorische Individuum wird man als Monster ansehen, weil er gewalttätig die Menschen wie Material behandeln muß, um sein Ziel zu erreichen. Der herrschende Wille des Einzelnen ist jedoch nicht die Willkür des Tyrannen, als die sie erscheinen mag, denn er ist nicht frei in dem Sinne, daß er den geschichtlichen Raum schafft, oder die Kräfte, die dort herrschen, lenkt. Die Umstände sind »gegeben«, der Virtuoso, dem das Handeln zukommt, benutzt ein schon vorhandenes Instrumentarium. »Der Raum der Politik ist die Mechanik des gesellschaftlichen Körpers und keine moralische Anstalt zur Veränderung des Menschen.«[12]

Politik ist der Kampfplatz der Dämonen. Niemand ist gezwungen, sich dorthin zu begeben und aktiv teilzunehmen. Wer sich allerdings hineinbegibt, der untersteht ihren Gesetzen, und die kennen nur ein Ziel: den Erfolg. Alles andere, was den Erfolg beeinträchtigen könnte, darf nicht geduldet werden. Noch einmal, keiner, auch kein Volk muß dabeisein in diesem Trubel des Umschlags von Freiheit in Tyrannei, von Stärke, die Verruchtheit werden kann, von Toleranz, die in Anarchie mündet. Ein Volk kann auf Ausübung der Macht überhaupt verzichten und friedlich im Schutz großer Mächte leben. Groß werden solche Völker dann nicht genannt werden, die ruhige Sicherheit gesucht und gewählt haben, aber moralisch tüchtig dürfen sie sein.

Für die politischen Alleinherrscher ist Eroberungssucht dagegen »etwas sehr Natürliches und Verbreitetes, und so oft Fürsten auf Eroberungen ausgehen, falls sie die Macht dazu haben, werden sie gepriesen oder wenigstens nicht getadelt. Wenn ihnen aber die Kräfte zu Eroberungen fehlen und sie doch um jeden Preis solche machen wollen, so ist das verkehrt und verdient Tadel« (*Princ.* 3). Zur Herrschaft gelangt man entweder durch eigene Verdienste (virtu), mit Hilfe des Glücks (fortuna), durch ein Verbrechen oder – das ist die mindere Art, der niedrigste Adel sozusagen – durch die Gunst der Mitbürger. Durch geeignete Mittel und großes persönliches Verdienst kam z.B. Francesco Sforza in den Besitz des Herzogtums Mailand, Cesare Borgia gelangte zur Macht durch das Glück seines Vaters und verlor sie, als das Glück zu Ende war. Als Beispiel für den Erwerb der Herrschaft durch ein Verbrechen könnte Cesare Borgia ebenfalls dienen, doch Machiavelli zieht es vor, den Sizilianer Agáthokles zu benennen, der seine Mitbürger niedermetzelte, seine Freunde verriet, weder Treue und Glauben noch Gottesfurcht gekannt und sich zwar Macht, aber keinen Ruhm erworben habe. Auf der trügerischen Gunst anderer in die Hallen der Macht zu gelangen, verlangt ein hohes Maß an Schlauheit. Hält sich einer dabei an die Anhänglichkeit des Volkes, so sollte er nicht vergessen, daß die Masse nichts weiter verlangt als Schutz vor Unterdrückung. Möchte er sich die Gunst der Vornehmen verschaffen, muß er jederzeit Intrigen in Kauf nehmen.

Man hat Machiavelli vorgeworfen, als erster die Trennung von Ethik und Politik betrieben und damit den Bereich des Politischen moralfrei gemacht zu haben. Ob das zutrifft oder ob er auch hier, nach der Regel der Interpretation, der wir folgen, nur vielleicht der erste war, der festhielt, was schon stattgefunden hat, das mag offen bleiben. Es lohnt jedoch ein Seitenblick in das Thema Politik und Moral bei Machiavelli.

Handeln geschieht in einem überschaubaren Bereich, aber die Maßstäbe der Beurteilung sind nicht einheitlich. Nach moralischen Kriterien sprechen wir von guten und bösen Taten, nach der Mechanik des geschichtlichen Vorgehens jedoch besser von richtigen und verkehrten Mitteln. Wer in moralischer Hinsicht groß sein will, muß seine Maximen unter das Gesetz der Liebe und der Wahrheit stellen, wobei er sich darüber im klaren sein sollte, daß seine Erfolge nur Siege über sich selbst sein können, nicht über andere. Wer in politischer Hinsicht groß sein will, der muß politisch handeln, und das heißt: ohne Rücksicht auf sittliche Prinzipien, allein an den Erfordernissen des Erfolgs ausgerichtet, der darin besteht, daß fremde Affekte in die gewollte Richtung bewegt werden. Z.B. die Wähler an die richtige Wahlurne zu bringen, ihr Kreuz an der gewünschten Stelle zu machen. Die Kategorien des Politischen als reinem Zweckbereich sind also nicht gut und böse, sondern richtig oder verkehrt bzw. wirksam oder unwirksam. Es ist nicht gesagt, daß moralische Mittel eo ipso politisch unwirksam seien und politisch wirksame Mittel selbstverständlich unmoralisch sein müßten.

»Ein Fürst soll Milde, Treue, Menschlichkeit, Redlichkeit und Frömmigkeit zeigen und besitzen. Aber wenn es nötig ist, sie in ihr Gegenteil verkehren« (*Princ.*, 18). »Wo Ehrlichkeit nicht weiterhilft, da ist unvermittelt Betrug und Wortbruch angebracht. Doch bei allem bleibt Lüge stets Lüge, Mord stets Mord, das betont Machiavelli mit Nachdruck. Aber Politik ist ohne Spielregeln... sie hat nie Substanz in sich, sie ist lediglich Mittel zum Erwerb und zur Bewahrung der Herrschaft.«[13]

Der Staatsmann muß bereit sein, falls erforderlich, so zu handeln, daß sein Tun in der moralischen Ordnung verwerflich wäre. Darin hat man die Aufforderung gesehen, dem Politiker, nach Gutdünken, alle Verbrechen zuzugestehen, ihm sozusagen einen Freibrief auszustellen, mit dem er jenseits von Gut und Böse erfolgreiche Geschäfte betreiben kann.

Nur mußte ja jeder wissen, was er wählt, denn niemand ist gezwungen, sich in die Sphäre der Machtausübung zu begeben. Wer will, kann sich heraushalten und seine Seele retten. Aber wer sich hineinbegibt, der wird sein Seelenheil zurückstellen müssen und sich der Konsequenzen bewußt sein, die er auf sich genommen hat. Zaudert er, hemmen Bedenken seine Schritte, so ist er verloren, und seine Sache wird mit Sicherheit scheitern. Es gibt für ihn nur die Mittel, die den Erfolg herbeischaffen. Moralisch gerechtfertigt ist er damit nicht, aber er hat nach den Gesetzen der politischen Mechanik keine andere Wahl gehabt.

Mir scheint, daß bei der Beurteilung, vor allem bei der Verurteilung Machiavellis, oft nicht genug differenziert worden ist. Angenommen, man stimmt bedingt zu, es gäbe zwei solche Größen, die man einfacherweise »Moral« und »Politik« nennen möchte. Nun gibt es mehrere Möglichkeiten, sich zu ihnen zu verhalten: (1) Ich stelle mir eine metaphysische Ordnung vor und spreche von zwei völlig getrennten Bereichen, wie etwa, in der Sprache der Religion, von der Heiligkeit göttlicher Gebote und den Praktiken dieser Welt, vom Reich Gottes und dem Reich der klugen Schlangen. Wohin ich gehören will, dazu muß ich mich entscheiden; keinesfalls wird es möglich sein, in beiden Bereichen zu leben. (2) Zweite Möglichkeit: Ich gehe nicht von zwei Bereichen aus, sondern, so wie kurz vorher dargestellt, nur von einem, dem der Welt und ihrer Geschichte. Nur die Kriterien der Beurteilung, die Aspekte vom jeweiligen Standort aus sind verschieden. Einmal lege ich sittliche Maßstäbe an, denn es handelt sich um innerliche persönliche Leistungen, deren Wert äußerlich nicht gemessen werden kann. Aber ich habe auch nach dem Richtmaß äußerer Erfolge zu urteilen, politisches Handeln ist öffentliches Handeln, gefragt sind nicht in erster Linie (oder überhaupt nicht) Wohl und Wehe individueller Staatsangehöriger, sondern der Bestand und die Wohlfahrt des Staates als Ganzem. So besehen kann ich ein und dieselbe Person bleiben, aber je nachdem moralisch oder politisch urteilen. (3) Ich verinnerliche den Zwiespalt und verlege die Trennungslinie in mein Bewußtsein, besser gesagt in mein Gewissen. Dann trifft mich der Richtspruch des Philosophen der Stoa, Epiktets, daß man nicht zugleich beides sein kann, ohne zerrissen zu werden. Ich zitiere ihn aus dem *Handbüchlein der Moral*: »Mensch, zunächst überlege dir, worum es sich handelt; dann prüfe deine natürliche Anlagen, ob du der Sache gewachsen bist. Willst du ein Ringkämpfer oder ein Fünfkämpfer werden? Dann sieh dir deine Arme, deine Schenkel an, prüfe deine Hüften, denn der eine hat hierzu Anlage, der andere nicht. [Wenn du aber Philosoph werden willst] glaubst du etwa, daß du bei solchem Beruf noch weiter in derselben Weise essen und trinken kannst, daß du noch in gleicher Weise deinen Neigungen und Abneigungen folgen darfst? Du mußt es ertragen können: den Schlaf zu entbehren, Strapazen zu erdulden, deine Angehörigen zu verlassen, von einem Sklaven dich verachten zu lassen, von den Leuten auf der Straße verlacht, bei jeder Gelegenheit übergangen zu werden, bei einer Ehrung, einer Beförderung, vor Gericht, überhaupt in allen Dingen. Das bedenke: ob du dafür Seelenruhe, Freiheit, innere Festigkeit eintauschen willst. Willst du das nicht, dann fange erst gar nicht an. Mach es nicht wie die Kinder: heut Philosoph, morgen Zolleinnehmer, übermorgen Redner, dann einmal kaiserlicher Beamter – das paßt nicht zusammen. Nur eins kannst du sein, ein guter oder ein schlechter Mensch; entweder deine Kunst auf das Innere verwenden oder auf das Äußere: entweder ein Philosoph sein oder ein Kind der Welt.«[14]

Welche der drei Möglichkeiten hat Machiavelli angenommen? Wenn die drei Modelle jeweils wieder moralischer Beurteilung unterliegen, dann ist leicht zu verstehen, wie unterschiedliche Interpretationen das Bild verändern, das man sich von Machiavelli macht. Er sagt nirgendwo: Macht korrumpiert, Politik verdirbt den Charakter. Das sind Redensarten, wie sie hierzulande geläufig sind; sie passen nicht auf einen Italiener der Renaissance, auch nicht auf Politiker der jetzigen Regierung in Rom. Christdemokraten in Bonn (präziser: nicht als Unionsmitglieder sind sie christlich, sondern einige CDU-Mitglieder verstehen sich persönlich als Politiker christlicher Verantwortung, jedenfalls darf das für die nicht gerade seltenen evangelischen Oberkirchenräte in den Parteien unterstellt werden, die von 1949 bis heute Regierungsämter innehatten) strapazieren ihr Gewissen und ihre Wähler mit mühsamen Versuchen, Balance zu halten zwischen Anständigkeit und Fraktionszwang, wenn es um heikle Abstimmungen geht (Waffenlieferungen an bestimmte Länder, Notstandsgesetze, Ausbau der Atomindustrie). Italienische Demokraten sind unter Umständen fromme Katholiken, die Partei spielt dabei keine Rolle; als Politiker jedoch sind auch die Mitglieder der Democrazia Cristiana Machiavellisten, d.h. nüchterne Pragmatiker mit einem gehörigen Schuß Skepsis, was das Vertrauen in die Standfestigkeit der menschlichen Natur und den Lauf der Dinge dieser Welt angeht.

Macht korrumpiert nicht; sie ist, wie sie ist, eine Wirklichkeit, die je nach Ort und Zeit die Erfolgschancen der politisch Handelnden garantiert. Politik verdirbt nicht den Charakter: wer keinen hat, verliert nichts; wem er abhanden kommt, der hätte nicht in die Arena steigen sollen.

Machiavellis Stellung zur Religion bestätigt das Bild seines Beobachters, der an keiner Stelle vom inneren Wert einer Religion oder seiner Einstellung zur christlichen Kirche spricht, sondern nur feststellt, die Geschichte zeige, daß unter dem Aspekt des Politischen das Christentum schlecht abschneide, wogegen eine Staatsreligion, wie es die in der Antike Roms war, sich auf die Dauer als nützlich erwiesen habe. »Unsere Religion hat mehr die demütigen und beschaulichen Menschen als die tätigen selig gesprochen. Sie hat das höchste Gut in Demut, Entsagung und Verachtung des Irdischen gesetzt; jene, die Religion des antiken Roms, setzte es in hohen Mut, Leibesstärke und alles, was den Menschen kraftvoll macht. Verlangt auch unsere Religion, daß man stark sei, so will sie doch, daß man diese Stärke im Leiden und nicht in kraftvollen Taten äußert. Diese Lebensweise scheint also die Welt schwach gemacht und sie den Bösewichtern zur Beute gegeben zu haben.« (*Disc.*, II, 2)

Man verzeihe mir die Assoziation, aber diese letzte Bemerkung darf auch auf die deutsche Universität und das Verhalten ihrer Angehörigen in den Jahren der Schande von 1933 und 1945 übertragen werden. Die Lebensweise ihrer Gelehrten hat es den Bösewichtern ermöglicht, sich die Welt der Universität als Beute zu nehmen. Karl Löwith beschreibt in seinem Lebensbericht[15] den »guten Geheimrat«, Prof. Eduard Spranger, der sich von der Reichsregierung 1937 nach Japan entsenden ließ und dort Goethes Verse aus dem Westöstlichen Divan zitierte: »Gottes ist der Orient, Gottes ist der Okzident« – während beide, der Orient und der Okzident schon des Teufels waren. »Vor seiner Rückreise nach Deutschland hatte er die Freundlichkeit, mir einen Brief zu schreiben [Löwith war als Jude 1933 zur Emigration gezwungen und lehrte in Japan], in dem jeder Satz für das deutsche Ohr aus jenem ›Lande der Bildung‹ stammt, das schon für Nietzsche vorbei war. Er schreibt: Es ist jetzt angebracht, einige Verse aus *Hermann und Dorothea* über die Wandernden zu lesen und dazu [sic!] Hölderlins Schicksalslied. Und es muß eine Art von Trost sein, daß es Weltgeschichte ist, die uns treibt und vertreibt, nicht zufälliges Unglück. Es heißt wie im Kriege: ›gilt sie mir oder dir?‹ Zuletzt gilt sie jedem... Heimat trägt man im Herzen mit sich. Im letzten Sinne sind alle Erdenwanderer Auswanderer.« Löwith fügt treffend hinzu: »Wer mag sich da wundern über das Versagen der deutschen Intelligenz, als eine robuste Macht in ihr zartes Gehege brach und von ihr eine Stellungnahme erforderte, zu der sie so unvorbereitet wie unfähig war.«

Schwäche, sei sie mißverstanden als christliche Tugend oder als zeitgemäße politische Abstinenz: akademische Allüre, Schwäche lädt die Feinde der Freiheit geradezu ein, eine Tyrannei zu errichten. Machiavelli hat als erster nachdrücklich gelehrt, daß Macht eine notwendige Bedingung für Freiheit ist. Er hat aber auch gezeigt, wie das wahre Gesicht derer aussieht, die sie ausüben. Der *segretario fiorentino* hat minutiös die Welt beschrieben, wie er sie vorfand, nicht wie man sie erfinden könnte. Sein Landsmann, Michelangelo, zeitgleich mit ihm wirkend, schuf als Bildhauer seine Gestalten nackt, allerdings der Schönheit ihrer Körper wegen. Machiavelli porträtierte die Fürsten ohne Kleider, er beschrieb die nackten Tatsachen der Macht, der Wahrhaftigkeit wegen, auch auf den dunklen, weniger schönen Seiten ihrer Ausübung. Vielleicht lieben die Menschen diejenigen Künstler, die ihnen mit der Göttlichkeit ihrer herrlichen menschlichen Natur schmeicheln, wie Michelangelo, und sie hassen »Old Nick«, weil er ihnen ungeniert vorgestellt hat, wie es zugeht in einer Welt, in der die Menschen so handeln, wie sie sind.

5. Giordano Bruno

Auch von Filippo Bruno aus Nola muß erst ein Bild der Person gewonnen werden, ehe seine philosophische Lehre richtig einzuschätzen möglich ist. In dem Schauspiel *Leben des Galilei* von Bertolt Brecht sagt Galilei zum Kurator der Universität Padua: »Herrn Giordano Bruno haben Sie von hier nach Rom ausgeliefert. Weil er die Lehre des Kopernikus verbreitete.« Der Kurator bestreitet dies und behauptet, Bruno sei ausgeliefert worden, »weil er kein Venezianer« war, aus formaljuristischen Gründen also; Padua in Venezien war nicht der für seinen Prozeß zuständige Gerichtsort. Hans Blumenberg, der diese Szene berichtet[1], fügt die Frage hinzu, wofür eigentlich der Giordano Bruno am 17. Februar 1600 auf dem Scheiterhaufen im römischen Campo di Fiore gestorben sei, »wenn überhaupt für etwas und nicht nur infolge von etwas«? War er in eine Ketzerei hineingeschlittert wie Galilei[2], oder nahm Bruno bewußt, konsequent die Folgen seiner Erkenntnisse und deren Veröffentlichung auf sich? Die erste deutsche Nachkriegsausgabe der Werke in Auswahl 1957, von Ernesto Grassi besorgt, trug den Titel *Heroische Leidenschaften und individuelles Leben.*[3] Treffen diese Bezeichnungen, seinen italienischen Dialogen entnommen, für ihn zu? Individuelles Leben, selbstverständlich, aber heroische Leidenschaft? Schreiben Helden Bücher, falls ihnen so etwas überhaupt einfällt, die sie selbst als »ein Gemisch von Dialog, Komödie, Tragödie, Poesie, Rhetorik, Lob, Tadel, Beweis und Lehre, teils physikalisch, teils mathematisch, teils moralisch, teils logisch« (*La cena de le ceneri*, dt. *Das Aschermittwochsmahl* = *A.*, 75) charakterisieren? So stellt er die Gespräche des *Aschermittwochsmahls* dem Seigneur Michel de Castelnau, dem Herrn von Mauvissière vor, Botschafter Frankreichs in England, dem sie gewidmet sind. Und das »Mahl« sei keines von Nektar und Ambrosia, kein sündiges wie das von Adam und Eva, kein philosophisches wie das *Symposion* Platons, »sondern ein Mahl, so groß und klein, so meisterhaft und schülerhaft, so gottlos und fromm, so fröhlich und verdrießlich, so herb und mild, so florentinisch-mager und bolognesisch-fett, so zynisch und sardanapälisch[4], so ausgelassen und ernst, daß ich überzeugt bin, es wird Euch nicht an Gelegenheit mangeln, heroisch zu werden und schüchtern, Meister und Schüler, gläubig und ungläubig, fröhlich und traurig, melancholisch und jovial, hündisch und hochsinnig, äffisch und würdevoll, Sophist mit Aristoteles und Philosoph mit Pythagoras, lachend mit Demokrit und weinend mit Heraklit.« (*A.*, 69) Nach dem Essen bliebe dann immer noch etwas gemeinsam zu trinken mit dem Verfasser, der auch dann, wenn er die Zähne zeige, ein so freundliches Lächeln aufsetze, daß ihm der Mund bis an beide Ohren reiche. Und was den Aschermittwoch angehe, könne er den Leser beruhigen, es werde keine Asche gereicht, das Mahl finde nur gerade am Abend des Tages statt, den unsere Pfarrer den *dies memento* nennen: Memento mori, bedenke, oh Mensch, daß du zu Asche werden wirst. Wie buchstäblich und makaber sich das Zu-Asche-Werden für Bruno erfüllen wird, konnte er wohl nicht ahnen. Er schrieb diese für ein philosophisch anspruchsvolles Buch ungewöhnlich launige Einleitung in seinen relativ glücklichsten Jahren, 1584, von »der höchsten Stelle« des Hauses der französischen Botschaft, d. h. im Dachstübchen. Obgleich er Ärger mit den eingebildeten Scholaren in Oxford hatte, die ihn den »bloody foreigner« spüren ließen, ging es ihm, verglichen mit den Stationen seiner Flucht durch halb Europa, verhältnismäßig gut. Es gab in London wenigstens kein Aufenthaltsverbot wie in Frankreich und Frankfurt, wohin er geflohen war, von den Römern abgekehrt sich erst den Lutherischen, dann den Calvinisten an den Hals geworfen hatte, überall abgewiesen, gehetzt und schon ein bißchen unansehnlich geworden war. »Ich kam zu Euch als Fremder, als Ausgestoßener und Flüchtling, als Spielball des Schicksals, von unansehnlicher Gestalt, dürftig, ohne Gunst, betroffen vom Haß der Menge und daher den Törichten und Gemeinen verächtlich«, sagte er in seiner Wittenberger Abschiedsansprache.[5]

Das sieht auf den ersten Blick auch nach »einem Gemisch« aus: der Mann scheint ein Spaßvogel zu sein, etwas schlitzohrig, sich selbst und andere ironisierend, einfallsreich und jeder Dogmatik abhold. Seine Dialoge bestätigen, was die Widmung versprach. Erst einmal sind es keine Zwiegespräche, denn es gibt vier bzw. sechs Teilnehmer, weshalb der gescheite Prudenzio oberlehrerhaft von einem Tetralog statt Dialog spricht (*A.*, 84). Dieser Prudenzio, der am liebsten lateinische Sprüche von sich gibt, die ganz richtig in der deutschen Ausgabe unübersetzt bleiben, ist überhaupt nur mit von der Partie, weil er Bruno Gelegenheit gibt, an ihm seine Verachtung der Humanisten auszulassen und sie sich selbst dem Spott auszuliefern. In *De la causa* vergleicht er sie mit den alten Scholastikern, wie barbarisch auch immer deren Sprache und wie mönchisch ihre Profession gewesen sein möge, »– ihre Metaphysik steht mir doch immer noch unendlich höher, als alles was diese Männer der Gegenwart mit aller ihrer ciceronianischen Beredsamkeit und declamatorischen Kunst vorbringen können« (*De la causa, principio et uno*, dt. *Von der Ursache, dem Prinzip und dem Einen* = *U.*, 15). Der Filoteo oder in anderen Dialogen Teofilo genannt wird, also der Gottesfreund, ist natürlich Bruno selbst, d. h., wenn die Gesprächspartner über den Nolaner reden, und das tun sie ausgiebig, so hat der schlaue Verfasser die Gelegenheit, durch Filoteo nochmals seine Gedanken reflektieren zu lassen. Und was die Argumentation angeht, so entsteht der Eindruck, daß Bruno jemand war, der es verstand, die Lacher auf seine Seite zu bringen. Doch das vertragen diejenigen schlecht, auf deren Kosten es geht.

Und hieraus könnte eine andere Zutat zum Gemisch seines Charakters bestanden haben: aus gepfeffertem Sarkasmus. Man braucht sich dazu nur anzuhören, wie er Teofilo über die Kollegen in Oxford herziehen läßt. Geradeheraus schimpft er sie Säue, Dummköpfe, Esel, törichte Barbaren, denen man mit Nieswurz den Verstand ausputzen sollte. »Das sind die Früchte Englands. Überall wo ihr hinschaut, findet ihr heutzutage nur Doktoren in Grammatik. Dieses glückliche Land steht im Augenblick unter dem Stern des Dünkels und verstocktester pedantischer Unwissenheit, gepaart mit bäuerischer Unhöflichkeit, bei der selbst Jupiter die Geduld verlieren würde. Wenn ihr es nicht glaubt, begebt Euch nach Oxford und laßt Euch erzählen, was dem Nolaner dort widerfahren ist, als er in Anwesenheit des polnischen Fürsten Laski und englischer Adeliger mit jenen Doktoren der Theologie öffentlich disputierte. Laßt Euch erzählen, wie man auf seine Argumente zu antworten verstand und wie jener arme Doktor, der als Leuchte der Akademie bei diesem bedeutenden Anlaß dem Nolaner entgegengetreten war, durch 15 Schlußfolgerungen 15mal in die Enge getrieben wurde und nicht mehr ein noch aus wußte. Laßt Euch berichten, mit welcher Unhöflichkeit und Frechheit dieses Schwein vorging und welche Geduld und Menschlichkeit der Nolaner dagegen aufbrachte, der bei dieser Gelegenheit wirklich bewies, in Neapel geboren und unter einem gütigeren Himmel aufgewachsen zu sein. Laßt Euch sagen, wie man seinen öffentlichen Vorlesungen *de immortalitate animae* sowie *de quintuplici sphera* den Garaus gemacht hat.« (*A.*, 183).

Bruno, der Nolaner, dem die rohen Barbaren (in ihrer Sprache, die er nicht verstand) Ungeduld vorgeworfen hatten, wollte sie an Höflichkeit übertreffen und sagte seinem Hauptkontrahenten: ich bin Euch recht freundschaftlich gesinnt, Euere Überzeugungen sind mir nicht verhaßt. Im Gegenteil, als ich jung und dumm war, habe ich selbst so gedacht. Damals war ich philosophisch ganz unerfahren und glaubte, mit Aristoteles' Hilfe, beweisen zu müssen, daß weiß schwarz sei. »Ich kann Euch also ebensowenig hassen wie mich selbst, als ich jünger, kindischer, weniger weise und einsichtig war. Anstatt Euch zu zürnen, empfinde ich Mitleid mit Euch, und ich bitte Gott, er möge... Euch wenigstens so weit erleuchten, daß ihr Euere Blindheit für möglich haltet. Das wird Euch zumindest dazu verhelfen, gesitteter, höflicher, weniger töricht und vermessen aufzutreten. Auch Ihr müßtet mich lieben, nicht weil ich nun klüger und älter bin, sondern weil ich in meiner Jugendzeit noch unwissender und unerfahrener war als Ihr es jetzt im Alter seid« ... obgleich ich »in meinen Reden niemals so zügellos, unerzogen und unhöflich gewesen bin wie Ihr...« (*A.*, 184f.). Die anwesenden Edelmänner baten den Nolaner, sich nicht verdrießen zu lassen und Mitleid mit ihrem armen Mutterland zu haben, wo Philosophie und wahre Gelehrsamkeit ausgestorben seien. Bruno dankte für die noble Art der Versöhnlichkeit und, so berichtet sein Teofilo, kehrte spät und unbehelligt nach Hause zurück, denn »das ausschlagende Hornvieh«, das uns so belästigte, »hatte sich in seine Stätte zurückgezogen, um sich der Ruhe hinzugeben« (*A.*, 190).

Also: jetzt wird allmählich verständlich, weshalb Bruno dauernd auf der Flucht war. Aber solch spitzer Bösartigkeiten wegen kommt einer noch nicht aufs Schafott, obwohl freilich andere für Geringeres umgebracht wurden. Dann war es doch seine Propaganda für die Kopernikanische Lehre, die ihn das Leben kostete?

Bei dem erwähnten Gespräch in Oxford hatte er einen, der Kopernikus zitierte, unwirsch angefahren: »Sieh an, der will mich etwas von Kopernikus lehren, was dieser selbst gar nicht gemeint hat... Mir geht es aber nicht um Kopernikus, und es ist mir gleichgültig, ob Ihr ihn und andere richtig versteht. Doch eines laßt Euch gesagt sein: Wollt ihr mich noch einmal belehren, so müßt Ihr Kopernikus vorher schon besser studieren.« (*A.*, 189) Soviel ist der Stelle zu entnehmen, daß Bruno wohl vertraut zu sein schien mit den Erkenntnissen und Berechnungen des Astronomen, der die Erde zwar aus dem Zentrum des Universums in eine Umlaufbahn der Sonne gebracht, das heliozentrische Weltbild aber nicht konsequent weitergedacht hatte. Für Brunos Geschmack war er »mehr auf die Mathematik als die Natur bedacht« (*A.*, 87), und so hat sich Kopernikus von manchen falschen Voraussetzungen nicht freimachen können. Doch war er »von den Göttern dazu bestimmt, wie die Morgenröte der aufgehenden Sonne der wahren alten Philosophie vorauszugehen, die so viele Jahrhunderte lang in den finsteren Höhlen der blinden, boshaften, dreisten und neidischen Unwissenheit verborgen lag« (*A.*, 88). Der sich mit der Sonne personifiziert, ist derselbe, der Kopernikus mit der Morgenröte vergleicht: der Nolaner natürlich, der »den menschlichen Geist und die Erkenntnis befreit, die in dem engen Kerker der irdischen Lufthülle eingeschlossen waren... Dem Geist waren die Flügel gestutzt, damit er sich nicht aufschwingen und den Wolkenschleier zerreißen könne, um zu schauen, was sich dahinter in Wahrheit befinde« ... Er ist »in den Himmel eingedrungen, hat die Sterne durchmessen, die Grenzen der Welt überschritten...« (*A.*, 91 f.). Der Wortkünstler deckt seine Einsichten mit einem Schwall von rhetorischem Selbstlob zu (was er an den Humanisten tadelt), so daß wir uns selbst auf den Kern der Aussagen durcharbeiten müssen.

Man fragt sich, ob er soviel Selbstlob gegenüber unkritisch geblieben war. Nein, er rechtfertigt sich: Luigi Tansillo aus Venosa hatte Verse geschrieben: »Wenn jemand, der nach Ruhm und Ehre strebt, auch niemals von sich selber sprechen darf, weil man ihm keinen Glauben schenken kann, sobald sein Herz für seine Sache schlägt, so scheint es manchmal doch wohl angebracht, daß jemand zu dem eigenen Ruhme spricht, sei es, um eigenen Tadel zu vermeiden, sei es, um einem anderen zu helfen.« »Doch sollte jemand so hochmütig sein, Eigenlob oder so etwas wie Eigenlob unter keinen Umständen zu dulden, so sei ihm gesagt, daß Eigenlob sich manchmal nicht von gegenwärtig errungenen Erfolgen trennen läßt.« (*A.*, 89)

Zunächst ist festzuhalten, daß Bruno sich nicht als Verkünder der Lehre des Kopernikus versteht, wie Bertolt Brecht seinen Galilei sagen läßt. Bruno sieht sich als Kritiker und Vollender des Kopernikanischen Ansatzes, aber noch mehr: als Erneuerer der *antiqua vera filosofia*, die so lange Zeit verborgen geblieben war. Um welche Philosophie handelt es sich? Welche Grenzen der Welt hat Bruno überschritten, in welchen Himmel der Erkenntnis ist er eingedrungen, welche Wahrheit hat er hinter den Schleiern entdeckt? Um diese Frage beantworten zu können, müssen wir uns dem Hauptwerk Brunos zuwenden: *De la causa, principio et uno* (1584). Unvermeidbar betreten wir damit den Raum der Metaphysik, doch nicht um Brunos Übernahme der traditionellen Formen von Aristoteles bis Cusanus oder seine Nähe zu Platon und Plotin, etwa im Begriff der Weltseele, im einzelnen darzustellen; auch ist nicht daran gedacht, den Inhalt der fünf Dialoge summarisch wiederzugeben. Wir folgen, wie Detektive, nur den Spuren unserer Fragestellung, nehmen allerdings das hierfür nützliche Begleitwissen mit hinzu.

Ursache, Prinzip, Eines – diese drei zentralen Begriffe sagen unter verschiedener Hinsicht das gleiche. Ein Prinzip, der »umfassendere

Ausdruck« (*U.*, 28), ist eine Ur-Sache nach der ontologischen Seite hin, ein Grund-Satz nach der logischen Auslegung, und ein Vor-Bild in ästhetisch-ethischer Sicht. Prinzipien sind »das Erste«, woraus etwas ist, entsteht und erkannt wird. Ursachen sind nach Aristoteles Materie und Form, bei Bruno aber werden sie auf eine Ursache reduziert, insofern die Formen der Materie immanent sind. Das Eine ist das in sich seiende schaffende göttliche Prinzip, die bewirkende Urkraft.

Eine Materie ohne Form, eine formlose Materie ist für Bruno völlig undenkbar, sie ist schon immer bestimmt vom göttlichen Prinzip, eine *activa potentia*; das in der Materie wirkende und formende Element ist eine *ars vivens*, schöpferische Kunst, *spiritus mundi*, ihr Zentrum, die Seele der Welt. Die Natur ist nicht auch eine eigene Wirklichkeit daneben, sondern konsequent dasselbe. Das Universum umfaßt die Materie als Ganzes: alles ist in allem, jedoch nicht so, daß das Einzelne, Eigene jedes Seienden vollständig aufgehoben wäre.[6] Zu differenzieren ist nach wie vor sinnvoll, die Materie von der Einheit, die Weltseele als *amor* zugleich die Liebe und die Schönheit, die Harmonie der Welt, von der Natur als »Hand Gottes«. So sagt Teofilo im dritten Dialog von *De la causa* über die »absolute Wirklichkeit« und das Vermögen des göttlichen Geistes: »Wenn es euch nun gefällt, dies Vermögen das Wesen der Materie zu nennen, das die landläufigen Philosophen so wenig durchdrungen haben, so könnt ihr der Materie, ohne der Gottheit etwas zu vergeben, eine noch höhere Bedeutung anweisen, als selbst Plato in seiner Republik und als Timaeus. Diese haben manchen Gottesgelehrten ein Ärgernis verursacht, als hätten sie das Wesen der Materie allzuhoch gestellt. Das kam daher, entweder daß sie sich nicht gut ausgedrückt, oder daß jene sie nicht richtig verstanden haben. Denn in den Anschauungen des Aristoteles aufgewachsen, fassen jene die Bedeutung der Materie immer bloß in dem Sinne des Substrates der Naturerscheinungen, und bedenken nicht, daß die Materie bei den anderen etwas der intelligiblen und sinnlichen Welt gemeinsames ist, und daß das Wort hier durch eine auf der Analogie mit dem eigentlichen Gebrauch beruhende Erweiterung eine neue Bedeutung empfangen hat. Deshalb sollte man die Meinungen erst mit aller Sorgfalt prüfen, ehe man sie verdammt, und auf die Verschiedenheiten des Sprachgebrauchs ebenso sehr achten, wie auf die der Ansichten, zumal da sie zuweilen, auch wenn alle in einem gemeinsamen Begriff der Materie übereinstimmen, doch nachher in der eigentümlichen Anwendung auseinandergehen. Was nun unseren Gegenstand betrifft, so kann unmöglich, wenn man vom Namen ›Materie‹ absieht, irgend ein Theologe, sei er von Gemüt auch noch so sophistisch und übelwollend, mich wegen dessen, was ich von dem Zusammenfallen von Vermögen und Wirklichkeit, beide Ausdrücke im absoluten Sinne nehmend, behaupte und meine, der Gottlosigkeit zeihen.« (*U.*, 71 f.)

Die sophistisch gestimmten und übelwollenden Theologen der Inquisition haben Bruno seiner Konzeption der Materie wegen nicht der Gottlosigkeit angeklagt. Die »Vergöttlichung der Materie« wurde fast 400 Jahre später der Hauptvorwurf gegen Teilhard de Chardin. Nein, nicht Atheismus, sondern Pantheismus läßt sich aus dem Verhältnis von Gott und Welt herauslesen, wie Bruno es bestimmt. Gott regiert die Welt von außen, er ist zu finden in den unveränderlichen Naturgesetzen, im Glanz der Sonne, der Schönheit der Dinge, »dem Anblick unzähliger Gestirne, die am unermeßlichen Saume des einen Himmels leuchten, leben, fühlen, denken, und dem Allgütigen, All-Einen und Höchsten lobsingen«. Doch auch der Pantheismus scheint kein Anklagepunkt gewesen zu sein; das Wort wurde ohnehin erst 1705 (von Toland) geprägt, und der Hauptbetroffene war Spinoza. Es zeichnet sich jedoch schon ziemlich deutlich ab, worin Bruno die *antiqua vera philosophia* wieder erstehen sieht: in der Kosmologie und Metaphysik der Antike, wie sie vorchristlich und vor aller Umdeutung durch die Scholastik bestand.

Bruno nennt Gott »erste Ursache« und »oberstes Prinzip« (*U.*, 27). »Inbegriff aller Gegensätze«, Möglichkeit und Wirklichkeit in einem, ganz der Formel der *coincidentia oppositorum* des von Bruno hochverehrten Cusanus entlehnt und (daher) vom Standpunkt der aristotelisch-scholastischen Theologie unbeanstandet. Es sind allesamt keine liebevollen Bezeichnungen für einen Gott; »alles beherrschendes, beseeligendes Gesetz« ist auch nicht viel besser; »universelle Vernunft« (*U.*, 29), der »innere Künstler« (*U.*, 30), »der Weltbaumeister, der von innen heraus die Materie formt«, »das Knochengerüst aufbaut, die Knorpel spannt, die Röhrchen der Adern aushöhlt, die Poren mit Luft füllt, die Gewebe der Fasern, die Verzweigung der Nerven herstellt und mit so bewundernswürdiger Meisterschaft das Ganze ordnet« (*U.*, 30 f.), das grenzt schon an Beschreibung demiurgischer Pedanterie. Anscheinend geht es Bruno überhaupt nicht um eine philosophische Gotteslehre, sondern um den Nachweis, daß alles, schlechthin alles, beseelt sei. »Die göttliche Vortrefflichkeit und Herrlichkeit dieses gewaltigen Organismus, dieses Abbildes des obersten Prinzips, scheinen mir diejenigen zu beeinträchtigen, welche nicht einsehen noch anerkennen wollen, daß die Welt mit ihren Gliedern belebt ist; als ob Gott sein Abbild beneidete, der Baumeister sein herrliches Werk nicht liebte, welcher nach Platos Ausdruck an seinem Werke Wohlgefallen hatte wegen der Ähnlichkeit mit sich, die er in ihm erblickte. Und fürwahr, was kann sich den Augen der Gottheit Schöneres darbieten als dieses Universum?« (*U.*, 34) Daraufhin wollten die Gesprächspartner wissen, auf welche Weise sich die Form in die Materie des Universums einsenke. Bruno antwortet (durch seinen Repräsentanten Teofilo) mit eigenartig ästhetischen Argumenten: die Form verbinde sich mit der Materie so, »daß die Natur des Körpers, welche an sich nicht schön ist, nach dem Maße ihrer Fähigkeit an der Schönheit der Form teilnimmt; denn es gibt keine Schönheit, die nicht in einer gewissen Gestalt oder Form bestände, und keine Form, die nicht von der Seele hervorgebracht wäre« (*U.*, 35). Auf den Einwand, das sei eine völlig neue Sicht der Lage, ob das heiße »alle Dinge seien beseelt«, bejaht Bruno, was immer die allgemeine Ansicht dazu sei, die sich das nicht gut vorstellen könne. Selbstverständlich sage er nicht, ein Tisch sei als Tisch, ein Glas als Glas beseelt und belebt. »Aber als natürliche und zusammengesetzte Dinge haben sie in sich Materie und Form. Das Ding sei nun so klein und winzig wie es wolle, es hat in sich einen Teil von geistiger Substanz, welche, wenn sie das Substrat dazu angetan findet, sich danach streckt, eine Pflanze, ein Tier zu werden, und sich zu einem beliebigen Körper organisiert, welcher gemeinhin beseelt genannt wird. Denn Geist findet sich in allen Dingen, und es ist auch nicht das kleinste Körperchen, welches nicht einen ausreichenden Anteil davon in sich faßte, um sich beleben zu können.« (*U.*, 37)

Es ist hinreichend klargestellt, was Bruno unter dem Ausdruck versteht, den die Vorsokratiker gebraucht hatten, das »All sei beseelt«, durchgeistigt. Das ist bei ihm keine metaphysische Schwärmerei, auch nicht metaphorisch gemeint, sondern begrifflich eindeutig konzipiert: es gibt keine tote Materie, alles lebt im Universum, von der unendlichen Tiefe der grenzenlosen Räume zurück bis in die kleinste Form eines Steinchens. Bruno beruft sich auf Pythagoras und die »Weisheit Salomonis« (1,7), wonach der Geist die Erde durchdringe und erfülle und das All umfasse. Er hätte sich auf Francesco d'Assisi beziehen können, der die Brüder bat, nicht achtlos auf einen Stein zu treten oder Wasser zu verschütten, weil in allem Leben und Empfindung sei. Gustav Theodor Fechner wird dazugehören, aber auch Henry David Thoreau, der in dichterischer Sprache die ästhetische philosophische Argumentation Brunos mitschreibt: »Ein See ist der schönste und ausdrucksvollste Zug einer Landschaft. *Er ist das Auge der Erde.* Wer hineinblickt, ermißt an ihm die Tiefe seiner eigenen Natur. Die Bäume, dicht am Ufer, welche sein Wasser saugen und in ihm zerfließen, sind die schlanken Wimpern, die es umsäumen, und die waldigen Hügel und

Felsen die Augenbrauen, die es überschatten.«[7] Von allen klassischen Gottesbeweisen hielt, auch ohne die vernichtende Kritik Kants, keiner stand, bis auf den, der gar nicht im Kanon der offiziellen Dialektik stand: die ästhetische Evidenz einer schöpferischen, gestaltenden, formenden, Schönheit verleihenden Kraft, die in allem, was ist, im Unscheinbarsten wie im Spektakulärsten, sichtbar wird.

Die Form als geistige Substanz ist unzerstörbar, sie ist als immanentes Prinzip ewig und für sich bestehend. Nach der Substanz-Akzidenz-Lehre der aristotelischen Scholastiker konnte der Vorgang des Sterbens nicht so erklärt werden, daß der Tod seine Schrecken verloren hätte, denn er besiegelte den Verlust des Daseins vollständig. »Gegen diese Torheit erhebt die Natur laut ihre Stimme, indem sie uns versichert, daß nicht der Körper noch die Seele den Tod zu fürchten haben, weil sowohl die Materie als die Form schlechthin konstante Prinzipien sind.« Damit scheint übereinzustimmen der Prediger (Kohelet), der unter den Hebräern für den Weisesten gilt: »Was ist das, was ist? Dasselbe, was gewesen ist. Was ist das, was gewesen ist? Dasselbe, was sein wird. Nichts Neues unter der Sonne« (*Koh.* 1,9; *U.*, 40).

Keiner hat »sich weiter von der Natur entfernt« als Aristoteles (*U.*, 64), und seine »von anderen Philosophen entlehnten Sätze« eignen sich vorzüglich zum Aufbau einer Theologie, die von der Schöpfung und der Offenbarung Gottes in der Natur nichts mehr wissen wollte.

Gegen Aristoteles anzutreten und mit ihm in Dialogen literarische Florettgefechte auszuführen, war zu Ende des 16. Jahrhunderts nicht riskant. Für einen Dominikaner blieb die Gegnerschaft zum »Philosophen« des Thomas von Aquin immer die Ausnahme; keineswegs jedoch verschrieben sich alle Söhne des hl. Dominikus dem Aristoteles, sowenig wie alle franziskanischen Kuttenträger Platoniker oder Augustinisten gewesen sind. Überdies unterlag Bruno keiner Ordensdisziplin mehr; man könnte ihn, wenn schon nicht einen freischwebenden Intellektuellen, so doch einen ungebundenen freiberuflich reisenden Privatdozenten nennen. Die Häresieschnüffler der Inquisition hatten ein ausgeprägtes Gespür für das entwickelt, was ernstlich gefährliche Lehre war, die, nach Thomas von Aquin, der Falschmünzerei vergleichbar und daher ebenso todeswürdig wie jene sei, und was dagegen nur ungelenkte Spekulation oder kühne Hypothesen waren, die letztlich ohne Folgen bleiben würden. Der Spielraum blieb nicht nur relativ groß ausgelegt, er war tatsächlich erstaunlich freizügig. Die Erinnerung an das dritte Reich des Geistes und das damit verbundene Ende der Papstkirche in der Vision des Joachim von Fiore genügt. Das blieb unbeanstandet. Auch Cusanus hatte schon, *vor* Kopernikus, die Erde als eine *stella nobilis* bezeichnet, die nicht der Mittelpunkt der Welt sei (*terra non est centrum mundi*[8]). Nun, dann ist sie, unsere Mutter Erde, einer der Sterne geworden, ein besonders feiner, aber eben doch nur einer unter den unzählbaren Sternen des Weltalls. Der Kardinal hielt Gott für das Zentrum der Sphären, das Beispiel aus dem *Buch der 24 Philosophen* war jedem Gelehrten bekannt: Gott sei der unendliche Kreis, dessen Mittelpunkt überall, dessen Radius nirgendwo sei. Wenn Bruno allerdings formuliert: »So können wir mit Sicherheit behaupten, daß das Universum ganz Zentrum oder das Zentrum des Universums überall ist, und daß der Umkreis nicht in irgendeinem Teile, sondern derselbe vom Mittelpunkt verschieden ist, sondern viel mehr, daß er überall ist; aber ein Mittelpunkt als etwas von jenem Verschiedenes ist nicht vorhanden« (*U.*, 100) – so scheint das plötzlich ein explosives Satzgemisch zu sein. Was steckt dahinter? Das herauszufinden, wird zum Schluß auch eine mögliche Beantwortung unserer Fragen bringen.

Es steht der Begriff der Unendlichkeit zur Verhandlung. Ich will nicht sagen, es gäbe eine Unendlichkeit als metaphysische Kategorie und eine andere Unendlichkeit als Größenordnung der Astronomie, aber es kann nicht schaden, für einen Moment die beiden Aspekte auseinanderzuhalten. Nehmen wir z. B. die Überlegung Brunos: wenn die Erde sich in einer großen Bahn um die Sonne bewege, ohne daß dabei Veränderungen beim Stand der Sterne zu beobachten seien, dann müsse das Weltall unendlich weit und des Kopernikus heliozentrisches Weltbild als überholt anzusehen sein. Ist das eine kosmologisch-philosophische Schlußfolgerung oder eine naturwissenschaftlich gestützte Hypothese? Die Frage ist berechtigt, wenn man sich vor Augen hält, daß vor Galilei und Newton die Voraussetzungen gar nicht gegeben waren, das Handwerk der »Kalendermacher und Horoskopsteller«[9] von einer neuen Physik und den Systemen der Metaphysik und Theologie zu trennen. »Am greifbarsten wird das an der Frage der Ausdehnung des Weltalls. Kopernikus selbst mußte die immense Entfernung zwischen Planetensystem und Fixsternhimmel zugestehen. Damit begann die Wohnstube des Universums, die seit Aristoteles und seit der geozentrischen Begeisterung der Stoiker der Menschheit enge Gemütlichkeit, wenn auch nicht heimische Genügsamkeit geboten hatte, ins Unermeßliche zu expandieren – auch wenn man sich, was im 16. Jahrhundert ein *immensum* genannt wurde, nicht unter der Maßstäblichkeit der mit Zehnerpotenzen verbundenen Lichtjahre der modernen Astronomie denken darf. Das Unermeßliche des einen Jahrhunderts ist nicht gleich dem eines anderen. Der identische Ausdruck täuscht Kommensurabilitäten vor, die nicht bestehen.«[10]

Das sind unvereinbare Vergleichsgrößen. Kopernikus, Tycho Brahe, Galilei und selbst Kepler noch hatten die Entfernung der Erde zur Sonne, nach einem seit Jahrhunderten bekannten Verfahren, aus dem Erdschatten bei Mondfinsternissen abgeschätzt (genauer gesagt: aus der Durchlaufzeit des Mondes durch den Erdschatten). Was sie errechneten, variierte um ein paar Erd-Halbmesser; die richtige Entfernung allerdings, rund das Zwanzigfache, war damals nicht bekannt und vielleicht gar nicht vorstellbar. Was man vor und im Umkreis Brunos »unendlich« nannte, war, strenggenommen, »unermeßlich«; manchmal wäre »endlos« der angemessene Ausdruck. Erst nach dieser Überlegung läßt sich eindeutig sagen, daß Brunos »unendlicher Raum« eine metaphysische absolute Kategorie und mit den angeblichen »Unendlichkeiten« der Astronomen nicht verwandt ist.

»Bruno verstand sich auf die Flucht nach vorn: was die Zeitgenossen mit Unbehagen oder Ängstigung erfüllte, die Weitung des kosmischen Gehäuses ins unvorstellbar Große, trieb er noch einen Schritt voran in die pure Negation der Begreiflichkeit.«[11] Von seinem »Einen Prinzip« abgeleitet stellte er seitenlang Paradoxien, oder die Koinzidenz der Gegensätze, zusammen. Das Unendliche ist Möglichkeit und Wirklichkeit zugleich, Form und Materie, Seele und Körper. Es bewegt sich nicht räumlich, weil es selber Raum ist und sich nirgendwo anders hinbegeben könnte; es ist nicht erzeugt, sondern hat alles Sein; es vergeht nicht, denn wohinein sollte es sich verwandeln? Es ist nicht meßbar und mißt nicht; es umfaßt nicht, denn es ist nicht größer als es selbst, es wird aber auch nicht umfaßt, denn es ist nicht kleiner als es selbst. In der unendlichen Dauer ist die Stunde nicht vom Tag und der Tag nicht vom Jahr und dieses nicht vom Jahrhundert zu unterscheiden, denn Augenblicke haben nicht weniger Sein als Jahrtausende, usw. (vgl. *U.*, 97–100).

Wenn nun das Unendliche und Unbegreifliche alles ist, überall ist, in allem ist, der Mittelpunkt des Seins, warum ist es dann möglich, daß wir Veränderungen an den Dingen feststellen, oder z. B. an uns selbst: wir werden älter. Bruno antwortet, was sich verändert, strebe nicht ein anderes Sein, sondern eine andere Art zu sein an. So wie wir heute wissen, daß der genetische Code die Zellen in ihrer Entwicklung steuert, wobei das, was die Fühler einer Ameise werden sollen, nicht viel von den Aufbaustrukturen dessen verschieden ist, was die Hand eines Menschen sein soll; fast schon genau so beschreibt Bruno im einzelnen den Aufbau der Natur. »Jede Erzeugung, von welcher Art sie auch sei, ist eine Veränderung, während die Substanz immer dieselbe bleibt, weil es nur eine gibt, ein göttliches, unsterbliches Wesen.« (*U.*, 101)

Das haben Pythagoras und andere Philosophen auch schon gewußt, die in der Einheit die Weisheit und die Wahrheit gefunden haben. Aber wenn es auch einige gesagt haben, verstanden sie es doch nicht; sie eigneten sich, nach Bruno (*U.*, 102), nur den Ausdruck der unendlichen Einheit an, aber nicht das Verständnis; zu ihnen gehört z. B. Aristoteles. Diese Welt, dieses Wesen ist das »unendliche Ubique«, die Allgegenwart selbst. Oder, um es nun mit der prägnanten Formel auszusprechen, dem wohl am häufigsten zitierten Abschnitt von Bruno: »... wir wissen sicher, daß dieser Raum als Wirkung und Erzeugnis einer unendlichen Ursache und eines unendlichen Prinzips auf unendliche Weise unendlich sein muß.« (*A.*, 153)

Das ist nun der Satz des Anstoßes und des Ärgernisses, doch er hat Bruno noch nicht das Leben gekostet. Ein Zusatz war es, der das Faß zum Überlaufen brachte; und weil er sich so in den Akten des Prozesses findet, kann er wörtlich belegt werden: *Natura dei est finita, si non producit de facto infinitum, aut infinita.* Wie Hans Blumenberg[12] berichtet, waren die Originalakten beim Rücktransport der päpstlichen Archive von Paris nach Rom (1815–17), Napoleon hatte sie 1810 von Rom nach Paris bringen lassen, verlorengegangen (tatsächlich wurden sie an eine Altpapierhandlung in Paris verkauft), doch blieb ein Protokoll im Geheimarchiv des Vatikans, wo es 1940 von dem Historiker Mercati entdeckt worden ist. Und dort, versteckt unter ca. dreißig Seiten juristischer, typisch nominalistischer Sammlung von Einzeldaten, steht der wesentliche Obersatz, der eine direkte Provokation der dogmatischen Fundamente war: daß Gottes Wesen endlich wäre, wenn Gott nicht *de facto* Unendliches und unendlich Vieles hervorgebracht hätte. Mit anderen Worten heißt das: die einzige, Gottes würdige und angemessene, Darstellung seiner unendlichen Macht war die Erschaffung unendlicher Welten.

Dadurch war implizit negiert: Die Selbstbezeugung Gottes durch Christus, die Inkarnation und Erlösung in ihm und durch ihn, alles Grundbestände der kirchlichen Lehre. Dieses Lehrgebäude aber steht auf dem Axiom der Einzigartigkeit der Welt, dieser Welt, die sich von der kleinen Welt Israels als einzig auserwähltem Volk, zum Volke Gottes als Gemeinschaft der Getauften, manifestiert hat, und schließlich zur Ecclesia des *orbis terrarum* wurde, als der alles Heil gewährende und Zeit und Geschichte überragende Ordo. Der Einzigartigkeit dieser Welt entsprachen die Einzigartigkeit des Sühneopfers Christi und damit die Einzigartigkeit der Geschichtszeit, die bis zur Geburt in Bethlehem als Vorbereitungszeit galt, ab dem Schnittpunkt des Einbruchs der Ewigkeit in die Zeit, als Reich-Gottes-Zeit bis zur Wiederkunft und dem Weltgericht die Heilsgeschichte darstellt. Darauf baute die Reichs-Ideologie, als Staatsphilosophie und Geschichtsphilosophie des Mittelalters, mithin war der gesamte Bereich kirchlicher, politischer, ideologischer, philosophischer, theologischer, juristischer Relevanz betroffen. Die Infragestellung jener Einzigartigkeit war ein subversives Unternehmen; die Attacke auf die Fundamente durch fundamentale Gegensätze mußte als Hochverrat bewertet werden. Und es war wohl die Überzeugung der Richter, daß Bruno absichtlich und im vollen Bewußtsein der Konsequenzen gehandelt habe.

Hier zeigte sich der Unterschied zu Joachim von Fiore: darin, daß er – was Bruno mit keinem Wort erwähnt hat – die Papstkirche samt Sakramenten, die Bibel und die Theologie als überholt und in der Geist- und Liebeskirche aufgehoben bezeichnen durfte. Und es wurde ihm nicht gefährlich, ja, er hat es nur um ein weniges verpaßt, heiliggesprochen zu werden. Alle historischen Berichte und die Interpreten sind sehr darauf bedacht, zu vermerken, daß Joachim sich der Tragweite seiner Vision nicht (immer) bewußt gewesen sei. Die These Brunos aber, von den unendlichen Räumen und den unendlich vielen Welten, eine durch die naturwissenschaftliche Forschung voll bestätigte und heute selbstverständliche Theorie, wurde als Schock empfunden, obgleich sie durch Bruno niemals in irgendeine Beziehung zur christlichen Lehre oder des kirchlichen Herrschaftsanspruches gebracht worden ist.

Es sind Nuancen und Akzente, die eine geäußerte Erkenntnis erträglich oder unerträglich erscheinen lassen. Die Unendlichkeit des Raumes, eine Vielzahl der Welten im Universum der Schöpfung wäre vermutlich so lange hingenommen worden, als die Einzigartigkeit der Menschen und der Menschwerdung Gottes in Christus nicht tangiert gewesen wären. Doch das ist rein hypothetisch, denn man braucht es gar nicht auszusprechen, wie sehr die Überzeugung von unendlichen Welten die provinzielle Fixierung auf diese eine kleine Erde, dieses eine kleine Volk Israel, diese eine kleine Weltstunde um das Jahr der Geburt eines Kindes ad absurdum führt.

Vielleicht muß man es lächelnd sagen, wie Franziskus, daß jede Blume, die Sonne, die Vögel, Geschöpfe Gottes sind, und wir die Zeit zubringen sollten, uns an ihnen zu freuen und mit ihnen den Schöpfer zu loben. Denn das ist eine charmante Weise, darauf aufmerksam zu machen, daß die Magister und Doktoren nur noch von der Wortoffenbarung und nicht mehr von der Schöpfungsoffenbarung sprechen. Wie Franziskus die einzige Bibel als überflüssig wegschenkte, spricht als Tat Bände. Sich als zweiten Christus bezeichnen zu lassen, sagt ebenfalls genug. Weshalb bedarf es eines zweiten, wenn man des ersten noch gewiß ist? Darüber täuscht auch nicht hinweg, daß Francesco tagelang über die Leiden Christi weinen konnte, und daß er den Bambino in der Krippe mit Ochs und Esel erstmals zu Weihnachten kindlich verehrte. Das sind eben die Nuancen verschiedener Akzentuierungen.

Bruno, dem Ärmsten, reichte man auf dem Scheiterhaufen ein Kruzifix, auf das er zum Trost blicken sollte. Er wandte den Kopf verärgert und angewidert ab – für alle Zuschauer ein Beweis dafür, daß man einen verstockten Ketzer, zu Recht, den Flammen übergab.

6. Giambattista Vico

Er war ein sanfter Rebell, in beengten Verhältnissen in Neapel lebend, der Vergangenheit als Mythos, Sprachüberlieferung, Geschichte und Völkerkunde mehr verhaftet als dem ihm fremden gegenwärtigen Alltag. Unbeachtet von den Zeitgenossen blieb er, als ihr größter Unzeitgemäßer, eine Zeitbombe (wenn der Ausdruck erlaubt ist), der, nach dem Ausspruch Benedetto Croces, »das gesamte neunzehnte Jahrhundert im Keime gewesen« war, und damit hat er unser Jahrhundert mit vorbereitet. Seine Szienza nuova war gerade nicht die damals neueste Wissenschaft; das war die neu für die Methode der Philosophie entdeckte und in allen Naturwissenschaften herrschende Mathematik. Descartes und die Cartesianer hatten das Sagen, und in ihrem Gefolge war kein Platz für das Interesse an der Geschichte, deren Studium als überflüssige Verschwendung und völlig nutzlos für die Begründung sicherer Erkenntnis angesehen wurde. Die Cartesianer wußten damals so wenig wie die Analytiker der Philosophie heute, auf welch unheimliche Weise Geschichtsdenken in die Gegenwart einbrechen und wirksam werden kann. Marx war noch in weiter Ferne, aber Marx hat Vico (in französischer Übersetzung) gelesen, wie er 1862 gegenüber Lassalle zugab. Er war auf »verblüffende Antizipationen« [1] gestoßen.

Unzeitgemäß zu sein ist, je nachdem, ein Vorwurf oder eine Tugend. Ist es stoischer Gleichmut, was ein deutscher Philosophieprofessor von den letzten Kriegstagen berichtet, als SS-Reste in den Ruinen der Universitätsstadt verschanzt, mordend und höllischen Schrecken verbreitend wüteten, und die Befreiung durch alliierte Truppen gerade bevorstand, er aber mit einem Häuflein Studenten ein Platon-Seminar abhielt, als ob die Welt draußen nicht existierte? Einem Althistoriker ist solche philosophische Gelassenheit während der Turbulenzen der Jahre 1969/70 allerdings schlecht bekommen. Seine Vorlesung über den Peloponnesischen Krieg ging im Geschrei der Funktionäre einer kritischen Diskussionsuniversität unter; er selbst rettete sich durch Flucht. Ein heute in Pett in Buckinghamshire lebender Emeritus bekannte, noch nie ein Fernsehgerät besessen zu haben und auch keine Tageszeitungen zu lesen, d.h. sich für Politik nicht zu interessieren.

Stellte sich Heidegger so den »Hüter des Seins« vor, der Ewigkeiten bedenkt, aber nicht für die Gefälligkeiten der Stunde zur Verfügung steht? Oder stiehlt sich auf diese Weise jemand vor der Verantwortung der augenblicklichen Not davon? Eine Mode mitzumachen ist so wenig das, was man von einem Philosophen erwartet, wie ein Gentleman jemals Kleidung kaufen würde, die »man dieses Jahr trägt«. Die Anpassung an veränderte Forderungen kann notwendig, d. h. unausweichlich werden, sich ihr zu widersetzen reaktionäre Inhumanität sein. Aber nicht jedes Aggiornamento ist auch schon eine Erneuerung aus den Quellen. Was erlaubt ist und was nicht, entscheidet einzig und allein ein Kriterium: ob »wahr« durch »zeitgemäß« ersetzt wird, ob nur noch wahr ist, was zeitgemäß erscheint, oder ob eine Wahrheit anerkannt wird, an der jede Novellierung sich messen lassen muß.

Vico hatte selbst nicht das Bewußtsein, rückwärts zu blicken, sich seiner Zeit zu entziehen; im Gegenteil, er fühlte sich erregt als »verwegener Neuerer«[2], als Erforscher nie begangener Wege der menschlichen Vernunft. Für ihn war sein in über fünfundzwanzig Jahren sorgfältig aufgebautes Werk tatsächlich eine Scienza Nuova, eine neue, völlig neue Wissenschaft: »una metafisica del genere umano, cioé una teologia naturale di tutte le nazioni«[3]. Den Aufstand des Menschen gegen die Ansprüche der modernen Wissenschaften, die Durchsetzung der kalten Metaphysik mit menschlicher Wärme, die Ausdehnung der natürlichen, d. h. philosophischen Theologie auf den gesamten, noch immer dunklen, unbegriffenen Bereich der Geschichte.

Bevor Vico selbst Anstöße zu einer neuen Sicht der Welt gab, nahm er Anstoß an den abstrakten Methoden der mathematisch-physikalischen Weltwissenschaften. Sein immer anwesender Gegner ist Descartes, nicht bloß wegen dessen notorischer Geschichtsverachtung, sondern als Repräsentant einer Denkweise, die Götz Briefs als Grasen »auf der dürren Weide des *cogito ergo sum*«[4] bezeichnete, wodurch der Mangel an richtiger Ernährung durch empirisch gesicherte Gesetzlichkeiten gemeint ist. Das hört sich einigermaßen plausibel an, wie auch der Grundsatz seiner Theorie vernünftig klingt, daß die Welt der Nationen, im Unterschied von der Welt der Natur, ganz sicher von den Menschen aufgebaut worden ist und derjenige, der als Schöpfer einer Sache gelte, doch wohl am besten über sie Auskünfte geben könne. Daraus ergibt sich der logische Schluß, daß die Wissenschaften von den Völkern, ihrer Geschichte und ihren Kulturen günstige Voraussetzungen bilden, weil Schaffen und Erkennen in einer Hand liegen. Die Theorie allerdings, die er auf diesen Prämissen errichtet, mutet eher kühn, spekulativ, um nicht zu sagen maßlos verwegen an, weniger durch empirische Schritte gesichert oder einsichtig überzeugend. An zwei Termini läßt sich das Konzept darstellen, der *storia ideal eterna* und der These vom *ricorso*.

(1) Die idealtypische Grundstruktur aller Geschichten (im Plural) der Völker kann durch umfassende Empirie, durch Erforschung der einfachen Denkformen und Rechtsprinzipien gewonnen werden. Denn nach Vicos Überzeugung gibt es einen gemeinsamen Nenner, eine Verständigung aller Menschen zu allen Zeiten »von Ewigkeit her«[5]. Mit der Erwähnung der Ewigkeit kommt ein mit den empirischen Methoden schlecht verträglicher metaphysischer Aspekt hinzu; aber das stört Vico nicht, er holt geradezu geschichtstheologisch aus, wenn er darauf besteht, daß nach dem Schema der Idealtypen alle Entwicklungen abgelaufen sein müssen und in Zukunft so ablaufen werden. Das würde selbst dann gelten, wenn »aus der Ewigkeit von Zeit zu Zeit neue unendliche Welten entständen, was aber ganz gewiß nicht der Fall« sein wird (*Scienza Nuova* = *S. N.*, 348).

Hier geschieht etwas mit voller Absicht und muß sofort vermerkt werden. Einmal postuliert Vico mit dem Gedanken von der unendlichen Wiederholbarkeit seiner Entwicklungsgesetze im Rahmen einer Kosmologie für diese Gesetze dieselbe zeitlose Gültigkeit, wie sie den Naturgesetzen anhaftet, dem Lauf der Planeten, dem Gesetz der Erdanziehung oder den Axiomen der Geometrie. Zweitens aber steht die Behauptung dieser umfassenden Ordnung, auch und gerade wenn sie der fromme Neapolitaner als unveränderliche göttliche Ordnung ausgibt, im Widerspruch zur christlichen Geschichtstheologie. Wir sind damit wieder beim gleichen Thema: daß die Einmaligkeit und Einzigartigkeit der Inkarnation, daß das Erlösungsereignis in Christus nicht mit einer idealtypischen Völkergeschichte harmoniert, bei endlosen Wiederholungen von Ewigkeit her über die mythische Frühzeit unserer Völkergeschichten bis hin zu allen noch möglichen Welten; mögen sie nun entstehen oder nicht entstehen, auf jeden Fall würden die Gesetze der *storia ideal eterna* auch für sie gelten. Für eine christliche Auffassung ist dadurch der Achse »Adam – Wiederkunft Christi und Jüngstes Gericht« das Kreuz gebrochen, eben dieses Kreuz von Golgatha, das in der Mitte der Geschichte richtungweisend für das Vorher und Nachher stehen soll. Und nun wird klar, weshalb Giambattista Vico hier in der Gruppe der ersten sechs anstößigen Denker angetroffen wird. Sie alle verbindet der, ob leise oder ungestüm vorgebrachte, Protest wider die Anmaßung einer biblischen Exklusivität. Kohelet müßte ausgenommen werden? Aber nein, er sperrt sich schon von vornherein gegen jede messianische Deutung seiner Einsichten.

(2) Die These vom *ricorso*, von der Wiederkehr, dem mehrfachen Ablauf der Kulturen, den beliebigen Wiederholungen der Handlungsträger und dem Material der Geschichte (der Völker), diese Hypothese ist die Bedingung für die umfassende Theorie Vicos. Denn nur dann, wenn, wie in der antiken Vorstellung von der ewigen Wiederkehr des gleichen, die Parallele zur naturwissenschaftlich erfahrbaren Wiederholung im Umlauf der Gestirne, oder wie in den Jahreszeiten, herzustellen ist, nur dann gilt die universale Gesetzlichkeit. Vico belegt seine These mit originellen und an Menge überquellenden Befunden, wobei er rechtshistorische, entwicklungspsychologische, religionskundliche, wissensoziologische, etymologische, allegorische, philologische Quellen ausschöpft. Er hat, nebenbei gesagt, erstmals aufgewiesen, aus welchem Reichtum ein Historiker zu arbeiten hat, woran er entweder erstickt oder durch ordnende Gedanken die Balance zu halten vermag.

Wer ist imstande, alle die Fragen zu beantworten, die Vico aufgeworfen hat: Wie erkennt man aus der Mannigfaltigkeit der Vorgänge, was Geschichte überhaupt ist? Welche Kräfte betreiben und lenken eine Entwicklung? Was verbindet die bloße Aufeinanderfolge von Zeiten und Geschlechtern zu einem Ganzen der Perioden? Wie wirken Ideen, wie religiöse, politische, wirtschaftliche Mächte aufeinander? Wie erhalten sich Institutionen über Jahrhunderte? Wie vereinbaren sich menschliche Freiheit und schicksalhafte Abläufe in der Geschichte? Läßt sich aus der Erfahrung der Geschichte die Zukunft prognostizieren? U.s.f.

Eine von Vicos leitenden Ideen ist, wie gesagt, die Vorstellung eines *ricorso*, eines Umlaufs jeder Geschichte vom Ursprung über den Fortgang zum Höhepunkt und durch die *decadenza* zum Untergang. Völker wie die Ägypter, die Griechen, Römer und Germanen, aber auch Städte wie Karthago und Byzanz sind die Subjekte, die Träger des Prozesses. Der läßt sich aber auch an politischen Staatsformen wie der Aristokratie, der Demokratie, der Tyrannis aufzeigen, vergleichsweise auch an der Entwicklung der Sprachen, der Poesie, den Sozialordnungen und den Gottesvorstellungen. Indem Vico drei Stadien annimmt, muß er, und nicht Auguste Comte (1798–1857), als Begründer des Drei-Stadien-Gesetzes angesehen werden. Bei Vico sind die drei nacheinander ablaufenden Phasen: die Zeitalter der Götter, der Heroen und des Humanismus; bei Comte folgt dem theologischen das metaphysische und schließlich das positive oder wissenschaftliche Äon; bei Vico bezeichnen die Abläufe Kulturschritte von den Göttern zu den Menschen; bei Comte durchlaufen alle Wissenschaften diese Phasen einer Entwicklung. Bei manchem Unterschied ist das Gemeinsame an beiden Konzepten nicht zu übersehen.

Wie viele Menschen Trost gezogen haben aus der Lehre von der Wiederkehr der Dinge, vom Auferstehen der Nationen nach dem Zusammenbruch, von der Erneuerung und der Wiedergeburt, das weiß man nicht. Zweifellos steckt ein Moment der Hoffnung in der Gewißheit, daß Dekadenz sich in jugendlichen Aufstieg verwandeln wird, daß barbarische Zeiten abgelöst, Kulturen neu beginnen, nach dem Abstieg in Niederungen wieder Gipfel erklommen werden. Für mich hält solche Botschaft nichts bereit, mir scheint sie ein frommer Betrug zu sein, eine grandiose Geschichtslüge, womit ich kein moralisches Urteil abgebe.

Im Schlußabschnitt seiner Scienza Nuova schildert Vico die untergehende Antike aber so, daß daraus eine zeitlose Charakteristik wird, ganz im Sinne seiner idealtypischen *storia*. Der Historiker Rudolf Stadelmann sagt zu Recht davon, daß die Szene »ebenso im Jahre 500 wie im Jahre 2000 zu spielen vermag«[6]. Zu Recht, soweit die Absicht Vicos zur Rede steht, nicht jedoch, soweit die Aussage auf ihre Wahrheit hin bestätigt werden soll. Ich kann beim besten Willen darin keine Beschreibung unserer Jahre sehen und behaupte dagegen, daß Kreislauftheorien mit der »normalen Zeit« zu Ende gegangen und entwertet worden sind. Die normale Zeit ist seit dem Tag abgelaufen, an dem es der technisch-militärischen Rüstung möglich geworden ist, alles Leben auf diesem Planeten mit vieltausendfacher Sicherheit auszulöschen.

Doch davon konnte Vico nichts wissen. Er schrieb: »Wenn die Völker in jenem äußersten politischen Elend verfaulen, in dem sie sich weder im Innern einem einheimischen Monarchen fügen, noch einer besseren Nation anheimfallen wollen, die sie von außen erobern und bewahren könnte, greift die Vorsehung zu ihrem äußersten Heilmittel. Da solche Völker nach der Art der wilden Tiere sich gewöhnt haben, an nichts anderes zu denken als an den besonderen Eigennutz eines jeden, und in ihrer äußersten Verfeinerung sich über ein Haar ärgern und wild erregen können, da sie in hartnäckigen Parteikämpfen und verzweifelten Bürgerkriegen ihre Städte zu Einöden und die Einöden zu Menschenhöhlen machen, so verrosten im Laufe langer barbarischer Jahrhunderte die üblen Verfeinerungen der bösartigen Verstandeskräfte, welche die Menschen in der Barbarei der Reflexion zu schlimmeren Bestien gemacht haben, als es je die Barbarei der Sinne vermocht hat. Auf diese Weise verlieren die Völker schließlich, abgestumpft und verblödet, das Gefühl für die Annehmlichkeit, den Genuß und den Luxus. Sie haben nur noch Sinn für die notwendigen und nützlichen Dinge des Lebens, und bei der geringen Zahl der überlebenden Menschen und dem großen Überfluß der lebenswichtigen Artikel werden sie auf natürliche Weise wieder anständig. Durch die wiederkehrende Einfachheit der primitiven Welt werden sie fromm, aufrichtig und treu. So kehren unter den Völkern zurück Ehrfurcht, Glaube und Wahrhaftigkeit, welche die natürlichen Grundlagen der Gerechtigkeit sind und den Schmuck und die Schönheit der ewigen Ordnung Gottes ausmachen.« (*S. N.*, § 1106)

Daß diese historische Welt ganz gewiß von den Menschen gemacht worden ist, daher auch im menschlichen Geiste die Prinzipien aufgefunden werden können und müssen, diesen Grundsatz aus dem Hauptwerk gilt es näher zu untersuchen. Für Vico drückt er eine Wahrheit aus, die man in keiner Weise in Zweifel ziehen könne, weshalb die These auch als »Vico-Axiom« bezeichnet und häufig zitiert wird. Ich stehe solchen schlagenden, sich der Einsicht eher aufdrängenden statt eröffnenden Sätzen, die als Axiome posieren, gewöhnlich skeptisch gegenüber, und zwar ihrer ideologischen Weiterverwendung wegen. So gilt beispielsweise in der Sowjetunion und anderen staatskommunistischen Diktaturen als ein Axiom, daß derjenige verrückt sein müsse, der das sozialistische Paradies der Arbeiter und Bauern verlassen wolle. Folglich gehört jeder, der ausreisen möchte, in eine psychiatrische Klinik.

Meist wird das Axiom angeführt, um die Machbarkeit, die Beherrschbarkeit und rationale Steuerung der politischen Handlungen zu belegen. Doch das ist nicht der Sinn, den Vico unterstellt hat; das läßt sich anhand neuerer Analysen nachweisen.[7] Man darf den Satz nicht isolieren und aus dem Zusammenhang der Geschichtsmorphologie Vicos lösen, seiner Lehre vom Aufstieg und Verfall der Kulturen. Dann zeigt sich, was Karl Löwith schon in seinem Buch *Weltgeschichte und Heilsgeschehen* (1953) als Vicos Begriff von Geschichte kurz benannte: »Die Geschichte ist nicht nur freie Tat, Entscheidung und Handlung, sondern auch und vor allem Ereignis und Geschehen.«[8] Wenn jede Affirmation zugleich eine Negation ist, dann besagt das Axiom Vicos nach der affirmativen Seite hin, daß Geschichte als ein rein menschlicher Prozeß aufzufassen ist; nach der negierenden Seite hin, daß Geschichte keine göttliche Angelegenheit ist und die üblichen Geschichtstheologien ihr Thema verfehlen. Nur heißt das noch lange nicht, ab dieser Einsicht sei Geschichte nun frei dem Menschen verfügbar, denn auch in der neuen Wissenschaft der Geschichtsphilosophie gelten bei Vico feste Gesetze des Verlaufs, »ewige Gesetze« sogar, weil die Welt ohne sie nicht fortbestehen könnte.

Geschichte ist vom Menschen gemacht worden; das gilt schon für die

Anfänge mythischer Zeit, wo Phantasie und Kreativität sich zu äußern begannen. Die Mythen sind keineswegs ungeschichtlich, die metaphysische Wahrheit der Mythen begründet vielmehr Geschichte. Hier sind wir schon wieder an einer Stelle angelangt, bei der vermerkt werden muß, daß die Affirmation der Mythen die Negierung der christlichen Heilsgeschichte und die Destruktion der Geschichtstheologie impliziert. Die »Wahrheit der natürlichen Religion... macht diese frei von den historischen Bedingungen einer einmaligen Offenbarung. So können die Mythen in der Neuen Wissenschaft an Stelle der christlichen Religion treten und als Fundament nun nicht mehr der Heilsgeschichte eines bevorzugten Volkes (die Vico zwar nicht leugnet, aber ihres Ausnahmecharakters beraubt), sondern der Geschichte des gesamten Menschengeschlechts gelten«[9].

Das Herausstellen einer vor-theoretischen Welt lebenspraktischer Inhalte rehabilitiert die Überlieferung und hebt sie über die neuzeitliche Rationalität der Cartesianer. Auch dies ist eine Konsequenz des Axioms. Mit dem Interesse an den schöpferischen Prozessen, den Lebensformen in Kunst und Recht, rückt auch der Mensch in den Mittelpunkt: eine historische Anthropologie beginnt sich abzuzeichnen.

Die Erkenntnis-Prinzipien werden im menschlichen Geiste selbst entdeckt, hieß es in der erweiterten These Vicos. Damit ist auf die Relation von Erkennen des Wahren und Machen des Richtigen verwiesen, denn beide bedingen einander: weil wir das, was wir selbst gemacht haben, auch am besten verstehen. So sagt Thomas Hobbes, nicht in Übereinstimmung mit Vico, aber der Sache nach dessen Verum-factum-Relation erläuternd, daß »in der Staatsphilosophie Beweise möglich sind, weil wir den Staat selbst machen«[10].

Der Mensch als alleiniges Subjekt der Geschichte ist jedoch weder der rational Handelnde noch das instinktiv seine Bedürfnisse befriedigende Lebewesen, sondern der Mensch »ursprünglicher Produktivität«, d.h. im natürlichen Anfang, in der sinnlichen Natur gründend. Kein Wunder, daß Goethe, der ein paar Seiten von Vico gelesen hatte, ihn mit Hamann, dem »Magus des Nordens«, verglichen hat. In der Tat, Hamann kannte Vico, und den Ausspruch, Poesie sei »die Muttersprache des menschlichen Geschlechts«, entnahm er Vico. Aber der »Ältervater«, für den Goethe Vico hielt, paßt nicht zu ihm. Er hat nicht »Betrachtungen über das Überlieferte und das Leben« angestellt; das tat er zwar auch, aber das Wesentliche ist damit nicht getroffen, sonst würde auch ausreichen zu urteilen: Marx meditierte über die Relation der Geschichte zu ihrem Subjekt als Träger der Revolution. Vicos erste Wissenschaft ist die Mythologie (und in der Darstellung der mythischen Welt besteht der Hauptteil der *Scienza Nuova*), wo alles Wissen in poetischer Form vorgebildet wurde. Aber das darf nicht mit der üblichen Interpretation der Mythen verwechselt werden, wo sie als frühe metaphorische Bilder ewiger Wahrheiten genommen werden, die später begrifflich formuliert worden sind. Bei Vico sind sie Formen einer menschheitlichen Erfahrung, die ihre eigene Evidenz in der sinnlichen Anschauung besitzen, womit die Ästhetik als der rechte Ort zur Entschlüsselung der Mythen benannt ist.

Doch das Entscheidende bleibt, wie Vico die Mythen als »strenge und wahre Geschichte« (*S. N.*, 7) allein der Produktivität der menschlichen Geistesverfassung zuschreibt: sie sind nicht Göttergeschichten in dem Sinne, daß Götter oder Offenbarungen sie inspiriert hätten.

Man müßte nun den Text sehr aufmerksam lesen, um solche in Samt gepackten Anstößigkeiten richtig plazieren zu können. Mythen können ja nicht einfach »wahre Geschichte« sein, wenigstens nicht buchstäblich. Es gibt »ästhetische Wahrheit«, das ist allerdings auch nur eine Kurzfassung für eine längere Bestimmung, die nur im Ganzen einer Erkenntnismetaphysik sinnvoll wird. Es ist auch möglich, von der »Wahrheit der sinnlichen Erfahrung« zu sprechen, die nicht eine *adaequatio rerum et intellectus* ist, keine Übereinstimmung der Gegenstände, sondern der Empfindungen von den Gegenständen mit dem Intellekt. So urteilen die Menschen der mythischen Zeit nach ihrem Maße der Übereinstimmung von Empfindung und Aussage: »Wie sie empfanden, so urteilten sie, so daß die Aussagen über Götter und Heroen ihrer Form nach alle wahr sein mußten, obgleich sie der Sache nach oft falsch waren.« (*S. N.*, 702) In diesem Sinne der unmittelbaren, naturhaften, fast kindlich direkt, d. h. ohne Reflexion angenommenen Wirklichkeit sind die Mythen wahre Geschichten. Wenn die Menschen glauben, daß das, was sie sich einbilden, lebendige Wirklichkeit sei, dann kann mythisches Bewußtsein eine ganze Welt aus sich heraus schaffen.

Nun wird verständlich, weshalb Vico dem alten Begriff des *sensus communis*, dem Gemeinsinn, als Kriterium der Wahrheit eine so tragende Rolle zuweist. Denn bei der sinnlichen Evidenz, wie sie eben skizziert wurde, handelt es sich ja nicht um »objektive Wahrheit«, sondern um »subjektive Gewißheit«. Solche Gewißheiten wurden als nicht weniger wert angesehen, wenn sie das Kriterium der intersubjektiven Übereinstimmung erfüllen. Wo also Wahrheit im strengen Sinne nicht zu haben ist, tut es auch die Gewißheit plus *testimonium orbis terrarum*, dem Zeugnis des Erdkreises, wie es bei Augustinus hieß. Dieser Begriff erschütterte J. H. Newman und führte zu seiner felsenfesten

Überzeugung, »daß der gesamte Erdkreis nicht irren könne«. Wirklich nicht? Vico definiert den Gemeinsinn so: Er sei »ein Urteil ohne jegliche Reflexion, gemeinsam empfunden« von einem ganzen Volk, einer Nation oder dem gesamten Menschengeschlecht. Damit fungiert der *sensus communis* »als die Instanz, welche die Einheit der Geschichte auch in den Bereichen ermöglicht, wo eine demonstrierbare Wahrheit nicht erreichbar ist«[11]. Wie ist solch eine Übereinkunft vorstellbar? Wie findet ein Konsens der gesamten Menschheit statt? Wie verständigt man sich überhaupt?

Die Fragen sind von einer gewissen Aktualität deshalb, weil der Terminus »Gemeinsinn« plötzlich eine Aufwertung und als common sense eine Umdeutung erfahren hat. Die unter den »Grünen« versammelten Naturschützer und Gegner der Atomwirtschaft wenden ihn heute gegen den Staat und seine Diktatur von Geigerzählern, Krisenstäben und Katastrophenplänen. Um die demokratische Freiheit zu erhalten, verlangen sie »die Stärkung der Kompetenz des Gemeinsinns gegen den Staat«[12].

Kant hatte sich die Wirkweise so zurechtgelegt, daß man in der »Reflexion auf die Vorstellungsart jedes anderen in Gedanken (a priori) Rücksicht nimmt, um gleichsam an die gesamte Menschenvernunft sein Urteil zu halten und dadurch der Illusion zu entgehen, die aus subjektiven Privatbedingungen, welche leicht für objektiv gehalten werden könnten, auf das Urteil nachhaltigen Einfluß haben würde«[13]. Auf heutiges Deutsch gebracht heißt das, die Gemeinschaftlichkeit findet dadurch statt, daß jeder versucht, seinen eigenen begrenzten Standpunkt mit dem Platz eines anderen zu vertauschen. Platzwechsel, sich an die Stelle eines Mitmenschen zu versetzen (in Gedanken, versteht sich) befördert noch keine gemeinschaftliche Vorstellung; vorerst ist die Absicht sprachlos, aber Wittgensteins Einwände gegen die Mitteilbarkeit einer privaten Sprache bestünden auch dann, wenn es zur Vereinbarung von Informationszeichen gekommen wäre. An so etwas aber hat Vico nicht gedacht. Er hat eher den Begriff der metaphysischen Wahrheit der Kunst im Sinn, eingeschränkt auf die Dichtung und übertragen auf die Mythologie. Der Ausdruck »phantasiegeschaffene Allgemeinbegriffe« (*S. N.*, 34), den Vico selbst den »Hauptschlüssel« nennt, steht im Unterschied zu verstandesmäßig geschaffenen Universalbegriffen; sie, die von der Phantasie geschaffenen Begriffe, ermöglichen eine »univoke Allegorie«, d. h. die einzig richtige und angemessene Deutungsweise der Mythen. Univok allegorisch lassen sich auch Typen interpretieren, Individuen, die in den Gattungen enthalten sind, insofern als sich in ihnen etwas Gemeinsames ausdrückt: »Achilles ist eine

Idee der Tapferkeit, die allen Starken gemeinsam ist; ebenso Odysseus eine allen Weisen gemeinsame Idee der Klugheit. Es müssen also solche Allegorien die Etymologien der poetischen Sprechweise sein, so daß sie uns ihre Ursprünge stets aus den Dingen selbst geben, während die der vulgären Sprache meist aus der Analogie kommen.« (*S.N.*, 403)

Das Ausmaß des Unterschiedes in der völlig neuen Deutung wird sichtbar, wenn man zwei Sätze aus der Aristotelischen Poetik dagegenhält: »Denn die Dichtung redet eher vom Allgemeinen, die Geschichtsschreibung vom Besonderen. Das Allgemeine besteht darin, festzustellen, was für Dinge Menschen von bestimmter Art reden oder tun nach Angemessenheit oder Notwendigkeit, das Besondere aber, zu berichten, was Alkibiades tat oder erlebte.«[14] Von dieser Sicht her gibt es Allgemeinheit nur in der Dichtung, nicht in der Geschichte, die es nur mit dem Einzelnen zu tun hat, mit den Geschichten individueller Lebensabläufe oder singulären Ereignissen. Vicos »phantasiegeschaffene Allgemeinbegriffe« haben, so kann man vielleicht sagen, die Geschichte aus den Geschichten ermöglicht und der Phantasie des Menschen den gleichen Rang zuerkannt, wie sie vorher und noch lange nach Vico nur die rationale Abstraktionskraft besaß. »Die Völker, die fast noch ganz Körper ohne jede Reflexion waren, besaßen alle lebhaften Sinn im Auffassen von Einzelheiten, starke Phantasie im Behalten und Vergrößern von Einzelheiten, scharfen Geist im Beziehen der Einzelheiten auf ihre phantasiegeschaffenen Allgemeinbegriffe und kräftige Erinnerung, um sie zu behalten. Diese Fähigkeiten gehören allerdings dem Geist, aber schlagen ihre Wurzeln im Körper und ziehen Kraft aus dem Körper.« (*S.N.*, 819)

Ein weiterer Vergleich zeigt die einzigartige unzeitgemäße Deutung der Mythen durch Vico. Man schrieb ihnen seit der Renaissance bis in die Aufklärung hinein allgemein die Merkmale der Beliebigkeit und der Leichtigkeit zu, Lächeln anstatt des finsteren, oft fanatischen Ernstes der Offenbarungsreligion. In seiner *Natural History of Religion*, London 1757[15], nennt David Hume die Mythen »in sich leicht«; spielerisch und vertraut seien sie uns, nichts an ihnen erschreckte die Einbildungskraft. Sie seien eine wahrhaft poetische Religion. Bei Vico ist von dieser gentleness, dem reizenden Spielerischen, keine Rede. »Religion der Blitze« statt »Religion des Lächelns«; ernst und schrecklich, Meere bewegend, zornig Blitze schleudernd, manifestieren die Götter ihre Macht. Erst als die Menschen selbst freundlicher geworden waren, nahmen auch die Götter angenehmere Züge an. Aber Vico projiziert nicht, wie andere Religionsforscher, menschliche Eigenschaften auf die jeweiligen Gottesbilder (der Mensch macht sich sein Bild von Gott, indem er sich selbst anschaut), das stimmt nicht für Vico, vielmehr konstruiert er ein subtileres Übertragungsschema »über den produktiv-schöpferischen Charakter der sinnlichen Erkenntnis des natürlichen Menschen«[16].

Die Richtigstellung der Gottheiten als strafende oder sonstwie eingreifende Mächte ist der Abgrenzung und Feststellung menschlicher Autorität wegen nötig. Weder Zufall noch Fatum steuern die Geschichte; die Handlungen der Menschen geschehen bewußt, gewählt (vgl. *S. N.*, 1108), freilich nur die Handlungen und innerhalb der Vorgänge die jeweiligen Ziele, keineswegs beherrschen Bewußtsein und Wille des Menschen die Geschichte im Ganzen. Vicos Prinzip freien Handelns darf nicht ohne die Bindung an Autorität und Gesetz gesehen werden und ist weit davon entfernt, frei von Willkür zu sein; daran ändert auch nichts, daß Autorität und Gesetz vom Menschen selbst hervorgebracht worden sind.

»Der Mensch« ist bei Vico keineswegs eine zeitlose Konstante. Menschlichkeit entwickelte sich erst, die Geistesgeschichte des Menschen verläuft parallel zur Naturentwicklung der Gattung Mensch. Historische Anthropologie ist die Neue Wissenschaft somit, auch Kultursoziologie, die nicht neben einer natürlichen Veränderung einherläuft, sondern zur Natur gehört. Vicos Naturbegriff schließt das vom Menschen Gemachte mit ein; er unterscheidet sich dadurch erheblich von der üblichen Trennung natürlicher und künstlerischer Bildungen, die in seinen Augen einen krassen Dualismus ausdrückt, den er durch den Begriff einer geschichtlich sich wandelnden Natur aufheben will. Das hat sehr viel damit zu tun, daß Vico kein »reines Faktum« kennt. Für ihn hat Forschung nicht die »nackten Tatsachen« aufzuspüren, sondern sie immer zugleich in ihrer Darstellung, d. h. im Bild, das sich eine Zeit von den Vorgängen machte, zur Kenntnis zu nehmen. Alles, was der Fall ist, doch nicht ohne Interpretation; die Auslegungen der sozialen und kulturellen Gebilde gehören zur Wirklichkeit dazu, »bloße Gegebenheiten« sind gar nicht vorhanden; sie sind schon stets vermittelt. Das beste Beispiel hierfür bilden wieder die Mythen. Hieraus ergeben sich, wie man leicht sehen kann, Konsequenzen für die Hermeneutik, z. B. für die biographische Geschichtsschreibung. Am Beispiel des Francesco d'Assisi konnte ich vielleicht zeigen, daß es keinen anderen Zugang zur Person gibt als über die Verfälschungen der Lebensbilder als Vorstellungen hinweg; das war insofern die Anwendung einer Vicoschen hermeneutischen Regel.

Damit mag es nun sein Bewenden haben; es war ohnehin nur möglich, einen Blick durchs Schlüsselloch in die Vorhalle des Barockschlosses zu werfen, das in allen Räumen Schätze angehäuft birgt. Das Werk der *Scienza Nuova* ist tatsächlich von barocker Themenfülle, doch hier können Andeutungen genügen, denn das wesentlich Anstößige liegt nicht in der Quantität seiner Erschauungen und Entdeckungen. Vico hat vieles neu gesehen, anders plaziert als Descartes, dem er am meisten widerspricht; er unterscheidet sich von Francis Bacon, vom Thomas Hobbes und Leibniz. Parallelen seiner Gedanken finden sich bei David Hume, Kant und Hegel. Aber das ist nur für die philosophisch-historische Forschung interessant. Hier steht noch etwas anderes zur Rede, und das soll zum Schluß eindeutig herausgestellt werden.

Daß die historische Welt vom Menschen gemacht wurde, so lautete der zentrale Satz, die erste Prämisse sozusagen. Die zweite Prämisse war die: daß der Mensch das am sichersten erkennt, was er selbst hervorbringt. Die Konklusion war die logische Feststellung, daß Geschichte als Wissenschaft möglich ist, wenn die Bedingungen des ersten Satzes anerkannt werden.

Nun, diese Bedingungen wurden anerkannt und haben sich durchgesetzt. Heute scheint uns völlig einleuchtend, daß man Geschichtswissenschaft betreiben kann; seit dem 19. Jahrhundert ist das eine Selbstverständlichkeit. Und daß »Geschichte von Menschen gemacht« wird, soll keiner Erwähnung bedürftig sein. Was ist oder war jemals anstößig an dieser Trivialität? Seien wir nicht zu rasch stolz auf unsere Selbstverständlichkeiten. Noch vor wenigen Jahren hörte man es anders, und ich wette, wir leben immer noch unter Unzeitgenossen, die sich ihre Meinung nicht an Vico gebildet haben. Hermann Lübbe[17] hat in seiner Schrift zum politischen Begriff der Säkularisation darauf hingewiesen, wie sich dieser Begriff nach dem Ende des letzten Krieges bis in die fünfziger Jahre hinein als ein willkommenes Instrument zur Diagnose der damaligen Misere angeboten hatte. Mit einem solchen Schlüssel ließen sich Tore öffnen, die wieder ins Freie führten. Als ideologisches Schlagwort besagt der Begriff der Säkularisation, die Geschichte sei ein Prozeß steter Entgöttlichung der Welt. Das Gesicht der Welt heute sei von den Spuren jenes Prozesses gezeichnet, der entsetzliche Krieg war nichts anderes als die vorläufige Rechnung dafür. Wer das begriffen hatte, wie etwa Alfred Müller-Armack (in seinem Buch *Das Jahrhundert ohne Gott*), aber nur als einer unter vielen Schriftstellern, der konnte das hinter uns liegende bisher Unbegreifbare plötzlich in einem großen geschichtlichen Zusammenhang sehen, und es, wenn auch nicht begreifen, so doch verstehen.

Eine religiös unverdächtige These, Gott sei der Herr der Geschichte, nicht der Mensch, ausgestattet mit dem Schein der größeren Frömmigkeit, eignete sich vorzüglich für die Bedrängnisse der Nachkriegszeit. Sie konnte eine politische Entlastungsfunktion erfüllen, eine befreiende Wirkung herbeiführen. Wenn das, was von 1933 bis 1945 geschah, im richtigen Rahmen gesehen wurde, in abendländischer Schicksalsperspektive, dann brauchte man sich nicht bei vordergründigen, nationalen Ursachen aufzuhalten. Die Frage nach der Schuld einer verbrecherischen Clique, nach der Mitschuld der Handlanger sowie der tatenlos Schweigenden angesichts grauenhaften Unrechts, braucht nicht mehr gestellt zu werden. Gott hat die Schuld der Menschheit im Strafgericht der Geschichte zur Mahnung und zu möglichem Heil umfunktioniert.

Nach über zweihundert Jahren hatte sich der Protest Vicos gegen die verhängnisvolle Geschichtstheologie noch nicht durchgesetzt. Wenn Geschichte eine Heilsveranstaltung Gottes ist, wie jede theologische Interpretation von Augustinus bis Bossuet (1627–1704) herausgearbeitet hat, dann ist der Mensch in seinem Handeln entlastet. Verantwortung kann ihm nur seines eigenen individuellen Seelenheils wegen aufgebürdet werden, ob er es gewinnt oder verspielt. Aber Kriege kommen, wüten und gehen zu Ende wie Jahreszeiten, die Pest bricht aus, Arme wird es immer geben, und den Tyrannen samt anderen Übeltätern und Massenmördern droht ja die ewige Verdammnis. Unter der Decke der Gottergebenheit breitet sich ein vollständig abgesicherter Terror der, ja auch von Gott eingesetzten, Obrigkeit aus. »Freiheit« ist, so besehen, Willkürherrschaft weniger Machthaber, den übrigen Menschen bleibt sie unbekannt; Fatalismus als Folge der Despotie, Gleichgültigkeit gegenüber allen Gemeinschaftsaufgaben – die werden ja »von oben« besorgt –, kurz: der Zustand, den Machiavelli so trefflich beschrieben hat, dies ereignet sich unter dem Zelt einer alles abdeckenden Geschichtstheologie.

Mit der These, die jetzt revolutionär erscheinen muß, daß der Mensch seine Geschichte selbst macht, wird er zum ersten Mal in seine Freiheit eingesetzt: er soll Gebrauch von dieser Freiheit machen, allerdings auch die Verantwortung dafür übernehmen. Seitdem sind Menschen als Täter dingfest zu machen; kein Verhängnis vollzieht sich in geschichtlichen Vorgängen, die Schuldigen können empirisch aufgefunden und angeklagt werden. Wir haben das, was wir heute bejammern, die maßlose Rüstung, das Elend der sogenannten »Dritten Welt«, die Gefahren der Atomenergie, den chemischen Dreck im Wasser und in der Luft – das alles haben wir selbst hervorgebracht. Es geht nicht mehr länger an, die Vorsehung zu bemühen; Vico hat uns klar gesagt, wer den Kopf hinzuhalten hat. Die Menschwerdung des Menschen, nicht die Inkarnation Gottes, begründet die Würde des Menschen. Das ist die zentrale Aussage Vicos. Und selbst die unschuldig klingende zweite Prämisse, daß der Mensch das am sichersten erkenne, was er selbst hervorbringe, ist noch ein Affront gegen jede Art von Theologie, in der es, nach Vicos These, folglich keine sichere Erkenntnis geben kann. So weist er jeden Gottesbeweis zurück, denn was wäre ja der Versuch, sich zum »Gott Gottes« aufzuwerfen. Wir müßten Gott erst erschaffen, um ihn beweisen zu können.

Vicos »zivile Theologie«, seine Geschichtsphilosophie, ist jedoch keineswegs atheistisch im ordinären Sinne, und gewiß nicht anti-religiös, wie es prima facie scheinen könnte. Das wäre ein großes Mißverständnis des Mannes, der vom Philosophen verlangt, fromm zu sein, und der es selbst in fast kindlicher Weise war.

Die Schlußfrage bleibt für mich allerdings offen: weshalb sich mit der Ablösung der Geschichtstheologie durch die Geschichtswissenschaft, mit der Entlassung Gottes aus dem Geschäft des Geschichtsbetriebes und der Einsetzung des Menschen in seine Freiheit und Verantwortung in den seither verflossenen 250 Jahren doch nichts geändert hat. Die Menschen sind die gleichen geblieben; sie wissen auch seit der Aufklärung so gut wie nichts von ihrer Würde; die Kriege sind geblieben und so grausam wie eh und je, nur noch viel häufiger und im Ausmaß vernichtender. Die jeden Tag sich multiplizierenden Probleme der Welt sind, wie wir längst wissen, im Ganzen unlösbar geworden. Wenn wir bloß damals Gott nicht aus der Geschichte vertrieben hätten, dann könnten wir wenigstens hoffen und beten, er möge die Not wenden.

II. Teil

7. Henry David Thoreau

Beschreibung, und sei sie auch psychologisch, ist reiner kontemplativer Genuß; Erklärung ist Akzeptierung, sie entschuldigt alles; beide setzen voraus, daß das Spiel aus ist.
Jean Paul Sartre [1]

Egon Friedell nannte ihn einen neuen Franziskus von Assisi; wäre der Vergleich nicht schon entdeckt, hätte ich ihn wohl gefunden; er liegt auf der Hand. Beide sind unbürgerlich, anarchistisch (weil gegen jede Herrschaft von Menschen über andere Menschen), kosmopolitisch, und doch, von kurzen Aufenthalten in anderen Gegenden abgesehen, nie aus ihrer engeren Heimat herausgekommen; Francesco nicht aus Umbrien, Thoreau nicht aus dem Umkreis von Concord in Neuengland. Beide sind hohe Meister ihrer Sprache, sie meiden gängige Klischees, sie ziehen sich von ihrer Gesellschaft völlig zurück und werden deshalb als kontraproduktive Aussteiger mißverstanden. Ihre poetische Verbundenheit zu allen Formen des Lebens hält man für Naturschwärmerei und begreift nicht, wie ihre ausdrückliche Liebenswürdigkeit und Zärtlichkeit Pflanzen und Tieren gegenüber nur eine andere Weise ist, ihre Meinung über manche Menschen zu äußern. Thoreaus Motiv für sein Experiment am Walden-See lautete: Wie erlange ich wirkliche Freiheit? Er hatte dafür ein ebenso »empfindliches Sensorium« wie Franziskus; beide wußten, daß sie, um frei zu werden, Bindungen aufzugeben hatten. »Geld, Ruhm und andere Vorteile« [2] verlieren an Gewicht; schließlich werden auch noch Menschen gleichgültig. Thoreau hatte sich geweigert, Steuern zu entrichten und kam für eine Nacht ins Gefängnis. Francesco dachte lebenslang nie daran, Steuern zu bezahlen; seine Verweigerung war total und nicht weniger spektakulär, wenn man an die Szene denkt, wo er coram populo den letzten Fetzen zurückgibt, den er seinem Erzeuger schuldet: ich habe nichts mehr mit euch zu schaffen. Die folgende kurze Geschichte könnte ebensogut von dem Heiligen aus Assisi erzählt worden sein; sie stammt von dem Puritaner aus Concord: »Eines Tages besuchte mich ein harmloser, einfältiger Mann aus dem Armenhaus und erzählte mir in größter Einfachheit und Aufrichtigkeit von sich, daß es ihm am Verstande fehle. ›Ich war immer so‹, sagte er, ›von Kindheit an, schwach im Kopf. Es wird wohl der Wille des Herrn gewesen sein, aber er sorgt für mich so gut wie für jeden anderen.‹ Es war so einfach, offen und wahr; da erkannte ich, daß von einer solchen Wahrheit und Offenheit aus, wie sie dieser arme Mensch besaß, unsere Gespräche sich zu etwas Besserem entwickeln müßten.« (Vgl. *Walden* = *W.*, 154f.)

Die Vergleiche könnten lange Zeit fortgesetzt werden, doch das wäre ermüdend. Daher schließe ich sie ab mit der von Thoreau formulierten Beschreibung eines Philosophen, die sowohl einer Selbstdarstellung als zugleich auch einer gelungenen Charakterisierung des Poverello von Assisi gleichkommt: »Heutzutage gibt es Professoren der Philosophie, aber keine Philosophen. Es läßt sich trefflich darüber dozieren, wie trefflich man einst sein Leben verbrachte. Um ein Philosoph zu sein, ist es nicht genug, geistreiche Gedanken zu haben oder eine Schule zu gründen, sondern man muß die Weisheit so lieben, daß man nach ihr lebt, ein Leben leben der Einfachheit, der Unabhängigkeit, der Großmut und des Vertrauens. Man muß einige der Lebensrätsel nicht theoretisch, sondern praktisch lösen... Der Philosoph eilt seiner Zeit voraus, auch in seiner äußeren Lebensweise. Er wohnt nicht, nährt, kleidet und wärmt sich nicht wie seine Zeitgenossen. Wie kann jemand ein Philosoph und doch nicht imstande sein, seine Lebenswärme besser zu bewahren als andere Leute?« (*W.*, 27)

Hierzulande wohnen, ernähren, kleiden und wärmen sich die Philosophen ganz so wie andere Leute, und sie wollen die Lebensrätsel auch gar nicht praktisch lösen; dazu sind sie viel zu fest ihren bürgerlichen Lebensumständen verhaftet. Nur einer, für den das nicht gilt, spürte, daß er, nachdem er alles gesagt hatte, was sich klar sagen läßt, und die philosophischen Probleme logisch aufgelöst hatte, damit noch kein einziges Lebensproblem angegangen war. An ihn erinnerte sich Erich Heller so: »Die Philosophie war für Wittgenstein kein Beruf; sie war eine verzehrende Leidenschaft; und nicht nur gerade [eine] Leidenschaft, sondern die einzig mögliche Form seines Daseins... Er konnte gar nicht anders, als diejenigen Philosophen zu verachten, die Philosophie ›trieben‹ und nachdem sie's ein paar Stunden getrieben hatten, an anderes dachten: an Geld, die Liste ihrer Veröffentlichungen, die Aussichten auf akademische Beförderung, Universitätsintrigen oder Liebesgeschichten – und an diese Dinge auf eine Weise dachten, die noch deutlicher als die Produkte ihres philosophischen Denkens zeigte, daß sie mit viel weniger als ihrer ganzen Person philosophiert hatten. Unfehlbar entdeckte Wittgenstein im Stil, in welchem sie dachten, disputierten und schrieben, die Korruption der Halbschlächtigkeit, das schmerzlose Spiel mit Wort und Sinn, das seichte Getändel mit der Tiefe, und das Ohr, das taub ist gegen das Gebot der Echtbürtigkeit.«[3]

Was Wittgenstein postum, post mortem, doch gelang, blieb Thoreau versagt: als Philosoph anerkannt zu werden. Bei Wittgenstein überschlug sich nach vorangehender Nichtbeachtung das Urteil: er wurde zum bedeutendsten Philosophen dieses Jahrhunderts geadelt. Die europäische akademische Philosophie zeigte dagegen bisher noch keine Neigung, Henry David Thoreau überhaupt zur Kenntnis zu nehmen. Anders liegen die Verhältnisse in den USA, wo sein Buch *Walden* zur Pflichtlektüre der Colleges gehört und in hohen Auflagen zur Bibel aller Nonkonformisten geworden ist. Diese lesen allerdings auch seine anstößige Schrift *Über die Pflicht zum Ungehorsam gegen den Staat* (*Civil Disobedience*), 1849 erstmals gedruckt. Was dort steht, könnte man sich schlecht als Schulbuch und vom Kultusministerium eines deutschen Bundeslandes empfohlen vorstellen. In der amerikanischen Ausgabe heißt es (frei übersetzt): Wenn man sagt, daß diejenige Regierung die beste sei, die am wenigsten regiert, dann ist es mir aus dem Herzen gesprochen, ich würde es nur verschärfen und behaupten, daß die am besten sei, die überhaupt nicht regiert. Alle Einwände, die man gegen eine bestehende Armee erheben kann, und das sind zahlreiche und schwerwiegende Bedenken, könnte man genau so gegen eine bestehende Regierung vorbringen, denn das Militär ist nur eine Waffe in der Hand einer Regierung. Auf was basiert ihr Machtanspruch? Auf der Diktatur einer Mehrheitswahl; aber wo Mehrheiten Minderheiten unterdrücken, wird sich keine Gerechtigkeit durchsetzen, weil keiner seinem Gewissen entsprechend verfahren kann. Folgerichtig verlangt die Regierung, daß die Untertanen ihr Gewissen an den Gesetzgeber abtreten. Wozu aber hat ein Mensch ein Gewissen? Doch wohl dazu, um in erster Linie ein Mensch und erst in letzter Hinsicht ein Untertan zu sein. Die Gesetze, die ein Staat erläßt, machen die Sache kein Jota gerechter, und selbst der Intention nach gutgemeinte Gesetze werden jeden Tag als Agenten der Ungerechtigkeit benützt. Ein Beispiel für eine übliche und als natürlich angesehene pervertierte Achtung vor einem Gesetz kann man in einer Kolonne Soldaten sehen. Obristen, Hauptleute, Corporale, Gefreite, Lasttiere (powder-monkeys), alle marschieren in respektabler Ordnung über Berg und Tal in die Kriege, gegen ihren Willen, ja vernunftwidrig und gegen ihr Gewissen. Sie haben keinen Zweifel, daß sie einem verdammten und verachtungswürdigen Geschäft entgegenziehen. Alle sind sie friedlich gestimmt – wenn man sie nur nicht an den Eid gebunden hätte, der sie in den Tod führt. Nun also, was sagt man dazu? Sind das überhaupt Menschen? Oder kleine bewegliche Festungen und Waffentransporter, zu Diensten einiger skrupelloser Machthaber. Schatten, bloße Reminiszenzen der Humanität sind die Massen derer, die auf solche Weise mit ihren Körpern, als Maschinen, Kriegsdienst leisten. Wenn sie Pferde oder Hunde wären, besäßen sie den gleichen Wert. Aber auch die Legislatoren, die Politiker, Minister, Richter und das Heer der Beamten dienen dem Staat ebenso, mehr mit dem Kopf als mit dem Körper; aber moralische Entscheidungen treffen sie kaum, und so könnten sie genau so gut dem Teufel dienen, ohne es zu beabsichtigen, als dem lieben Gott. Ein paar, sehr wenige allerdings, dienen dem Land mit ihrem Gewissen; dadurch befinden sie sich notwendigerweise in der Resistance; folglich werden sie als Feinde behandelt. Aber, sagt Shakespeare (*King John*, V, ii, 72–82): »Ich bin zu hochgeboren, um jemandes Eigentum zu sein, Befehlsempfänger, ein nützlicher Diener, ein Instrument in der Hand irgendeines Herrschers oder Staates, wo auch immer in der weiten Welt.« Wenn unsere Verteidigungsminister Spaß verstünden, würden sie diesen Text den wehrpflichtigen Rekruten vor dem Gelöbnis in die Hand drücken mit der Empfehlung, die Sache doch noch einmal zu überdenken.

Die eine Nacht im Gefängnis hat Thoreau nicht mehr losgelassen, sein weiteres Leben veränderte sich, sein Bewußtsein war damit besetzt. In *Walden*, das fünf Jahre nach der *Civil Disobedience* erschien, gibt er sich noch einmal Rechenschaft: »Sicher, ich hätte mich – mit mehr oder weniger Erfolg – gewaltsam widersetzen können, ich hätte ›Amok‹ gegen die Gesellschaft laufen können; aber lieber sollte die Gesellschaft gegen mich ›Amok‹ laufen, sie war doch die verzweifelte Partei. Ich wurde am nächsten Tag entlassen und... kehrte noch rechtzeitig in die Wälder zurück, um meine Heidelbeermahlzeit... einzunehmen. Nie bin ich von irgend jemandem belästigt worden, außer von den Vertretern des Staates.« (*W.*, 14) Das also ist seine These vom gewaltlosen Widerstand: Es darf einer nicht nur gegen staatliche Willkür protestieren, nein, er muß die Staatsgewalt gegen den Staat selbst umlenken. Das könnte auch die »Anwendung des Judo-Prinzips in der Politik«[4] heißen.

In einem Bericht über Thoreaus Leben heißt es lapidar: »Im März 1845 begann der frühere Lehrer und spätere Landvermesser H. D. Th., sich am einsamen Walden-See unweit der Stadt Concord, Massachusetts, ein Blockhaus zu zimmern.« Zweieinhalb Jahre lebte er in dieser Einsiedelei und schrieb »ein Buch über Erfahrungen in der freien Natur, mit vielen nützlichen Tips, Wissenswertem aus Wald und Feld und Mitteilungen, die mit dem Anlaß überhaupt nichts zu tun hatten« (*W.*, 7). Das klingt so, als ob jemand die Entstehung der Meditationen Descartes' folgendermaßen beschreiben würde: Im Winter des Jahres 1619 zog sich der französische Edelmann René Descartes in ein warmes Quartier bei Ulm/Donau zurück und gewann wesentliche Einsichten über die Begründung der Wissenschaften, woraus später das berühmte Buch über den Zweifel (aber auch so entlegene Reflexionen wie die Existenz Gottes oder den Unterschied von Leib und Seele) entstand.

Walden: Um dieses großartige, schöne, tiefe Buch angemessen vorstellen zu können, darf ich ihm nicht seinen Charakter dadurch rauben, daß ich die Themen systematisch zergliedert vorlege, wie man ein lebendiges Kalb in Portionen Schnitzel, Filets, Koteletts, Schlegel, Haxen, Nieren, Bries – alles hübsch verpackt in Klarsichtfolie, mit Gewicht und Kosten versehen – auseinandernehmen kann, wozu man es freilich vorher umbringen muß, was ich nun gerade nicht tun will. Warum sollte ich meine immer von historischer Begrifflichkeit bedrohte Sprache verwenden, um seine Gedanken wiederzugeben, wenn ich doch so sehr mit ihm übereinstimme, daß ich in seine Haut schlüpfen kann, fortan also keinen Unterschied mehr mache zwischen wörtlichem Zitat und verbindenden Zwischentexten. Diese ungewöhnliche Weise der Vermittlung möge ausnahmsweise gestattet sein.

Ich bin jetzt Henry David Thoreau.

Man wirft mir häufig vor, ich redete zuviel von mir, nähme mich selbst zu wichtig. Ich würde jedoch meine Angelegenheiten der Aufmerksamkeit meiner Leser nicht aufdrängen, wenn meine Mitbürger nicht so neugierig gewesen wären, mich über alles mögliche auszufragen, ob ich mich nicht gefürchtet habe, was es zu essen gab, wie viele arme Kinder ich unterstütze. Also muß ich von mir reden und verschleiere das nicht, indem ich die erste Person, das Ich, umschreibe. Denn ich kenne niemanden so gut wie mich selbst; außerdem sollte jeder Schriftsteller einen aufrichtigen Bericht über sein eigenes Leben ablegen, bevor er über das Leben anderer Leute schreibt. (W., 16)

Wohlan, ich werde auch über euch reden, die ihr diese Zeilen lest, doch es wird euch nicht gefallen. Ich sah euch zu, wie ihr auf dem Feld, in den Läden und in eueren Büros auf tausenderlei merkwürdige Weise euere Sünden abbüßt. Was man so hört von Brahmanen, die sich der Hitze von vier Feuern aussetzen, die sich mit dem Kopf nach unten über Flammen hängen oder an Bäumen angekettet ihr Leben verbringen – alle diese Ausdrucksformen bewußter Reue sind kaum unglaublicher oder erstaunlicher als das, was ich täglich hier sehe. Die zwölf Arbeiten des Herkules sind Kleinigkeiten im Vergleich mit denen, welche meine Nachbarn unternehmen; denn jene waren nur zwölf und kamen schließlich an ein Ende, während das, was diese Leute hier anfangen, noch niemals fertig geworden ist. Warum eigentlich fangen sie, kaum daß sie geboren worden sind, sofort an, ihr Grab zu schaufeln? Es war gedacht, daß sie ein Menschendasein leben sollten, aber diese armen Seelen ersticken fast unter ihrer Bürde, kriechen langsam auf der Straße ihres Lebens hinab und schieben den ganzen Plunder ihrer ererbten, zusammengerafften Augias-Ställe vor sich her, bis sie selbst als Dünger unter die Erde gepflügt werden. (*W.*, 17f.)

Wir leben in einem verhältnismäßig freien Land, die Sklaverei ist abgeschafft, Gott sei Dank, aber die meisten Menschen sind alles andere als frei. Aus lauter Unwissenheit nimmt sie ihre grobe, unnatürliche und überflüssige Arbeit für den Lebensunterhalt so in Anspruch, daß edlere Früchte von ihnen nicht gepflückt werden können. Sie finden keine Zeit für Muße, weil sie vollständig besetzt sind, wie Maschinen zu funktionieren, und so ist alles an ihnen grob und plump. Die schönsten und feinsten Eigenschaften unserer Natur können aber, wie der duftige Hauch, der auf den Früchten liegt, nur durch zarteste Behandlung erhalten bleiben. (*W.*, 19)

Da redet man vom Göttlichen im Menschen! Schaut euch einmal den an, der fährt jeden Tag auf den Markt und schlägt auf seine Pferde ein. Wo rührt sich in dem die Gottheit? Seine ganze Pflicht besteht darin, für irgendeinen Auftraggeber zu fahren und ab und zu die Pferde zu füttern. Wie göttlich, wie unsterblich ist seine Bestimmung? Seht, wie er sich duckt, wie er kriecht, wie er sich abmüht den langen Tag, aber doch nicht um göttlich zu werden, sondern um Sklave seiner eigenen Verdammnis zu bleiben. Man denke nur an die Damen dieses Landes, die in der Zahl von Legionen bis zu ihrem letzten Tag Zierkissen stikken, um ja nicht ein zu lebhaftes Interesse an ihrer ewigen Bestimmung zu verraten. Als ob man die Zeit totschlagen könnte, ohne die Ewigkeit zu verletzen! (*W.*, 20)

Auf keine Ansicht, keine Lebensweise, sei sie noch so alt, darf man sich ohne Prüfung verlassen. Was heute jeder nachplappert oder stillschweigend geschehen läßt, kann sich morgen als falsch erweisen, als bloßer Ansichtsdunst, den man für eine Wolke hielt, die Wiesen und Felder mit fruchtbarem Regen erquicken würde. Alte Leute erklären vieles für unmöglich, und dann probieren wir es und finden, daß es gemacht werden kann. Alte Dinge für alte Leute, neue Dinge für die – nein, nicht nur für die Jungen, denn es ist nie zu spät, Vorurteile aufzugeben.

Das Alter ist nicht besser imstande zu lehren als die Jugend, denn es hat mehr verloren als gewonnen. Welchen einzigen Rat haben sie bereit, den sie den Jungen geben könnten? Ihre eigene Erfahrung war doch viel zu einseitig, ihr Leben durchweg ein erbärmlicher Mißerfolg. Ich habe über dreißig Jahre auf diesem Planeten gelebt, aber noch nie die erste Silbe eines wertvollen ernst gemeinten Rates von Älteren gehört. Mein Leben ist ein von mir noch nicht ausgeführtes Experiment, doch von keiner Erfahrung, die ich gemacht und für gut befunden habe, ließe sich sagen, meine Ratgeber hätten mir davon berichtet. (*W.*, 21 f.)

Aus folgenden Gründen esse ich kein Fleisch, obwohl ich von Kind an zur Jagd erzogen wurde. Wenn ein junger Mann, als Jäger und Fischer in seinem urwüchsigen Teil aus sich selbst herausgetreten, später den Keim zu einem besseren Leben in sich fühlt, seinen eigentlichen Beruf als Mensch erkennt, dann läßt er Flinte und Angelrute zurück und rührt sie nie mehr an. In dieser Hinsicht bleibt allerdings die große Masse der Menschheit immer jung. Vor Jahren fand ich noch, daß ich nicht fischen konnte, ohne in meiner eigenen Achtung zu sinken. Ich probierte es wieder und wieder, denn ein Fisch wäre zu meinem Brot und den Beeren eine willkommene Abwechslung gewesen; aber jedesmal hatte ich hernach die Überzeugung, es wäre besser gewesen, den Fisch nicht zu töten, und ich glaube nicht, daß ich mich in meiner Überzeugung täusche. Vielleicht ist es nur, daß an aller Fleischnahrung etwas gründlich Unreinliches ist. Da ich mein eigener Metzger, Küchenjunge, Koch sowie auch der Herr war, für den die Gerichte aufgetragen wurden, so kann ich aus großer Erfahrung sprechen. Aber der Widerwille gegen animalische Nahrung ist nicht das Resultat der Erfahrung, sondern nur ein Instinkt, ein Gefühl, es sei für die höheren Anlagen des Menschen besser, sich tierischer Kost zu enthalten, wo es sogar Insekten gibt, die mit Freßwerkzeugen ausgestattet sind, von denen sie keinen Gebrauch machen. (*W.*, 214)

Und da kommt ein Farmer daher und erklärt mir: »Sie können nicht von Pflanzenkost allein leben, denn sie enthält nichts für den Knochenbau.« Während er mir das würdevoll doziert, geht er hinter seinen Ochsen her, die mit ihren aus vegetarischer Nahrung aufgebauten Knochen ihn mitsamt seinem wackligen Pflug über alle Hindernisse hinwegziehen. Er aber verbringt weiter seine Tage in der Beruhigung, mir einen guten Rat erteilt zu haben und weiht andachtsvoll einen großen Teil seines Lebens der Beschäftigung, seine Konstitution mit dem speziellen Rohmaterial zum Aufbau der Knochen zu versehen. (*W.*, 22)

Den größten Teil von dem, was meine Mitbürger »gut« nennen, halte ich innerlich für schlecht, und wenn ich irgend etwas bereue, so ist es höchstwahrscheinlich mein gutes Betragen ihnen gegenüber. Von welchem Dämon der Erziehung war ich besessen, daß ich mich so verstellen konnte? Höflichkeitserfolge tragen wir davon, drücken uns mit Hilfe des Anpassungsvermögens kümmerlich in Richtung Ausgang! Deshalb haben die Fortschritte von Jahrhunderten nur geringen Einfluß auf die Grundgesetze menschlicher Existenz gehabt. Kein Wunder, daß sich unsere Skelette nicht von denen unserer Vorfahren unterscheiden. (*W.*, 24)

Soviel vorerst über meine Meinung von den Mitmenschen. Nun ist über etwas Wichtigeres zu sprechen, über die Ökonomie. Ich meine natürlich nicht die Nationalökonomie, die ein armer Student auf der Universität lernt, wo man sich der Ökonomie des Lebens, was gleichbedeutend ist mit Philosophie, völlig enthält. Als ich von der Universität abging, hörte ich zu meinem Erstaunen, daß ich Navigation studiert hatte! Wahrhaftig, bei einem Spaziergang hinunter zum Hafen hätte ich mehr davon erfahren als so. Wie mit den akademischen Colleges so ist es mit dem technischen Fortschritt. Der Teufel fordert für alle seine von ihm gewährten Kapitalien bis zur letzten Abschlagsrate Zins und Zinseszins. Was hat man sich beeilt, zwischen Maine und Texas einen magnetischen Telegraphen einzurichten, aber Maine und Texas haben sich möglicherweise gar nichts von Belang zu sagen! Jetzt wird dann der Atlantische Ozean durchkabelt, um die Alte Welt der Neuen um ein paar Wochen näher zu rücken. Und was wird die erste Nachricht sein, die in das große amerikanische Schlappohr hineinrinnt: Prinzessin Adelaide hat den Keuchhusten... (*W.*, 62).

Da fragt mich einer: Warum legen Sie kein Geld zurück? Sie reisen doch gerne. Mit der Eisenbahn könnten Sie nach Fitchburg fahren und die Gegend kennenlernen. Wollen wir einmal sehen, antworte ich ihm, wer zuerst hinkommt. Ich bin zu Fuß schneller dort. Die Entfernung beträgt dreißig Meilen, der Fahrschein kostet neunzig Cent, das ist der Arbeitslohn für einen Tag. Also, Sie verdienen sich mittlerweile Ihr Fahrgeld und kommen, falls Sie Glück haben und gleich Arbeit finden, frühestens morgen abend an. Da bin ich schon längst am Ziel, und was das Kennenlernen der Gegend anbelangt, so wäre ich Ihnen derart voraus, daß ich mit Ihnen gar nicht mehr verkehren könnte.

Wenn das mit der Eisenbahn so weitergeht, wird man sie um die ganze Erde herumbauen und den Planeten planieren. Jedermann könnte dann in geringster Zeit irgendwohin fahren; obwohl freilich nur einige fahren, viele dagegen überfahren werden, was man dann ein »trauriges Ereignis« nennen wird. Theoretisch allerdings könnten diejenigen schließlich fahren, die ihr Reisegeld zusammengespart haben, falls sie so lange am Leben blieben, bis sie es ausgeben könnten. (*W.*, 63)

Ich bin nicht zu überreden, diese technischen Erfindungen als eine Wohltat für die Menschheit anzusehen. Aber ich halte ohnehin das, was andere »Wohltaten« nennen, für kaschierte Selbstsucht. So gestehe ich auch, daß ich bisher wenig in philanthropischen Unternehmen geschwelgt habe. Man muß zur »Charity« ebenso talentiert sein wie zu allem anderen. Übrigens habe ich mich ehrlich darin versucht, und – sonderbar – ich bin froh, daß es meiner Konstitution nicht bekommt. »Gutes tun«, das ist einer der überfülltesten Berufe. Kein Geruch ist so schlecht wie der, welcher von fauler Güte aufsteigt. Es ist sowohl menschliches als auch göttliches Aas. Wüßte ich gewiß, daß jemand zu mir käme mit der festen Absicht, mir Gutes zu tun, würde ich davonlaufen, so schnell mich meine Füße tragen wollten, aus lauter Angst, er könnte mich mit seinem Virus infizieren. Für mich ist der noch kein guter Mensch, der mir zu essen gibt, wenn ich am Verhungern, der mich erwärmt, wenn ich am Erfrieren bin oder mich aus einer Pfütze zieht, falls ich je in eine hineinfallen sollte. Philanthropie hat mit »allgemeiner Menschenliebe« viel, doch mit Liebe nicht das geringste zu schaffen.

Da hält man mir entgegen, es gelte, wenn schon nicht das christliche Liebesgebot befolgt werde, die goldene Regel, die uns gebietet, das zu tun, was wir wünschen, es möge uns erwiesen werden. Aber da erinnere ich an Indianer, die am Pfahl langsam dem Feuertod zur größeren Ehre Gottes entgegensahen, und ihren Folterknechten, den spanischen Jesuiten, Ratschläge für neue Qualen zur Abwechslung vorschlugen. Welche Überzeugungskraft hat also die goldene Regel in den Ohren derjenigen, denen es einerlei war, was man mit ihnen tat; darüber hinaus aber waren sie bereit, ihre Feinde auf neue nicht-christliche Weise zu lieben und gar nicht weit davon entfernt waren, ihnen alles, was die Folterknechte verübten, zu vergeben? (*W.*, 82 f.)

Sprechen wir lieber von meinem liebenswürdigsten Nachbarn, dem kleinen See, an dessen Ufer ich mich niedergelassen habe. Jeden Morgen, der eine frohe Aufforderung ist, das Leben so einfach und so unschuldig wie die Natur selbst zu gestalten, bade ich im See. Es ist wie eine religiöse Übung, eine tägliche Selbsterneuerung, und der Morgen ist die rechte Zeit des Tages, die Stunde des Erwachens und Beobachtens. Wenn wir nur richtig die Wirklichkeit beobachten wollten, würde das Leben wie ein Märchen erscheinen, die Straßen von Musik und Poesie erklingen. Was ist ein Kurs über Geschichte, Philosophie oder Poesie, wie vortrefflich auch alles gewählt sein mag, verglichen mit der Disziplin, immer das zu sehen, was zu sehen ist? (*W.*, 96, 117)

Ein See ist der schönste und ausdrucksvollste Zug einer Landschaft. Er ist das Auge der Erde. Wer hineinblickt, ermißt an ihm die Tiefe seiner eigenen Natur. Die Bäume, dicht am Ufer, welche sein Wasser saugen und in ihm zerfließen, sind die schlanken Wimpern, die es umsäumen, und die waldigen Hügel und Felsen die Augenbrauen, die es überschatten. (*W.*, 188) Seen sind wie große Kristalle auf der Erdoberfläche, Gefäße von Licht. Wären sie klein genug und erstarrt, um mit Händen aufgegriffen werden zu können, so würden sie wohl fortgeschleppt, gleich köstlichen Steinen, um die Häupter von Kaisern zu schmücken. Da sie aber flüssig sind und zu rein, um einen Marktpreis zu erzielen, kümmern wir uns nicht um sie und laufen dem Diamanten Kohinoor nach. Auf der ganzen Erde ist vielleicht nichts so schön, so rein und so groß wie mein kleiner Walden-See. Himmelswasser! Ein Spiegel, den kein Stein zerschmettern kann, dessen Quecksilber sich nicht abnützt, dessen Vergoldung die Natur selbst immer wieder ausbessert, kein Sturm, kein Staub trübt seine ewig neue Fläche, die Sonne wählt ihn als ihr Bett, in das sie einsinkt. (*W.*, 190) Ich bin sicher, daß an jenem Frühlingsmorgen, als Adam und Eva aus dem Garten Eden vertrieben wurden, der Waldenteich schon da war. Vielleicht kräuselte ihn ein leichter Regen bei feinem Nebel und die vielen Enten und Gänse, die ihn belebten, hatten nichts vom Sündenfall gehört. (*W.*, 182)

Ich zog an den See im Wald, weil ich den Wunsch hatte, mit Überlegung zu leben, dem eigentlichen, wirklichen Leben näherzutreten, zu sehen, ob ich nicht lernen könnte, was es zu lehren hatte, damit ich nicht, wenn es zum Sterben ginge, eingestehen müßte, nicht gelebt zu haben. Ich wollte nicht das leben, was nicht Leben war; dazu ist das Leben zu kostbar. Ich wollte aber auch keine Entsagung üben, außer es würde unumgänglich notwendig. Das Leben in die Enge treiben, das wollte ich, es auf seine einfachste Formel reduzieren, und wenn es sich als gemein erwiese, dann würde ich seiner ganzen unverfälschten Niedrigkeit auf den Grund kommen und sie der Welt verkünden. War es aber erhaben, so wollte ich dies durch eigene Erfahrung erkennen und imstande sein, Rechenschaft darüber abzulegen. Denn die meisten Menschen scheinen mir in einer sonderbaren Ungewißheit darüber zu sein, ob das Leben vom Teufel oder von Gott ist; und so haben sie einigermaßen übereilt geschlossen, daß der Hauptzweck des Menschen hier auf Erden sei: Gott in Ewigkeit zu loben und zu preisen. (*W.*, 98) Aber sie schwätzen vom Himmel und schänden die Erde. (*W.*, 201) In der Ewigkeit ist fürwahr etwas Wahres und Erhabenes. Aber alle diese Zeiten, Orte und Gelegenheiten sind jetzt und hier! Wir sind nur dann imstande, das Göttliche aufzufassen, wenn wir stets die uns umgebende Wirklichkeit in uns aufnehmen, uns von ihr ganz durchdringen lassen. (*W.*, 104)

Post brauchte ich keine zu empfangen, ich entbehrte nichts. Früher waren es auch nur zwei oder drei Briefe in meinem ganzen Leben, die das Porto wert waren. Zeitungen bringen niemals lesenswerte Nachrichten, einem Philosophen sind Neuigkeiten nur Geschwätz. (*W.*, 101)

Im ersten Sommer im Wald las ich aber auch keine Bücher; ich pflanzte

Bohnen. Nein, oft tat ich noch etwas Besseres. Es gab Tage, in denen ich mich nicht entschließen konnte, die Blüte des Augenblickes irgendwelcher Arbeit des Kopfes oder der Hände zu opfern. Ich lasse gerne einen breiten Rand an meinem Leben. An manchem Sommermorgen saß ich, nachdem ich mein gewohntes Bad genommen hatte, von Sonnenaufgang bis Mittag in Träumerei versunken auf meiner lichtbestrahlten Türschwelle zwischen Fichten und Walnußbäumen in ungestörter Einsamkeit und Stille, während die Vögel ringsumher sangen oder leise durchs Haus flatterten, bis ich durch die an das westliche Fenster fallenden Sonnenstrahlen erinnert wurde, daß die Zeit vergeht. In solchen Stunden wuchs ich wie das Korn in der Nacht; sie waren viel besser, als irgendwelches Werk meiner Hände gewesen wäre. Es war keine meinem Leben abgezogene, sondern eine um soviel dreingegebene Zeit. Der Tag stieg empor, als ob er mein Werk beleuchten wollte. Es war Morgen, aber siehe, nun ist es Abend geworden, und nichts Berichtenswertes ward getan. Ich freute mich stillvergnügt. Wie der Vogel auf dem Nußbaum vor meiner Tür seinen Triller, so hatte ich mein innerliches Lied, mein Lachen. Meinen Mitmenschen wäre das als verwerfliche pure Faulheit erschienen. Hätten mich aber die Vögel und Blumen in ihrem Maß gemessen, so wäre ich nicht zu gering befunden worden. (*W.*, 118)

Ich habe mich nie einsam oder durch die Einsamkeit bedrückt gefühlt. Nur einmal, ein paar Wochen nachdem ich in den Wald gezogen war, kamen mir Zweifel, ob nicht die Nähe eines Mitmenschen zu einem heiteren, gesunden Leben notwendig sei. Mein seelisches Gleichgewicht war leicht gestört. Doch während eines feinen Regens nahm auf einmal die Gewißheit einer süßen, wohltuenden Geselligkeit mit der Natur in mir überhand und bestätigte sich im Rauschen der Blätter, in jedem Laut um mein Haus herum. Eine unendliche, unerklärliche Freundschaft, die mich atmosphärisch umfing, ließ mir die eingebildeten Vorteile menschlicher Nähe unbedeutend erscheinen, so daß ich seither niemals wieder daran gedacht habe. Jede kleine Tannennadel dehnte sich aus und schwoll von Sympathie. Ich gewahrte so deutlich das Vorhandensein von etwas mir Verwandtem, selbst in einer Szenerie, die wir gewöhnlich wild und traurig nennen; es wurde mir klar, daß das mir am nächsten Blutsverwandte und Menschliche nicht eine Person sei. Und so wußte ich, daß kein Ort mir je wieder fremd erscheinen würde. (*W.*, 136f.)

Warum sollte ich mich einsam fühlen? Was ist das für ein Raum, der den Menschen von seinem Mitmenschen trennt und ihn einsam macht? Ich fand, daß keine Anstrengung der Füße zwei Seelen einander näherbrächte. In wessen Nähe möchten wir denn wohnen? Etwa dort, wo die vielen Menschen zusammenkommen: am Bahnhof, im Postamt, dem Gasthof, Rathaus oder in der Schule? Oder lieber am ewigen Quell, aus dem unser Leben entsprungen ist, so wie die Weide beim Wasser steht und dorthin ihre Wurzeln sendet. (*W.*, 138) Wir sind meist einsamer, wenn wir hinausgehen unter die Menschen, als wenn wir bei uns im Zimmer bleiben. Der denkende Mensch ist immer allein, sei er wo er wolle. Es wäre besser, man würde per Quadratmeile nur einen Einwohner zulassen, so wie es hier ist, wo ich jetzt lebe. Der Wert eines Menschen steckt nicht in seiner Haut, so daß wir ihn anrühren müßten. (*W.*, 141) Die unbeschreibliche Unschuld und Güte der Natur gewähren auf immerdar solche Gesundheit, solche Heiterkeit, daß die ganze Natur verwirrt würde, wenn je ein Mensch gerechte Ursache hätte, sich seinem Kummer hinzugeben. Mein Universalheilmittel ist ein Trunk unverdünnter Morgenluft. (*W.*, 142f.)

Um kein Mißverständnis aufkommen zu lassen: ich liebe Gesellschaft ebensosehr wie die meisten Menschen und bin willig genug, mich an einem Menschen festzusaugen, der des Wegs kommt. Von Natur aus bin ich kein Einsiedler, ich könnte den seßhaftesten Stammgast in der Wirtsstube übertreffen, wenn ich wollte.

Ich verließ den Wald aus einem ebenso guten Grunde, als ich ihn aufgesucht hatte: dieses Experiment war abgeschlossen, und ich bildete mir ein, noch verschiedene andere im Leben machen zu müssen. Mancherlei hatte ich hinter mir gelassen, eine unsichtbare Grenze überschritten. Unter Wesen einer höheren Seinsordnung durfte ich eine Zeitlang leben und erfahren, wie die Gesetze des Weltalls in dem Verhältnis weniger kompliziert erscheinen, in dem wir unser Leben vereinfachen: Einsamkeit ward nicht mehr Einsamkeit, Armut nicht mehr Armut, Schwäche nicht mehr Schwäche. Auch wenn ich Luftschlösser gebaut hatte, die Arbeit war nicht verloren. Ich kann ja jetzt Fundamente darunter legen. (*W.*, 314) Und doch werde ich nie mehr zu denen gehören, die mit ihrer lärmenden Unrast meine Zeitgenossen zu sein beanspruchen. Ich werde, sofern es mir gestattet ist, mit dem Schöpfer des Weltalls selbst, Hand in Hand, meines Weges ziehen und nicht in diesem nervösen, läppischen neunzehnten Jahrhundert leben. Soll es vorüberziehen, während ich, meinen Gedanken überlassen, abseits stehen oder sitzen werde. (*W.*, 320)

Das war, in gebotener Verkürzung, Henry David Thoreaus Walden-Bericht, oder vielmehr, und der Wahrheit näher, das, was mir wesentlich erschien und ich daher extrahierte; es geschah in seinen Worten freilich, aber das Bild Thoreaus verrät nichtsdestoweniger meine

Handschrift. Ich erwähne es, nicht weil das so einzigartig ungewöhnlich wäre; tatsächlich geschieht das oft selbst dann, wenn einer glaubt, unter Verzicht auf eigene Interessen, streng methodisch philologisch-hermeneutisch, objektive Kriterien eines wissenschaftlichen Referats erfüllt zu haben.

Nein, ich habe absichtlich unterschlagen, was die amerikanischen und europäischen Literaturhistoriker herausgefunden haben und was mein sympathisches Portrait von ihm mindern könnte. So läßt es sich anhand seiner Tagebücher eindeutig belegen, daß sich die Sozialisten der Labour Party in England zu Unrecht auf ihn berufen, den er war gar nicht daran interessiert, die Welt zu verändern. Tatsächlich wollte er die Übel überhaupt nicht aus der Welt schaffen (wie hätte er das von seiner Hütte am Teich aus auch wohl gemacht?), sondern sie nur nicht praktisch unterstützen und sich im übrigen die Hände waschen. Als er merkte, daß weder sein »ziviler Ungehorsam« noch gewaltloser Widerstand das Sklavenproblem lösen konnte, wandte er sich solchen Vorschlägen zu, die alle Schwarzen aus den USA ausbürgern wollten. Und apropos »gewaltloser Widerstand«, als dessen Advokat Thoreau gefeiert wird: da haben sich Mahatma Gandhi und Martin Luther King aber geirrt; Thoreau hätte keine Massen bewegt, ihm lag nichts an Gefolgschaft, er reiste allein, vollauf mit der Reform seiner eigenen Seele beschäftigt. Und der Verächter aller neuesten Nachrichten hatte früher einmal seinen Eltern in einem Brief geschrieben, sie möchten ihm doch die Zeitung aus Concord nach Staten Island schicken. Damals war er sechsundzwanzig Jahre alt; als er einunddreißig war, so wissen die Biographen, hatte er fast alle seine Zähne verloren. Und das wirft ein neues Licht auf seinen Vegetarismus. Er konnte das zähe Fleisch nicht mehr beißen! – sagen die Literaturhistoriker. Als ob er Rettiche und Karotten püriert zu sich genommen hätte!

Diese schwarzen Seiten habe ich nun, wiederum ausgewählt, nachgetragen, womit das Bild ausgeglichen sein dürfte. Mir scheint die Ergänzung der Literaturwissenschaftler auch sehr bezeichnend zu sein; allerdings nicht, was Thoreau betrifft.

Man wird mir vorhalten, ich hätte mit keinem Wort die Abhängigkeit Thoreaus von Ralph Waldo Emerson erwähnt. So füge ich das in letzter Minute mit der Bitte um Entschuldigung hinzu. Emerson hatte ihm großzügig das Land zur Verfügung gestellt, auf dem er seine Hütte bauen konnte. In Emersons Haus fanden die Treffen der neuenglischen Transzendentalisten statt, ein Club mit einer Zeitschrift *Dial*, die vierteljährlich erschien und über Literatur, Philosophie und Religion reportierte, individuelles spirituelles Leben beförderte und dem Commerz, der Technologie und der technischen Industrialisierung entgegenwirken wollte. Natürlich entsprach das Thoreaus Neigungen, er sympathisierte mit den Transzendentalisten, aber seine Unfähigkeit, sich einer kollektiven Bewegung einzugliedern, ließ keine näheren Beziehungen aufkommen. Emersons Werk über *Nature*, *The American Scholar* und *Self Reliance*, in denen solche Gedanken stehen wie: Gott sei in uns und in der Natur auffindbar, usw.; das hat seine Spuren hinterlassen, zweifellos, aber auch nicht mehr als Spuren. Thoreau unterscheidet sich von allen anderen möglichen Einflüssen so sehr, wie wir uns von unseren Vorbildern abheben. Er bot sein Leben an als Beispiel, wie einer leben kann, der einfach und vernünftig der Sache »menschliche Existenz« auf den Grund kommen will. Er beschreibt kein Programm, seine Methode braucht keine Schule, keine Konventionen, Mitgliederlisten, Abhängigkeitsverhältnisse. Ein Mensch kann nur sich selbst reformieren; Rezepte, wie das jeder machen könnte, werden vermißt. Wer das nicht herausfindet, daß er den Weg selbst gehen muß, der wird wohl kritisch anmerken, Thoreau habe auf viele Fragen nur unzureichende und eher dichterische Antworten gegeben.

8. Gustav Theodor Fechner

Anstöße für die Wissenschaften gab er reichlich; schließlich begründete der studierte Mediziner und habilitierte Physiker (ab 1834 o. Professor in Leipzig) die experimentelle Psychologie und die empirische Ästhetik. Erfahrungswissenschaftliche Forschungen in den Bereichen der exakten Lehre von den Beziehungen zwischen Leib und Seele sowie der Meßbarkeit und methodischen Erfassung ästhetischer Relationen verdanken ihm bis heute so viele Anregungen, daß immer noch neue Probleme daraus erwachsen und er wie ein Gründervater fortzeugend wirkt. Doch würde er dieser verdienstvollen Eigenschaften wegen nicht hier vorgestellt werden. Es sind andere Impulse, die ihn hierher brachten, anstößige Gedanken, über die seine Zeitgenossen den Kopf schüttelten. Wie konnte durch eine Krise aus einem respektablen und respektierten Physiker ein Metaphysiker hervorgehen, der, einigermaßen folgerichtig, nach seiner Gesundung 1843 Vorlesungen in Philosophie ankündigte? War es ein Erbübel aus dem Elternhaus, wo es in der Verwandtschaft seit Generationen von Predigern und Pastoren nur so wimmelte? Tat die schwere Augenkrankheit ihr übriges dazu, deretwegen er sich von seinem Lehrstuhl für Physik trennte, die ihn zwang, nach innen zu blicken und religiöse Vorstellungen seinem geistigen Auge zu eröffnen? Wenn ein Naturwissenschaftler, Mathematiker und Chemiker plötzlich Bücher über »das Leben nach dem Tode« oder über »das Seelenleben der Pflanzen« publiziert, muß er verrückt geworden sein: mit Wissenschaft hatte diese Phantasterei jedenfalls nichts mehr zu schaffen, darüber war man sich damals einig.

Der Vorwurf des Phantasten traf ihn an der empfindlichsten Stelle. Phantasievolle Hypothesen habe er aufgestellt, ja, aber nirgendwo die Anschauung der wirklichen Natur entrückt, vielmehr die Methoden nur auf sichere Tatsachen angewandt; so verteidigte er sich. Ein Phantast nimmt Dinge zwischen Himmel und Erde an, die den Gesetzen der Erscheinungswelt widersprechen, Vorgänge, für die sich gar keine Gründe in der Erfahrung benennen lassen. So sei z. B. die Lehre von der Seelenwanderung phantastisch oder der Glaube, die Seele lebe in einer fernen Welt der Sonnen und Planeten weiter. Wenn er sich aber

»Gedanken über die Dinge des Himmels und des Jenseits« mache, so »vom Standpunkt der Naturbetrachtung« aus (wie der Untertitel von *Zend-Avesta* = *Z.* lautet), also immer und ausnahmslos von der Wirklichkeit der Erscheinungswelt und der erfaßbaren und mittelbaren Erfahrung ausgehend, allerdings – und hier liegt der Unterschied zu den Einzelwissenschaftlern – stets mit dem Blick auf das Ganze der Welt und der menschlichen Natur. Und das begriffen sie nicht, die Kollegen von den Nachbarlehrstühlen: »Wir haben Geographie, Geologie, Paläontologie, Meteorologie, Botanik, Zoologie, Anthropologie, Ethnologie, Völkergeschichte und was nicht alles noch für besondere Lehren von der Erde. Ganz gut; aber es sind alles nur Lehren, welche uns dieselbe (die Erde) stückweise oder von der oder jener Seite kennen lehren. Wo ist die Lehre, welche uns die Anschauung der Erde als eines einheitlichen, uns selbst nach Leib und Seele mit einbegreifenden Ganzen gewährte...? Seit ich mich selbst damit befaßt, heiße ich ein Phantast in diesen Dingen. Ein Vogel entfloh dem Käfig, um sich einmal die Welt von oben anzusehen. Aber ein Vogel, der frei sein will, muß sich auch gefallen lassen, vogelfrei zu sein; man kümmert sich nicht um ihn oder schießt ihn herab. Im Käfig unter den Käfigen unten wäre er sicher geblieben und hätte keine andere Gefahr gelaufen, als von den Vögeln in den Nachbarkäfigen übersungen oder überschrien zu werden, wie sie untereinander tun; gehörte er dann doch zur Gesellschaft.« (*Die Tagesansicht gegenüber der Nachtansicht*, 1879, S. 37f.)

Die Gesellschaft seiner Zeitgenossen, zu der Fechner nicht mehr gehörte, wird von Wilhelm Wundt, dem Herausgeber des ursprünglich 1836 unter dem Pseudonym Dr. Mises erschienenen *Büchleins vom Leben nach dem Tode* (= *L.*) im Geleitwort so beschrieben: Um das Jahr 1850 »beherrschten ganz andere Interessen die wissenschaftliche Welt. Die Naturphilosophie hatte gründlich Fiasko gemacht, auch der Stern der Hegelschen Philosophie war verblichen; der Pessimist Schopenhauer harrte in Frankfurt noch immer vergebens der Wiederauferstehung seines vergessenen Werkes, an die damals außer ihm niemand glaubte. Ludwig Feuerbach und in den folgenden Jahren der in seinen Spuren wandelnde physiologische Materialismus kamen dem populären philosophischen Bedürfnisse entgegen, während sich die strengere Wissenschaft auf ihre Spezialgebiete zurückzog und die Philosophie überhaupt meist für einen überwundenen Standpunkt ansah« (*L.*, 3).

Kein Wunder also, daß zwischen der ersten Auflage von *Nanna oder über das Seelenleben der Pflanzen* (1848, künftig abgekürzt als *N.*) und der zweiten Auflage 1899 fünfzig Jahre vergangen waren, eine lange Zeit fürwahr, doch dann dauerte es nur noch vier Jahre bis zur dritten, fünf

Jahre bis zur vierten Auflage, und da schrieb der neue Herausgeber Kurd Laßwitz 1908 in der Einleitung, daß das Kopfschütteln »in der gelehrten Welt viel weniger geworden« sei. »Der Grundgedanke, daß Bewußtsein in irgendeiner Form die ganze Natur durchflutet, ist der Philosophie nicht mehr fremdartig, er ist eine Konsequenz der Weltanschauung von der Doppelgestaltung alles Geschehens als eines Physischen und Psychischen. Die exakte Forschung hat über das Sinnesleben der Pflanzen wichtige positive Aufklärung gebracht. Die Pflanzenseele ist nicht mehr bloß ein Märchen, sie ist zum guten Teile eine Wahrheit, die bleibend ist. Und was etwa in dem Buche Fechners noch Märchen ist, nun, das ist in seiner Art erst recht bleibend, denn das Märchen ist ja ewig wahr –.« (*N.*, IV)

Das war der Stand zu Anfang unseres Jahrhunderts; am Ende hat sich das Kopfschütteln auf diejenigen verlegt, die nicht verstehen können, daß es heute, kurz vor der nächsten Jahrtausendwende, einige Zurückgebliebene gibt, die Menschen wie Karosserien ansehen, die man mit gebrauchten Ersatzteilen immer noch einmal durch den TÜV bringen kann; Mediziner beispielsweise, die von der »Doppelgestaltung alles Geschehens als eines Physischen und Psychischen« nichts halten und Organverpflanzungen für das Fortschrittlichste der medizinischen Wissenschaften vom Menschen halten. Oder solche Un-Zeitgenossen, die Natur den subventionierten Landwirten zur Ausbeutung übereignet, Pflanzen wie Tiere, nur verwertet und vermarktet, zum Nutzen der Menschen dulden. Dem 19. Jahrhundert gehören auch solche noch an, die ein sozialistisches Bild von (nicht mehr existierenden) Arbeitern aufrechterhalten, dem Popanz von Arbeitsplätzen huldigen, deren Erhalt alles zu opfern sei, vorweg die sogenannte Umwelt, die mit dem letzten Platz gegenüber Arbeitswelt, Wirtschaftswelt und Waffengeschäft vorlieb zu nehmen hat; die Gesellschaft ausschließlich als Solidaritätsgemeinschaft arbeitender Menschen verstehen, zu der weder Alte noch Kranke, Außenseiter oder schon gar nicht Ausländer gehören, weder Tiere noch Pflanzen, weder Wasser noch Luft; für solche Gestrige haben Franziskus, H. D. Thoreau und Gustav Theodor Fechner nie gelebt. Doch, wie gesagt, eine immer größere Zahl (nicht nur junger) Menschen findet das zum Verwundern.

Unsere Phantasie reicht doch aus, um uns probeweise, in Gedanken, an die Stelle von Pflanzen zu setzen. Wie würden wir ihnen erscheinen, angenommen, sie verfielen in dieselben Fehler, die wir machen, wenn wir Pflanzen ansehen, Blumen, Sträucher oder Bäume, nämlich uns mit einer Ansicht zu begnügen: dem äußerlichen Eindruck? Würden die Pflanzen etwa so über uns sprechen: Was wollt ihr unruhigen, rastlos umherlaufenden Geschöpfe eigentlich? »Wozu seid ihr gut, als uns, die

Pflanzen, zu bedienen, die wir in vornehmer Ruhe an unserm angestammten Platze wohnen, und nichts brauchen, als Wurzeln und Blätter auszustrecken...?« Ihr lebt offensichtlich nur, »damit ihr uns durch euern Atem die Kohlensäure bereitet, und ihr sterbt nur, damit wir aus euern verwesenden Körpern den Stickstoff ziehen« (K. Laßwitz, *N.*, III). Welch ein Glück, daß Pflanzen so nicht denken, weil sie gar nicht denken können, meinen wir. Wie aber glauben wir mit solcher Sicherheit, Pflanzen hätten keinen Anteil an Empfindung und Bewußtsein?

Fechner brach die Arroganz des Cartesischen Gefängnisses auf, in dem der Mensch sich in der Selbstbespiegelung seines einzigartigen Bewußtseins vergewissert hatte. Wie wir heute wissen, ist Intelligenz nicht etwas, was mit Tests bei Kindern eruiert und in Quotienten ausgedrückt werden kann; wir wissen, daß die gesamte Organisation unseres Leibes hochgradig intelligente Strukturen erkennen läßt, die jedoch im Bereich des Anorganischen, der angeblich »toten Materie«, ebenfalls anzutreffen sind. Als Fechner den Gedanken vortrug, das Bewußtsein sei ein Zustand, der nicht bloß den Individuen bei Menschen und Tieren zukomme, vielmehr in der Natur überall dort aufgefunden werden könne, wo sich gewisse abgrenzbare Einheiten bilden lassen, da schlug dogmatisches Unverständnis mit Spott zurück. Doch Fechner blieb dabei: jedem Vorgang in der Körperwelt entspricht ein geistig-seelischer Akt – das ist sein Grundsatz. Oder anders ausgedrückt: alles Geistige ist die Selbsterscheinung des Materiellen; umgekehrt ist das Materielle nur die Gestalt, in der allein innerliche Vorgänge einem anderen geistig geformten Wesen erscheinen können. Damit sich jedoch Vorgänge im Quantitativen selbst als bewußt abheben lassen, muß ein gewisser Grad von Intensität erreicht sein, den Fechner als Schwellenüberschritt bezeichnet. (Dieser Begriff der »Schwelle« wird später einer der fruchtbarsten Termini der Psychophysik.)

Was er für das Leib-Seele-Verhältnis so anschaulich ausgedrückt hat, illustriert auch die innere Beziehung von pflanzlich-körperlichem Organismus und dem seelischen Vermögen der Pflanzen. Es ist die Rede vom Bild einer Schrift. Wie bei den Reihen die unsichtbare Differenz das Wichtigste ist:

1	2	3	4	5	6	...
1	3	5	7	9	11	...
1	4	7	10	13	16	...

erst recht bei den arithmetischen Reihen zweiter Ordnung, z. B.

1 2 4 7 11 16 22 ...

so auch bei der Schrift. Ideal wäre für den Vergleich eine Schriftform wie die chinesische, wo z. T. die Verbindung zwischen dem Zeichen und dem Wortsinn nicht zufällig oder willkürlich ist, vielmehr – im besten Falle – jedem Sinn ein bestimmtes Zeichen als natürlicher Ausdrucksweise entspricht. Es geht zur Not aber auch mit dem Bild unseres Buchstaben-Alphabets vor Augen. Für einen geschriebenen Satz gilt, daß zwischen der äußerlich sichtbaren »körperlichen« Schrift und dem innerlich wahrnehmbaren »geistigen« Sinn dieselbe Grundbeziehung besteht wie zwischen Leib und Seele, Materie und Geist. »In beiden erscheint nur eine und dieselbe Sache, sie erscheint aber grundverschieden, weil sie einmal einem andern äußerlich, das andere Mal sich selbst innerlich erscheint.« (Z., 255)

Äußerlich betrachtet hat eine Schrift mit ihrer Aussage nichts gemein, aber dennoch führt der Weg durch das äußere Ansehen dazu, den Sinn zu begreifen. Das materielle Zeichen versteht allerdings nur, wer vorher lesen gelernt hat, sonst bleibt er verständnislos draußen. Analog verhält es sich mit dem Geistigen, das als Sinn in der körperlichen Welt liegt.

»Lesen lernen« ist eine Metapher und heißt unter anderem, daß wir uns auch über die Grenzen der Analogie klar sein müssen: es steht generell nichts anderes zur Verfügung als der Analogieschluß vom Eigenpsychischen auf ein Fremdpsychisches, das nur durch äußere, physische Zeichen gegeben ist. Was sehen wir von der Psyche anderer Menschen als eine äußere körperliche Gestalt, Bewegungen, Laute und eine Übertragung meiner eigenen seelischen Empfindung auf gleichartig erscheinende Äußerungen? Daher fällt es uns noch halbwegs leichter, Tieren, die schreien, sich bewegen, ernähren und schlafen wie wir, eine Seele zuzugestehen. Welches aber sind die wesentlichen Zeichen bei den Pflanzen, wenn die Ähnlichkeit zu uns entfällt? Liegt es vielleicht an der Begrenztheit unseres gebräuchlichen Analogieschlusses, wenn wir mit dieser Frage noch nicht viel weiter gekommen sind? Haben wir indes die engen Möglichkeiten der Analogie schon ausgeschöpft oder allzu vorschnell Vergleiche zwischen Mensch und Tier einerseits und Pflanzen andererseits abgewiesen? Wir sprechen von lebenden und toten Bäumen; was jedoch Leben hat, ist auch beseelt. Die Strukturen der Zellen sind bei Menschen, Tieren und Pflanzen gleich, nur anders gruppiert, aber die Entstehung des Organismus aus Urzellen und durch den Prozeß der Zellvermehrung sowie die Befruchtung sind durchaus vergleichbar.

Warum deuten das Laufen, Schreien, Fressen auf seelisches Leben, nicht dagegen still blühen, duften, im Tau den Durst stillen, Blätter und

Blüten dem Licht entgegen wenden? Was hätte unser Hin- und Herrennen oder Abfälle produzieren, unter dem Hinblick seelischer Tätigkeit, dem geschmückten Blühen und angenehmen Duften voraus? Betrachten wir einen Baum, eine Eiche zum Beispiel. Wie frei treibt sie ihre Zweige nach allen Seiten aus, gebiert Blatt um Blatt, gibt sich ihre eigene individuelle, unverwechselbare Gestalt – Möglichkeiten der Entfaltung, die wir nicht besitzen. Wie viel mehr gleichen alte Bäume ehrwürdigen Persönlichkeiten als viele derjenigen, die ihren Körper lassen müssen, wie er einmal geworden ist, oft gerade nur halb bewußt mitgewirkt haben, ob er dick oder schlank in den Kleidern steckt. »Der Eindruck der Seelenlosigkeit, den die Pflanzen uns so unvermittelt zu machen scheinen, rührt... mindestens eben so sehr von der Weise her, wie wir gelernt haben, sie zu betrachten, als wie sie wirklich aussehen; und gerade mit dieser Weise der geistigen Betrachtung nehmen wir ihnen, was wir ihnen [damit] geben sollten; denn des Geistes wäre es, den Geist auch da zu finden, wo ihn das Auge nicht sieht.« (*N.*, 22)

Ich habe nur ein paar wenige und ihrem Charakter nach recht allgemeine Argumente zusammengestellt und einen ungenügenden Eindruck von Fechners Buch über die Seelen der Pflanzen hinterlassen, weil ich die vielen Einzelbeobachtungen von 300 Seiten nicht wiedergeben kann. Fechner ist ein äußerst genauer Forscher, der als Physiologe die Nerven der Pflanzen in ihren Gefäßen untersuchte, als Chemiker und Biologe das Wachstum im Höherstreben, Winden, Biegen, Drehen der Pflanzen, ihre Reizbewegungen, ihre Uhr, nach der sich Blumen beim Öffnen der Blütenblätter richten, ihren Schlaf, die Farben und Gerüche, das Keimen und den Tod der Blätter durch Ersticken, die Zentralisation des Organismus und die relative Freiheit im Erreichen ihres Lebenszieles. Was er selbst nicht beobachtet hat, zitiert er aus Veröffentlichungen anderer Naturforscher; er gleicht darin Goethe, mit dem ihn ähnliches Interesse verbindet.

Woran mir liegt, möchte ich noch einmal festhalten: Fechner gibt ein hervorragendes Beispiel für eine philosophische Denkweise, die ich nachdrücklich immer wieder befördere. Statt von vorgefaßten Begriffen und anthropozentrischen Eingenommenheiten auszugehen, wendet er sich direkt der Wirklichkeit zu, die zu erkennen er in der Weise versucht, wie sie Wissenschaftlern möglich ist. Er ist dabei als Metaphysiker in der Auswahl seiner Themen derselbe Physiker in der Anwendung seiner Methoden geblieben, der er lebenslang war. Was für eine treffliche Bestätigung liefert er für Franz Brentanos Satz: daß die Methoden der Philosophie keine anderen seien als die der Naturwissenschaften. Der Philosoph hat darüber hinaus nur noch größere Möglichkeiten: nach der methodisch gefaßten, anstrengenden Arbeit der Beobachtung, Perzeption und Apperzeption, der Synthesis und schließlichen Formulierung einer These steht ihm die Einordnung seiner Erkenntnis in das Ganze einer Theorie der Welt offen; eigentlich erwartet man das von ihm. Analysis, ja, doch im Dienste der Metaphysik. Fechner wird dem gerecht, wenn er nicht nur für die Seele der Pflanzen mit aufgeschlüsselten Belegen argumentiert, sondern die geistige Verfassung der Welt zur Überlegung stellt, in der wir Menschen unseren Ort haben, körperlich endlich und seelisch-geistig unendlich. Es bedarf dazu freilich der Bereitschaft, von der üblichen Nachtansicht in eine Tagesansicht überzugehen und neues Licht auf die alten Tatsachen zu werfen.

Die herkömmliche Auffassung, die »Nachtsicht«, ist heute noch so verbreitet wie zu Fechners Zeiten vor 150 Jahren. Welt und Weltall mit den Gebilden von Sonnen und Planeten werden unter den Kategorien der Massen und Kräfte von Anziehung oder Abstoßung begriffen, unveränderlichen Gesetzen unterworfen, auch dort, wo von der »Geburt« und dem »Tod« von Sternen gesprochen wird, beide Begriffe jeweils in Anführungszeichen gesetzt, versteht sich. Die Erde gilt als ein Gebilde aus flüssigem bzw. erstarrtem Material, selbstverständlich ohne eigenes Leben, ohne Seele, ohne Empfindungen, ohne auch nur niederes Bewußtsein zu besitzen. Nur auf ihrer Oberfläche bewegen sich Wesen mit einem höheren Bewußtsein ausgestattet, nein, mit Bewußtsein überhaupt, eine ganz außerordentliche Erscheinung, die einzigartig und einmalig zu sein hat, jedenfalls in der Ansicht eben der Träger dieses Bewußtseins. Dem bewußten und selbstbewußten Denken gesellt sich dann noch ein weiterer Vorzug hinzu: eine zum »Zwecke der Zeitlichkeit« mit dem Leben verbundene Seele (Max Fischer in Z., Vorwort, VII). Nach dem leiblichen Tod, so nimmt man entsprechend alter Mythen an, gehe die Seele eigene Wege. Im populären religiösen Verständnis wohnt sie körperlich bei Gott in einem Reich der Himmel.

Dieses Welt-, Menschen- und Seelenbild entsprach exakt den ptolemäischen Welt- und Gottesvorstellungen, in denen die Erde als Mittelpunkt des Weltalls, von Gott bevorzugter Ort seiner Heilstaten, und der Mensch, selbst Mittelpunkt und Ziel der gesamten Schöpfung, als einziger Empfänger dieser göttlichen Gnadengaben geglaubt wurde. Wie aber können solche Einbildungen weiter bestehen, wenn wir spätestens seit Kopernikus, Giordano Bruno und Galilei wissen könnten, daß die Erde ein Stern unter unzählbaren Milliarden anderer Sterne und »der Mensch nur ein Tropfen am schwingenden Eimer« (Z., VIII) ist. Die Neuzeit fügte diesen veränderten Weltbildern noch die damit zusammenstimmenden naturwissenschaftlichen Erfahrungen hinzu, und die philosophische Erkenntnislehre steuerte schließlich eine Revolution der Denkungsart bei.

Fechner forderte nun auf, von der schon lange fehlerhaften und Irrtum befördernden Nachtansicht zur Tagesansicht überzugehen und einmal zu versuchen, ob wir uns mit seinen »Gedanken über die Dinge des Himmels und des Jenseits vom Standpunkt der Naturbetrachtung« nicht besser zurechtfinden. Das gelingt jedoch nur, wenn wir in der Weise mitdenken, wie Fechner es vormacht und sehr aufmerksam unterscheiden, wovon er gerade handelt. So sind die ersten Sätze von der »Erde als beseeltem Wesen« natürlich Hypothesen, Annahmen, Glaubenssätze also, wie in den empirischen Wissenschaften üblich. Im übrigen sind seine Ansichten nicht neu: die Menschheit in ihren Anfängen sah in den Gestirnen Wesen höherer Art, die Sonne als göttlich, die Erde als Mutter und Lebensspenderin, Seelen in der Natur ringsum, und Kinder haben heute auch noch keine Schwierigkeiten, den Kindheitsglauben der Völker passabel zu finden. Ich sage ausdrücklich, betont Fechner zu Anfang seines Vorschlags (Z., 3), »die folgenden Betrachtungen werden nichts Zwingendes haben; sie können es sogar nicht haben, es widerspricht der Natur ihres Gegenstandes... Also stelle man nicht die Anforderung eines sinnlichen Aufzeigens da, wo kein sinnliches Objekt vorliegt. Die Seele der Erde ist kein Tier, aufweisbar in seinem Käfig; nur der Käfig ist aufweisbar und die Art seiner Einrichtung für das geistige Tier« (Z., 4). Wer also den Prämissen widersprechen will, möge es tun. Die nachfolgenden Beobachtungen und Beschreibungen sind jedoch überprüfbar und dürfen nicht als bloße Meinungssache abgetan werden. Sie halten jeder wissenschaftlichen Kritik stand und sollten in ihrem Reichtum und möglicher Vollständigkeit wegen besonders zur Kenntnis genommen werden, auch wenn es mir hier kaum gelingt, über Andeutungen hinauszukommen. Die Erinnerung an Kohelets Aufforderung drängt sich auf: »Geh auf den Wegen, die dein Herz dir sagt, zu dem, *was deine Augen vor sich sehen.*« (*Koh.* 11,9; hervorgehoben von mir) Die Prämisse Fechners also lautet: Die Erde ist ein lebendiges Wesen, sie ist beseelt wie die Menschen, nur in einer höheren Weise beseelt.

Daß die Erde ein Körper sei und wir sie uns leibhaftig vorstellen können, bereitet kaum Schwierigkeiten. Bei einigem Nachsinnen stoßen wir auf eine Reihe von Ähnlichkeiten und zugleich Unähnlichkeiten des Erdleibes mit dem menschlichen Leib. Ähnlich sind sich beide (1) durch eine bestimmte Gestalt eines äußerlich einheitlichen Ganzen;

(2) durch die ungleichmäßige Mischung von festen, flüssigen und gasförmigen Stoffen; (3) in der Erde wie in unserem Körper gibt es feste Gerüste, die dem Spiel der beweglichen Teile Ansatz und Form verleihen. Um es ins Bild zu bringen: dem Knochengerüst, den Muskelbewegungen, dem Herzrhythmus, Atem, Blutstrom und Stoffwechsel entsprechen die Hauptströmungen der Meere in Ebbe und Flut, die Flüsse und Winde, der Wechsel von Tageszeiten und Jahreszeiten, die Prozesse des Werdens und Vergehens bei Pflanzen, Tieren und Menschen; (4) beiden Leibern, des Menschen und der Erde, eignet eine Entwicklung: auch die Erde hat sich vor Zeiten aus einer größeren Masse losgelöst und durch innere Kräfte selbst gestaltet; (5) wie bei unserem Leib, so gibt es auch im Erdleib ein gewisses Gebiet bevorzugter Verhältnisse psychischen Lebens als Vermittler des Verkehrs mit der Außenwelt. Unser Nervensystem ist hauptsächlich nach oben (ins Gehirn) und nach außen (Haut und andere Sinnesorgane) verlegt. Bei der Erde ist es das zugleich äußere und obere Gebiet, welches das organische Reich und besonders die menschlichen Einrichtungen enthält (vgl. Z., 15 ff.).

Es lassen sich nun mindestens ebenso viele Unähnlichkeiten aufweisen, die alle mit dem Umstand zusammenhängen, daß unser Körper nach seinen Stoffen wie nach seinen Tätigkeiten der Erde selbst nur als ein Glied angehört und zwar als eines der kleinsten Glieder, obgleich als das verwickeltste und vielleicht vollkommenste Glied (vgl. Z., 17–51).

Nun ist jedoch von der Seele der Erde zu sprechen, und das ist nicht so augenscheinlich wie der Körper es war, bei dem man zeigen konnte: dies und das. Aber auch wir können nicht beim Vorgang des Sehens, Hörens, Sich-Erinnerns, Angst-Fühlens, Behagen-Empfindens auf eine Sache zeigen. Die Frage wird also sein, ob wir an der Erde sehen können, was als Zeichen einer an sich nicht aufweisbaren Seele zu deuten sein wird. Ein Hinweis, gewiß kein Nachweis, wäre darin zu sehen, daß wir uns in die Position eines »höheren Geistes« versetzten (heute würde ein TV-Astronaut genügen, der die Erde von außen ansehen kann). Vergliche er die Verhältnisse der Erde mit denen der Menschen und Tiere, so sähe er, »wie die Menschen und Tiere nur so kleinliche, flüchtige, wechselnde, vergängliche, aus den Stoffen der Erde bald zusammengerinnende, bald wieder darin zerrinnende Wesen sind, die ohne sie keinen Halt und keine Dauer haben und überall außer sich nach Ergänzung suchen, die die Erde in sich hat; und sähe dagegen, wie die Erde ein so großes, mächtiges, einheitliches, selbständig auf sich stehendes Ganzes ist, das allen Wechsel des elementaren, pflanzlichen, tierischen und menschlichen Lebens in sich trägt, immer Neues frei aus sich ins Leben ruft und im Wechsel der Gestalten sich stetig forterhält und höher entwickelt: ich möchte in Wahrheit wissen, wie dieser höhere Geist auf den Gedanken kommen sollte, jenen unselbständigen Bruchstücken eine selbständigere Seele zuzusprechen als dem sie alle verknüpfenden Ganzen« (Z., 53).

Auf zwei voneinander unabhängigen Wegen führt Fechner seine Aufgabe durch, für uns eine Seele der Erde verständlich zu machen. Seine Vergleichsgrößen sind Nerven, das Nervensystem, Sinnesorgane, Gehirn, die Zuordnung einzelner Funktionen zum gesamten Organismus, aber ebenso Farben, Töne, Schallwellen, geistige Kommunikation durch materielle, mechanische Übermittlung, für die es heutzutage eine für Fechner noch unerreichbare Fülle von Beispielen gäbe. Aber darauf kommt es nicht an. Das Ziel seiner unermüdlich ausgebreiteten Einzeldaten ist in einem Satz zusammengebracht: den Schwerpunkt, die Seele des Irdischen, nicht mehr im Menschen, sondern in der Natur, in der Erde; und den Schwerpunkt, das Telos des Ganzen, in Gott zu suchen.

Wie anders würden sich Menschen der Natur gegenüber verhalten, wenn Fechners Gedanken Schule gemacht hätten! Ich wähle absichtlich den Ausdruck »Schule machen« statt »ins allgemeine Bewußtsein dringen«, denn ich meine es wörtlich: in der Vorschule müßte damit begonnen werden, zu Anfang aller Erziehung, damit sich eine andere Einstellung allmählich durchsetzen kann. Dann könnte auch die philosophische Bildung verbessert werden, und man würde in Philosophischen Wörterbüchern (wie z.B. in dem von Walter Brugger S.J., Freiburg 9. Aufl. 1962, Artikel ›Weltseele‹) nicht solche Auskünfte erhalten: eine Weltseele werde von einigen Vertretern »des biologischen Vitalismus« angenommen, wobei die Widerlegung durch einen dogmatischen Schiedsspruch erledigt wird: »Gegen eine Weltseele, deren Annahme auch den Menschen zu einer unselbständigen Zelle des Weltorganismus machen würde, spricht die Tatsache unseres Ichbewußtseins.« Im übrigen fehlt jeder Hinweis auf Fechner, aber, noch schlimmer, es wird verschwiegen, daß es eine Psyche des Kosmos bei Pythagoras und in Platons *Timaios* (34,8), bei Plotin und den Stoikern (*Enneaden* 5,12), bei Giordano Bruno gegeben hat. Schelling und der späte Scheler werden erwähnt.

Näher als die Weltseele steht uns die eigene Seele, das verübelt uns niemand, und die Sorge um die Seelen (Epimeleia) bleibt des Menschen vorzüglichste Aufgabe. Solange man die Seele allerdings nur isoliert im Individuum und ihr Heil nur in einer Erlösung von Schuld sieht, verfehlt jede Seelenlehre ihren Trost: den Menschen ruhig und gefaßt seinen Tod erwarten zu lassen, anstatt ihn durch den stets drohenden Verlust des Heils in krankmachender Ungewißheit zu belassen. Fechner hat seine tröstenden Überlegungen in dem *Büchlein vom Leben nach dem Tode* (1836) und »auf breitere Grundlage gestellt und in vertiefter Weise behandelt« (Z., 164) im zweiten Teil von *Zend-Avesta* (1851) vorgestellt. Wiederum beginnt er mit einer kurzformulierten Prämisse, einer richtigen Hypothese, an die sich Erläuterungen, Bilder, Vergleich und Beobachtungen fügen.

»Der Mensch lebt auf der Erde nicht einmal, sondern dreimal. Seine erste Lebensstufe ist ein steter Schlaf, die zweite eine Abwechslung zwischen Schlaf und Wachen, die dritte ist ein ewiges Wachen. Auf der ersten Stufe lebt der Mensch einsam im Dunkel; auf der zweiten lebt er gesellig aber abgesondert neben und zwischen andern in einem Licht, das ihm die Oberfläche abspiegelt; auf der dritten verflicht sich sein Leben mit dem von anderen Geistern zu einem höheren Wesen in dem höchsten Geiste, und er schaut in das Wesen der endlichen Dinge.

Auf der ersten Stufe entwickelt sich der Körper aus dem Keime und erschafft sich seine Werkzeuge für die zweite; auf der zweiten entwikkelt sich der Geist aus dem Keime und erschafft sich seine Werkzeuge für die dritte; auf der dritten entwickelt sich der göttliche Keim, der in jedes Menschen Geiste liegt und schon hier in ein für uns dunkles, für den Geist der dritten Stufe taghelles Jenseits durch Ahnung, Glaube, Gefühl und Instinkt des Genius über den Menschen hinausweist.

Der Übergang von der ersten zur zweiten Lebensstufe heißt Geburt; der Übergang von der zweiten zur dritten heißt Tod. Der Weg, auf dem wir von der zweiten zur dritten Stufe übergehen, ist nicht finsterer als der, auf dem wir von der ersten zur zweiten gelangen. Der eine führt zum äußeren, der andere zum inneren Schauen der Welt.« (*L.*, 9)

Fechner argumentiert nun analogisch, aber folgerichtig, immer unter der Bedingung der Hypothese als mögliche richtige Annahme. Wir erleben bei der Geburt und beim Sterben plötzliche Umwälzungen bisheriger Lebensverhältnisse. Ein Leben zu beenden heißt nur, ein neues Leben auf höherer Stufe zu beginnen, so wie die Natur auch bei Pflanzen ein Stockwerk über dem anderen baut mit dazwischen liegenden Knoten (z. B. Bambusrohr); jede spätere Stufe wächst aus der niederen, vorhergehenden hervor. So besehen sind Geburt und Tod keine Gegensätze mehr, jeder Vorgang hat zwei Seiten; die Geburt ist nicht nur Erwachen zu neuem Leben, sondern auch der Untergang embryonalen Zustandes; das Sterben nicht nur Erlöschen alten Lebens, sondern Aufgang einer jenseitigen Daseinsform. Das ungeborene Kind hätte ebensoviel Grund, sich vor der Geburt zu fürchten, wie wir vor unserem Sterben, denn das Kind weiß so wenig wie wir, was ihm im künftigen Zustand bevorsteht. Im Augenblick des Geborenwerdens erleben wir nur, aus der Geborgenheit der bisherigen Lebensbedingungen herausgerissen zu werden, alle Organe, die mit dem Körper der Mutter zusammenhingen, werden grausam zerrissen, der Übergang geht nicht ohne Schmerzen vonstatten, aber es ist ein Durchgang zu einem neuen, freieren Leben.

Vor dem Geborenwerden kann ein Kind seine Augen, Ohren, Arme und Beine noch nicht in dem Sinne gebrauchen wie nach der Geburt, Vergleichbares gilt für unseren Zustand vor und nach dem Eintritt in die dritte Lebensstufe. »Und so können wir wohl Mut fassen, wenn uns das Todesgefühl beschleichen und uns ängstigen will mit der Ungewißheit über das, was unser im Jenseits wartet, und mit der Gewißheit darüber, was wir hier zurücklassen werden. Wir haben einen solchen Übergang schon einmal erlebt und dürfen von der Wiederholung, die uns bevorsteht, dasselbe erwarten, was wir das erstemal erfahren haben. Der Tod ist im Grunde ein alter Bekannter, der bei uns wieder einkehrt, nicht um uns von der Sprosse, die er uns auf der Lebensleiter hinaufgeführt hat, wieder hinabzustoßen, sondern um uns die Hand zum Aufsteigen auf eine höhere Sprosse zu reichen, während er gleichzeitig die untere Sprosse zertritt, damit wir nie wieder dahin absteigen können. Wenn im Tode unser Leben zerstört wird, so ist es, wie wenn das Schiff, das uns in ein neues Leben gefahren hat, hinter uns zerstört würde, damit wir nie mehr zurück können. Wir müssen das neue Land erobern. Das neue Land ist unser jenseitiges Leben.« (Z., 239f.) Wer hätte sich nicht schon gewünscht, die Frische der Jugend und die reife Entwicklung eines Geistes im Alter könnten sich vereinigen. Nun, dieser Wunsch wird uns im Tod erfüllt: was im zweiten Leben an Schätzen des Geistes und Charakters gewachsen war, wird unter neuen Verhältnissen eines höheren Lebens mit neuer Jugendkraft verbunden sein (vgl. Z., 240f.).

Sind das nun am Ende doch nur in vernünftige Gedanken gekleidete Wunschvorstellungen? Wer Bedürfnisse nach höherem Leben, nach ewiger Jugendkraft in sich spürt, wird dankbar Fechners *argumentationes ad hominem* folgen; sie sind zwar keine bewiesenen Erkenntnisse; da es aber, nach Karl Popper, ohnehin keine Verifikation von Theorien, sondern nur deren Falsifikation geben kann, darf man gelassen abwarten, wer den Nachweis eines logischen oder sachlichen Fehlers zu erbringen vermöchte. Zu widerlegen wären die Thesen Fechners ebensowenig, was sie deswegen auch noch nicht als zwingend richtig erwiese. »Wahr« sind sie auf ihre Weise, wie Kurt Laßwitz eingangs gesagt hatte (*N.*, IV), unsterblich wahr wie Mythen, Märchen und schöne Gedanken es sind.

Wer jedoch keine Bedürfnisse nach ewigem Leben in sich trägt, der ist in der Gesellschaft derer, die den Kopf schütteln und lachen, gut aufgehoben. Sie lachen so lange, bis in der Todesangst das Grinsen zur Maske gefriert und es sich zeigen wird, ob sie mit der inneren Ruhe und Würde sterben können, wie es Sokrates oder David Hume gelang. Es fällt mir Augustins Kommentar aus dem X. Buch der *Confessiones* ein: *Rideat me ista dicentem... et ego doleam ridentem me* (X, 12,19): Wer mich so reden hört, der lache, aber mir tut er leid, daß er mich verlachen kann. Und der Kontext paßte sogar: Es war die Rede von den Gegenständen unseres Bewußtseins (*memoria*), die so verschiedenartig sind wie die Bilder von körperlichen Dingen, die wir früher gesehen haben, und an die wir uns erinnern – und völlig anderen idealen Wesenheiten wie Maße oder Zahlen, die man nicht sehen kann, von denen es keine Bilder im Gedächtnis gibt. *Qui non eos videt...:* wer sie nicht sieht, der lacht darüber.

Gerade dieses Beispiel erfordert eine letzte Erläuterung zu Fechners Standort: er ist auch »jenseits« eingenommen, nämlich außerhalb der Zäune materialistischer und idealistischer Einseitigkeit. Fechner vertritt einerseits den Primat des Körperlichen, mit dem sich das Geistige ändert, weil es sich auch ins Körperliche übersetzen läßt; andererseits dominiert das Geistige, weil bloß Materielles gar nicht existiert und nur Existenz für einen anderen Geist hat und Ausdruck von etwas ist, was selbst geistig strukturiert ist. Für einen äußerlichen Standpunkt gibt es nur Kräfte wie Bewegung und Kausalvorgänge, die als materielle Prozesse meßbar sind. Für einen innerlichen Standpunkt gibt es nur die Selbsterscheinung, Empfindungen, Gedanken, Absichten. Jeweils gelangt nur eine Seite der Sache zum Vorschein (vgl. Z., 274ff.). Die Naturwissenschaften beispielsweise geben für sich allein schon den ganzen Zusammenhang, allerdings einseitig, nur von einem äußerlichen Standpunkt aus; was sie dabei versäumen, ist aber nicht verloren, es findet sich auf der anderen Seite, bei dem anderen innerlichen Standpunkt um so deutlicher wieder. Fechners Position ist nun insofern eine dritte, synthetische Anschauungsweise, als er beide Standpunkte wechselt und die eine Sache in unterschiedlicher Sprache ausdrücken kann.

»Die Vorteile, welche diese den Standpunkt wechselnde Betrachtungsweise vor der rein materialistischen und der rein spiritualistischen Betrachtungsweise hat, liegen wesentlich auf dem praktischen Gebiete; sie bilden einerseits die Erfahrungsgrundlage für die beiden anderen Betrachtungsweisen und machen andererseits die Ergebnisse der beiden anderen dem praktischen Gebrauche erst zugänglich. Einen besonderen Wert erhält die den Standpunkt wechselnde Betrachtungsweise aber noch dadurch, daß sie allein den Weg öffnet zu jener sinnigen Auffassung der Natur« (Z., 279), die man auch teleologische Natur- und Weltansicht nennen kann, insofern man eine bewußte Absicht in das Körperliche eingreifen sieht. Die strenge Wissenschaft kann, je nach Forschungsgebiet »einen der beiden Wege ohne Wechsel des Standpunktes konsequent verfolgen und wird dabei gut fahren« (Z., 281).

Für den umständlichen Ausdruck »Standpunkt wechselnder Betrachtungsweise« könnte man auch »philosophische Sicht der Dinge« sagen, und dann wäre darüber zu sprechen, welche neue Form des Philosophierens heute Fechners vor fast eineinhalb Jahrhunderten vorgetragene Methode eröffnen würde.

9. Albert Schweitzer

Wenn einer in der Atmosphäre eines Pfarrhauses aufwächst und nur Verwandte zu sehen bekommt, die den Beruf des Predigers ausüben (mit einer Ausnahme: der Großvater väterlicherseits war Lehrer und Organist, der Großvater mütterlicherseits zwar Pastor, aber auch Orgelbauer), so nimmt es nicht wunder, wenn er Theologie zu studieren beginnt. Mit fünf Jahren zum Klavierspielen, mit acht zum Orgelspielen angehalten, mit neun Jahren schon Vertreter des Organisten beim Gottesdienst, war er Schüler berühmter Orgelmeister in Paris und später selbst ein Star der Orgelspielkunst. Also Theologie und Orgelmusik verstehen sich von selbst, die Philosophie kam nicht von ungefähr hinzu: Er promovierte bei Ziegler und Windelband in Straßburg 1899 mit einer Arbeit über die Religionsphilosophie Kants und wollte sich daraufhin auch in Philosophie habilitieren. Daß er dann statt dessen die wissenschaftliche Laufbahn eines Dozenten der Theologie einschlug, lag an seiner Leidenschaft zu predigen, was sich mit dem Geschäft eines Philosophen schlecht vertragen hätte. Aber wie gesellt sich zu den Berufen auch noch der des Arztes? Man kann doch nicht morgens predigen und theologische Artikel verfassen, mittags operieren, abends Orgelkonzerte geben und nachts philosophische Werke schreiben! Man kann nicht, doch Albert Schweitzer konnte das, und er fand nicht, daß er sich dabei verzettele. Robuste Gesundheit und eine ungebrochene Arbeitskraft sind die Voraussetzungen, beide besaß er in hohem Maße. Als er sich zum zweiten Mal nach Afrika einschiffte, bestand sein Gepäck unter anderem aus vier Kartoffelsäcken voll unerledigter Post, die er während der Überfahrt zu beantworten hoffte. Der Zollbeamte glaubte allerdings nicht, daß ein Mensch so viele Briefe erhalten habe, er vermutete geschmuggelte Banknoten und öffnete die Briefe, einen nach dem anderen, einen vollen Tag lang. Es waren nur Briefe und kein Geld darin enthalten; aber wie viele Erwartungen der Absender und wieviel Geduld und Mühe steckte in der Beantwortung dieser Briefe!

Der Entschluß, seine Stellung als Dozent der Theologie, Pfarrvikar und Leiter des Studienstiftes St. Thomas in Straßburg aufzugeben und sich als Student der Medizin einzuschreiben, kam zwar plötzlich über ihn, doch war er nur die folgerichtige Wendung eines schon lange gehegten Planes. Schweitzer spürte die Vorzüge, die ihm sein Leben gewährte, das Glück, studieren, in der Welt von Wissenschaft und Kunst arbeiten zu dürfen, und glaubte sich dieser Privilegien nicht berechtigt, ohne selbst etwas dafür zu geben, nämlich den Dienst unmittelbarer menschlicher Zuneigung. Als er in einem französischen Missionsblättchen den Artikel eines Missionars las, der klagte, es fehle einer Kongo-Kolonie an Mitarbeitern, wußte er, wohin er als Arzt gehen würde: nach Äquatorialafrika. Familie und Verwandtschaft waren entsetzt; Freunde, besonders diejenigen, die anderen Nächstenliebe von Berufs wegen empfahlen, hielten ihm die Sinnlosigkeit seines Vorhabens entgegen. Weshalb er sich verpflichtet fühle, unbedingt etwas Besonderes zu tun? Aber gerade darin mißverstanden sie Albert Schweitzer, der nichts Außergewöhnliches, sondern etwas Selbstverständliches tun wollte: nach dem Reden von der Liebe nunmehr die Verwirklichung ohne viele Worte im Dienst am leidenden Menschen.

In Europa hätte man danach von diesem edlen jungen Manne vermutlich nie mehr etwas gehört, wäre er nicht auch ein blendender Schriftsteller gewesen, der sein Denken in philosophischer Reflexion begründete. Doch auch die Philosophie schien ihm, vergleichbar mit der Theologie, zu einem begriffslastigen Ungetüm aufgedunsen zu sein, das irgendwie über der Wirklichkeit schwebte. So war ihm die im Medizinstudium verpflichtende Beschäftigung mit den Naturwissenschaften eine willkommene Dreingabe. »Fort und fort diesem Schauspiel zusehen zu müssen«, wie in philosophischen Zweikämpfen die virtuos argumentierende Ansicht eine wirkliche Einsicht außer Gefecht setzen kann, »und es so vielfältig mit Menschen zu tun zu haben, denen der Sinn für das Wirkliche abhanden gekommen war, hatte ich als etwas Deprimierendes erlebt. Nun war ich plötzlich im anderen Lande. Ich gab mich mit Wahrheiten ab, die aus Wirklichkeiten bestanden, und befand mich unter Menschen, denen es selbstverständlich war, daß sie jede Behauptung durch Tatsachen zu erweisen hatten. Dies empfand ich als ein für meine geistige Entwicklung notwendiges Erlebnis.« (*Werke* I, 118f.) Daraus darf allerdings keine Geringschätzung der Philosophie selbst entnommen werden. Im Gegenteil, es wurde Schweitzer eher noch stärker bewußt, »in welchem Maße die Denk-Wahrheit neben der einfach festgestellten [Wahrheit] berechtigt und notwendig ist. Wohl haftet der in einem schöpferischen geistigen Akt zustande kommenden Erkenntnis naturgemäß etwas Subjektives an. Zugleich aber ist sie höherer Art als die rein tatsächliche« (*W.*, I, 119).

Eine solche Vielfalt der Interessen und Begabungen findet sich zwar selten, aber doch ab und zu; sie scheint mir weniger das Charakteristische an Albert Schweitzer zu sein; jedenfalls würde sie nicht ausreichen, um ihn hier unter die anstößigen Denker zu plazieren. Da fällt, besonders in den autobiographischen Schriften (*Aus meinem Leben und Denken*, *Aus meiner Kindheit und Jugendzeit*) auf, daß er mit einem kritischen Sinn ausgestattet worden ist, der sich gegen alles Gewohnte, Verfestigte, Überkommene richtet. Wenn etwas auftritt mit der geborgten Autorität, es sei so schon immer gewesen, und man sei gut damit gefahren, regt sich sein Verdacht auf Denkfaulheit. Vielleicht achtete er selbst gar nicht darauf, wie oft er Wendungen gebraucht wie: »das bezweifelte ich sofort«, »an der damals für geschichtlich angesehenen Auffassung... wurde ich irre« (*W.*, I, 30). Ihm fielen »Schwankungen im Sprachgebrauch auf« (*W.*, I, 40), die ihn zu einer neuen Interpretation von Kants Postulaten führte. Ein Beispiel: Die Deutung der altchristlichen Feier »als eine Austeilung von Brot und Wein zu erklären, die durch die Wiederholung der Worte Jesu von Brot und Wein als seinem Leib und seinem Blut irgendwie die Bedeutung von Leib und Blut erhalten hätten, war unmöglich« (*W.*, I, 53). Oder an anderer Stelle: »Von jeher hatten mich Erklärungen, die die Lehre des Paulus in der wissenschaftlichen Theologie gefunden hatte, unbefriedigt gelassen, weil sie etwas Kompliziertes und mit Widersprüchen Behaftetes dartaten, was mit der Originalität und Großzügigkeit des sich in ihr kundgebenden Denkens unvereinbar schien.« (*W.*, I, 131)

Kategorische Ablehnungen richteten sich ebenso auf gewisse Tätigkeiten einiger Philosophen. Von der Philosophie hatte er neben dem gründlichen Studium der Quellenschriften zur Ethik besonders die Geschichte der Philosophie kritisch erforscht. Was er suchte, fand er nicht. »Alles was ich aus der Philosophie über Ethik wußte, ließ mich im Stich. Die Vorstellungen vom Guten, die sie ausgebildet hatte, waren alle so unlebendig, so unelementar, so eng und inhaltslos, daß sie mit der Welt- und Lebensbejahung gar nicht zusammenzubringen waren... Die Zentralprovinz der Philosophie... blieb eigentlich unerforschtes Land.« (*W.*, I, 168) Was er vermißte, war »elementares Denken«, das von den fundamentalen Fragen ausgeht, die den Menschen in seinem Verhältnis zur Welt, zum Sinn des Lebens betrifft. Am nächsten kam seinen Erwartungen die Stoa, die ihn so sehr fesselte, daß er sich nur schwer mit dem danach kommenden, so ganz anders gearteten Denken anfreunden konnte. Zwar befriedigten ihn die Ergebnisse der Stoa auch nicht, aber er schätzte den geraden Weg ihrer Denker, die tief und verständlich auf ihr Ziel losgingen. Mit der Wahrheit, die sie fanden, mag sie auch unbefriedigend sein, beschieden sie sich und verliehen dieser Wahrheit durch den Ernst, mit dem sie sich selbst hingaben, den Geist der Wahrhaftigkeit. So veranlaßten sie die Menschen, sich zu sammeln und zu verinnerlichen und weckten ein Verantwortungsbewußtsein in ihnen (vgl. *W.*, I, 234). Vergleichbar schien ihm die Lehre des Lao-Tse zu sein, ja sogar wesensverwandt und nur dadurch unterschieden, daß die griechische Version in entwickeltem, logischem, die chinesische Variante in unentwickeltem, aber wunderbar intuitivem Denken entstanden war. Doch, wie gesagt, die Resultate befriedigten nicht, und weder die Stoa noch Lao-Tse mit seinem Ideal der Resignation setzten sich gegenüber den Philosophien der aktivischen, spekulativen, systemorientierten Richtungen durch.

Kants, Fichtes, Hegels komplizierte Denkoperationen laufen darauf hinaus, die Welt- und Lebensfragen aus der Entfaltung erkenntnistheoretischer Probleme anzugehen oder aus dem logischen Begreifen des reinen Seins im Unterschied zur Welt des Geschehens in Raum und Zeit. »In dem gekünstelten Denken dieser großen Systeme meinen die Gebildeten... die Denknotwendigkeit der Weltanschauung ethischer Welt- und Lebensbejahung als erwiesen zu besitzen. Die Freude ist aber von kurzer Dauer... Eine große Ernüchterung setzt ein. Das Denken gibt es auf, sich die Welt mit List und Gewalt begreiflich machen zu wollen. Es will sich dahin bescheiden, sich mit der Wirklichkeit, wie sie ist, auseinanderzusetzen und ihr die Motive eines Handelns... zu entnehmen. Dabei aber muß es erleben, daß die Wirklichkeit ihm versagt, was es von ihr erwartet. Die Welt läßt sich keinen Sinn abgewinnen, in dem ethisches Wirken den Menschen sinnvoll ist.« (*W.*, I, 211)

Ethik als philosophische Reflexion auf moralisches Verhalten gab es jedoch nicht nur bei den Stoikern und im deutschen Idealismus, auch der Hinduismus lehrt Philosophie wesentlich als Ethik, und das Christentum beansprucht in den Forderungen Jesu eine eigene religiöse Ethik zu besitzen. Weshalb fühlte sich Schweitzer von der gesamten tradierten Ethik »im Stich gelassen«? Die Antwort muß kurz gegeben werden, weil sonst der eigentümliche neue Ansatz im Prinzip Albert Schweitzers nicht genügend herausgehoben wird. Platon und Aristoteles, aber auch andere griechische Philosophen der klassischen Epoche, hatten nach Schweitzers Ansicht kein Interesse an Menschen minderer Qualität, d.h. an all denen, die nicht zur Aristokratie der freien griechischen Polisbewohner zählten. Die römische Antike hinzugenommen bereichert die Philosophie zwar durch die Gesinnung der Humanitas, aber die Vorstellung einer Solidarität aller Menschen kommt nicht auf. Wer allerdings glaubt, das habe sich in der Aufklärung und der Französischen oder Bolschewistischen Revolution verändert, täuscht sich. Bis in unsere Tage hinein wird die Erkenntnis, daß menschliche Wesen als solche ein gleiches Recht auf unser Interesse haben, von den Unterschieden der Rasse, der Religion und der Nationalität behindert (vgl. *W.*, V, 145). Die Fremdheit zwischen Menschen und Menschengruppen ist nicht bloß nicht überwunden, vielmehr hat man den Eindruck, sie wachse von Tag zu Tag und nehme zunehmend feindseligen Charakter an. Der Zustand im Libanon, im gesamten Nahen Osten, in Irland, der Fanatismus nationalistischer Splittergruppen in fast allen Ländern Europas, aber auch der Haß zwischen religiösen Fundamentalisten und permissiven Liberalen in Israel und selbst den USA sind Belege dafür.

Die Welt läßt sich aus verschiedener Perspektive anschauen: man kann sie hochschätzen und aktiv bleiben, aber auch geringschätzen und Teilnahmslosigkeit empfehlen. Eine Haltung der Weltverneinung wurde in Indien schon immer und im Christentum der Frühzeit bis zum Mittelalter befördert. Für Weltbejahung traten Denker in China, die Propheten Israels, Zarathustra, die Gelehrten der Renaissance und die meisten Philosophen unserer Zeit ein.

Für die Hindus ist die Welt, die wir uns als real vorstellen, nur ein in Raum und Zeit erscheinendes vergängliches Abbild ewigen Seins. Ein Mensch, der dieses Trugbild und die Rolle, die er in ihm spielt, ernst nimmt, ist in tödlichem Irrtum verstrickt. So ist die einzig sittlich verantwortbare Haltung Teilnahmslosigkeit an den Dingen dieser Welt. Eine solch enthaltsame Ethik der ganz auf das eigene Heil bedachten Menschen fordert zwar die Enthaltung vom Übel, verhindert aber zugleich eine auf das Gute gerichtete Tätigkeit, die von natürlichen Vorstellungen der Menschen verlangt wird. Eine vollständige Ethik muß diese Bedingungen erfüllen, sie kann sich nicht in einseitiger In-Aktivität auflösen.

Die christliche Negation der Welt ist anders als die indische, denn sie nimmt nicht an, daß die Welt, in der wir leben, ein Trugbild sei. Die Welt ist zwar unvollkommen, aber auf Vollkommenheit, in der Zeit der Gottesherrschaft, ausgerichtet. Darin stimmen auch die Propheten Israels und Zarathustras überein. In der Frühphase des Christentums und noch im Mittelalter befanden sich die Menschen allerdings in einem Zwiespalt: das verheißene Reich Gottes war nicht angekommen, die Hoffnung hatte sich nicht erfüllt; nun mußten sie in der natürlichen Welt leben, ohne sie völlig bejahen zu können, denn das Ziel des Handelns blieb dennoch auf ein Jenseits gerichtet. Erst in der Renaissance erwachte eine kraftvolle Weltbejahung: Erasmus von Rotterdam,

Hugo Grotius, David Hume, Kant und andere schufen die Voraussetzungen dafür, »daß die Ethik in erster Linie eine Sache des Mitempfindens und eines ihm entsprechenden helfenden Handelns ist« (*W.*, V, 153).

Damit sind wir zwar in Kenntnis eines raschen Überblicks über einige Ansätze zur Ethik ein bißchen weitergekommen, Albert Schweitzers Schwierigkeiten mit der Suche nach einer elementaren, lebendigen Ethik sind jedoch immer noch unerledigt. Das Wohl des Einzelnen und das Gesamtwohl (commonwealth) blieben eine Aufgabe, die schon mit diesen beiden Polen »ich oder die anderen« Gewissenskonflikte mit sich trug. Wie sind die Verpflichtungen in ein rechtes Verhältnis zu bringen? Wer entscheidet, wie weit die Hingabe an andere zu gehen hat, welchen Platz soziales Mitleid einnehmen darf? Schweitzer führt als Beispiel den Konflikt eines Betriebsleiters an, der einen weniger Geeigneten aus Mitleid einstellt, weil so dringende Not abgewendet werden kann, und einen besser Qualifizierten abweist, den er und der Betrieb ebenso notwendig gebraucht hätten (vgl. *W.*, V, 154). Beide einzustellen wäre die Lösung gewesen; vielleicht für den Betriebsleiter, nicht für den, der auf der Suche nach einem Prinzip der Ethik ist. Das Gebot der sozialen Verantwortung reicht zur Diskussion der Grundwerte einer politischen Partei, eine ethische Begründung enthält es nicht. Außerdem leidet die neuzeitliche und moderne europäische Ethik immer noch an der alten Krankheit der Antike. So wie damals die Sklaven und Nicht-Griechen oder Nicht-Römer als Menschen wertlos waren und überhaupt außerhalb jedes Bezirks der sittlichen Verantwortung existierten, so gelten bis heute bei uns Tiere als Sachen, und nur ihre »unnötige und grausame Tötung« wird rechtlich geahndet, moralisch wird eine Quälerei nicht beachtet. Was an »grausiger Gedankenlosigkeit in tiefstes Denken eingewoben« (*W.*, II, 237) ist, bringt Schande über manchen unserer großen Philosophen, und unser Verhalten Tieren gegenüber bei Hetz- und Treibjagden, in Laboratorien wissenschaftlicher Institute und den Todeskammern der chemischen Industrie ist das Kainsmal der Menschheit und die untilgbare Schuld einer gewissenlosen, brutal-egoistischen Rasse. Eine philosophische Ethik, die davon schweigt bzw. die Tiere und alles Lebendige nicht mit einbezieht, ist unvollkommen, ihr bleibt universaler Anspruch versagt. Auf einen Satz gebracht: Für Albert Schweitzer ist Ethik »ins Grenzenlose erweiterte Verantwortung gegen alles, was lebt« (*W.*, II, 379).

Es blieb jetzt nur noch das Prinzip zu formulieren. Der Inhalt war schon faßbar, und daß es ein inhaltliches, qualitatives Prinzip sein mußte und kein formales, inhaltsloses wie der »Kategorische Imperativ« Kants, das war dem Kant-Kritiker Schweitzer keine Frage. Und ein Prinzip mußte es sein, d. h. alle Kriterien erfüllen, die an einen ersten Satz gestellt werden: Grundsätzlichkeit, unbedingte Geltung durch Notwendigkeit, einfach in seiner elementaren Struktur. Aus ihm mußte sich ein ganzer Katalog moralischen Verhaltens ableiten lassen; in umgekehrter Richtung, alle sittlichen Entscheidungen letztlich in ihm als Ursache, Grund-Satz und Vor-Bild begründen lassen.

Spinoza hatte ein solches Fundamentalprinzip seiner Ethik gefunden. Es war der Grundsatz der Selbsterhaltung, *conatus in suo esse perservandi*. Als metaphysischer Satz geht er der praktischen Bestimmung voraus, er kann nicht aus dem Verhalten der Menschen erklärt werden. Insofern erfüllt er die Erfordernisse eines Prinzips, aber er genügt inhaltlich nicht, aus den vorher genannten Argumenten Schweitzers gegen jede bisher ausgearbeitete ethische Theorie. Man muß nur Spinozas wegen hinzufügen, daß sein Grundsatz der Selbsterhaltung ja nicht mit dem Selbsterhaltungstrieb der Arten im biologischen Sinne verwechselt werden darf. Der Fortpflanzungstrieb, verbunden mit dem Rechtsverlangen des Stärkeren, hat nichts mit Spinozas *exemplum rei simplicissimae* zu schaffen. Das von ihm in die Formel gebrachte Streben eines jeden existierenden Wesens, in seinem Sosein und Dasein zu beharren, drückt nur dieses Wesen selbst unmittelbar aus. Es kann verstanden werden als der Widerstand, »welchen das Ding kraft der Realität seines Wesens dem Versuch seiner Beseitigung durch äußere Einwirkungen entgegensetzt«[1].

Albert Schweitzer hatte den Maßstab für »gut« und »böse« bereits prinzipiell dargelegt. Als gut gilt: »Leben erhalten, Leben fördern, entwickeltes Leben auf seinen höchsten Wert bringen; als böse: Leben vernichten, Leben schädigen, entwickelbares Leben niederzuhalten« (W., I, 171). Aber es fehlte ihm noch am Guß, an der richtigen Form. Wie er sie fand, erzählt er selbst: »Im Grunde blieb ich überzeugt, daß die in jener bisher undurchführbar gebliebenen Kulturweltanschauung behauptete Zusammengehörigkeit in der Welt- und Lebensbejahung mit dem Ethischen aus einem Ahnen der Wahrheit kam. Also galt es, den Versuch zu unternehmen, die bisher nur geahnte und geglaubte, wenn auch soundso oft als erwiesen ausgegebene Wahrheit in neuem, ungekünsteltem und wahrhaftigem Denken als denknotwendig zu begreifen. Bei diesem Unternehmen kam ich mir vor wie einer, der an Stelle des morschen Bootes, mit dem er sich nicht mehr aufs Meer hinauswagen kann, ein neues, besseres zimmern muß und nicht weiß, wie dies anfangen.«(W., I, 167)

In diesen Monaten »stetiger innerer Aufregung« mußte er eine längere Fahrt auf dem Fluß unternehmen. Es war im September 1915, zwei Jahre vor seiner Internierung und seinem Rücktransport nach Europa als Gefangener in den Wirren des Krieges. »Langsam krochen wir den Strom hinauf, uns mühsam zwischen den Sandbänken – es war trokkene Jahreszeit – hindurchtastend. Geistesabwesend saß ich auf dem Deck des Schleppkahnes, um den elementaren und universellen Begriff des Ethischen ringend, den ich in keiner Philosophie gefunden hatte. Blatt um Blatt beschrieb ich mit unzusammenhängenden Sätzen, nur um auf das Problem konzentriert zu bleiben. Am Abend des dritten Tages, als wir bei Sonnenuntergang gerade durch eine Herde Nilpferde hindurchfuhren, stand urplötzlich, von mir nicht geahnt und nicht gesucht, das Wort ›Ehrfurcht vor dem Leben‹ vor mir. Das eiserne Tor hatte nachgegeben; der Pfad im Dickicht war sichtbar geworden. Nun war ich zu der Idee vorgedrungen, in der Welt- und Lebensbejahung miteinander enthalten sind. Nun wußte ich, daß die Weltanschauung ethischer Welt- und Lebensbejahung samt ihren Kulturidealen im Denken begründet ist.« (*W.*, I, 169)

Die griffige Formel einer »Ethik der Ehrfurcht vor dem Leben« erwies sich bei näherer Prüfung tatsächlich als Fund. Die ehrfürchtige, rücksichtsvolle, liebende Hingabe an das Lebendige kennen wir schon bei Franz von Assisi, der allerdings die große Ausnahme bleibt und als Alibi von der übrigen Christenheit zwar benutzt wird, zu deren Entschuldigung aber nicht taugt. Franziskus praktizierte das, was Albert Schweitzer ethisch zu begründen versuchte; Schweitzer kam durch eine andere Türe, die der philosophischen Reflexion, in den gleichen Raum; anzukommen ist wichtiger als die Frage nach der Reihenfolge zu diskutieren.

Die Ethik der Ehrfurcht vor dem Leben begreift alles in sich, was als Liebe, Hingabe, Mitleiden, Mitfreude und Mitstreben bezeichnet werden kann (vgl. *W.*, I, 171). Sie enthält in sich Resignation, Welt- und Lebensbejahung und Ethik, alle drei Grundelemente einer Weltanschauung; alle drei sind untereinander zusammenhängende Ergebnisse des Denkens. Was bisher in vielen Entwürfen unvereint geblieben war, ist nun in sachlicher Einheit Inhalt einer lebendigen Ethik geworden. Sie ist zugleich eine religiöse Ethik, denn der sich zu ihr bekennt und sie anwendet, ist in elementarer Weise fromm (vgl. *W.*, I, 241, 244).

Gehen wir, ehe wir in allzu schönes Reden und Nacherzählen verfallen, für eine Weile mit einigen Fragen auf nüchterne Distanz. Ist diese auf Ehrfurcht vor dem Leben abgestellte Ethik tatsächlich der Ausweg aus einem zweitausend Jahre schwelenden philosophischen Dilemma, oder eine Illusion? Ist ihre Forderung nicht eher blauäugig als anstößig? Hat der Theologe Albert Schweitzer ein Prinzip als universell und denknotwendig ausgegeben, das nur innerhalb eines Kontextes christlichen Schöpfungsglaubens Sinn erhält? Wenn das Leben nicht aus der Hand eines als Person vorgestellten Kreators empfangen und daher heilig geachtet wird, kann es Ehrfurcht wohl kaum beanspruchen. Faktisches positivistisches »Leben als Leben« stellt noch keinen unbedingt zu erhaltenden Wert dar. Und schließlich: ist die Diskussion um ethische Probleme abgeschlossen, der reichlich genährte immerwährende Streit um das, was »natürlich« oder »unnatürlich«, sittlich erlaubt oder unerlaubt, und aufgrund welchen Sittengesetzen anstößig, verboten, böse oder das Gegenteil davon zu Ende gebracht? Löst die »Ethik der Ehrfurcht vor dem Leben« alle Probleme, oder schafft sie womöglich neue, bisher nicht vorhandene Konflikte?

Gehen wir die Bedenken nacheinander durch. Die bisherige Ethik hatte in der Tat kein universelles Grundprinzip des Sittlichen. Die großen Religionen Asiens entwickelten zwar den Gedanken der Heiligkeit des Lebens und bezogen selbstverständlich auch Tiere mit ein, aber es fehlte und fehlt bis heute jeglicher Impuls einer Motivation aktiven Schutzes. Albert Schweitzer bestätigt, daß im chinesischen und indischen Denken die Frage Mensch und Tier viel früher als in Europa ethisch erörtert worden ist, doch die Probleme seien nicht gelöst. Die chinesische Ethik vertrete zwar ein tätiges Mitleid mit Tieren, versäumte es aber, dieses Gebot pädagogisch wirksam in die Breite zu entwickeln und erstarrte im Stillstand einer Scholastik. Die indische Ethik gebietet nur das Nichttöten und Nichtschädigen, schweigt jedoch vom mitleidsvollen Helfen. Die prinzipielle Welt- und Lebensverneinung beläßt die Menschen in der Illusion, daß bloßes Enthalten von Töten oder Schädigen schon das Gebot vollständig erfülle (vgl. *W.*, V, 135–142).

Die christliche Praxis bezog ihre aktivische Dominanz aus der Lehre Jesu und dem Hauptgebot der Liebe, die in Selbstliebe, Nächstenliebe, Feindesliebe menschliche Formen der Gottesliebe verwirklichen soll. Aber aus Liebe kann getötet werden, aus liebender Sorge um die unsterblichen Seelen der Ketzer brannten Feuer, und Tiere waren als seelenlose Kreaturen eo ipso von jedem Betracht ausgeschlossen. Das Leben als Leben galt nicht als unbedingt bewahrenswert, es konnte und durfte höheren Zwecken geopfert werden. Das gilt nun im extremen Maße für die andere Offenbarungsreligion, den Islam. Die europäische Philosophie fand in zweitausend Jahren zu keinem überzeugenden Axiom; Ansätze dazu gab es, bei Kant, der die Wahrhaftigkeit gegen sich selbst in den Mittelpunkt der Ethik gerückt hat (vgl. *W.*, II, 384) und einen Höhepunkt in der Geschichte der Ethik darstellt, oder bei

Schopenhauer mit seinem umfassenden Mitleid. Doch dem Problem Mensch und Tier stand die gesamte philosophische Ethik entweder verständnislos oder ratlos gegenüber (vgl. *W.*, I, 243); sie war auf das Verhalten des Menschen zum Menschen fixiert. Und wie oft wurden die Maßstäbe sittlich wertvollen Handelns nach dem Pseudo-Grundsatz ausgerichtet, den Friedrich Schiller später so treffend in Worte brachte: Das Leben ist der Güter höchstes nicht!

Nein? Was dann, Freiheit, Gesundheit, Glück? Gedankenlos werden Leben und Ziele völlig anderer Art gegeneinander ausgespielt, z. B. in dem Schlagwort: Lieber tot als rot, vice versa. Als ob man irgendeine Farbe annehmen, Freiheit genießen, sich der Gesundheit erfreuen oder das Glück herausfordern könnte, wenn die Grundbedingung, das Leben, nicht gegeben ist. Es liegt eine Kategorienverwechslung vor, wie man seit Gilbert Ryle zu sagen pflegt, wenn man sagt, es käme nicht darauf an zu leben, sondern gut zu leben; nicht das Faktum, die Qualität sei entscheidend, was einer aus dem Leben mache, usw. Das stimmt schon, doch ohne die Voraussetzung, die *conditio pura sine qua non* gibt es weder gelungenes noch mißlungenes Leben, sondern überhaupt nichts. Das ist eine so banale Feststellung, daß man sich wundert, sie machen zu müssen. Das Leben, alles Leben ist von einzigartiger Bedeutung, so daß wir es als kostbare Gabe achten und bewahren müssen, denn wir sind nicht imstande, einer schlichten Blume, dem kleinsten Wurm Leben zu verleihen. In dieser Formulierung des Rätsels Leben, weil niemand von uns sich als Ursache für den Akt des Ins-Leben-Tretens bezeichnen kann, ist die Ethik von der Ehrfurcht vor dem Leben grenzenlos auch in dem Sinne, daß sie nicht an den Grenzen des Einflußbereiches von Religionen und Ideologien halt zu machen braucht. Sie ist ebensowenig an dogmatische Gottesbilder gebunden; obgleich sie sich mit dem Glauben, alles Leben komme aus der Hand eines Schöpfers, gut verträgt, entstehen keine besonderen Schwierigkeiten bei andersgearteten Gottesbildern oder a-theistischen Religionsformen.

Bei der Diskussion um Probleme der Ethik wird es unerläßlich, den unscharfen Begriff »Leben« besser zu bestimmen, ganz besonders den Extremen, dort wo Leben beginnt und wo und wie es endet, Aufmerksamkeit zu schenken. Denn unterschiedslos buchstäblich jedes Leben unter allen Umständen zu erhalten, würde das Prinzip in Widersprüche führen. Weil sich seit der Abfassung der Schriften Albert Schweitzers zu diesem Thema vieles in der Sicht der Probleme verändert, ja verschärft hat, sei es erlaubt, eine Reihe von Konsequenzen aus seiner Ethik von der Ehrfurcht vor dem Leben in heutiger Form darzustellen. Daß Schweitzer die Konflikte sehr wohl gesehen hat, die sich aus einer beherzten, tapferen, unerschrockenen Anwendung ergeben, wird sich anschließend zeigen lassen. Zu sprechen ist jetzt also darüber, wie das positive Handlungsprinzip, Leben zu erhalten und zu fördern, entwikkelbares Leben weiter und höher sich entfalten lassen, und das Verbot, Leben zu vernichten, zu schädigen, entwickelbares Leben niederzuhalten, im Katalog der Konfliktsfälle wirken würde.

Über Mord und Totschlag im strafrechtlichen Sinne braucht hier nicht gehandelt zu werden.[2] Dagegen hat die Ethik von der Ehrfurcht vor dem Leben sofort ihre Bewährungsprobe zu bestehen bei drei Typen absichtlicher Tötung: der sogenannten Euthanasie, der keineswegs überall abgeschafften Todesstrafe und dem Freitod, häufiger Selbstmord genannt.

Die Sterbehilfe, aktiv und passiv zu leisten, folgt niederen und höheren Motiven und ist danach entsprechend zu bewerten. Niedere Motive sind unbestritten materielle Absichten wie Einsparungen bei Kosten und Pflege; höhere Motive sind im Mitleid mit unheilbar und schwer leidenden Kranken zu sehen. Schmerzen zu erleichtern ist unbedingt geboten, aber wie kurz ist der Weg bis zur Schwelle des Unerlaubten, z. B. bei der Überdosierung der Medikamente. An diese Grenze scheint auch die Ethik Schweitzers zu stoßen, denn im Einzelfall sind Grundsätze weniger gefragt als die Bereitschaft, im Gewissen Entscheidungen zu treffen und dafür die Verantwortung zu übernehmen. Aber gerade diese persönliche Übernahme sittlicher Verpflichtung (man könnte mit ihr allein den Begriff der »Person« definieren im Unterschied zum »Menschen«) fordert die Ehrfurcht-Ethik. Schweitzer schrieb dazu: »Nur subjektive Entscheide kann der Mensch in den ethischen Konflikten treffen. Niemand kann für ihn bestimmen, wo jedesmal die äußere Grenze der Möglichkeit des Verharrens in der Erhaltung und Förderung von Leben liegt. Er allein hat es zu beurteilen, indem er sich dabei von der aufs höchste gesteigerten Verantwortung gegen das andere Leben leiten läßt. Nie dürfen wir abgestumpft werden. In der Wahrheit sind wir, wenn wir die Konflikte immer tiefer erleben. Das gute Gewissen ist eine Erfindung des Teufels.« (*W.*, II, 388) Jeder vernünftige Mensch hat das Recht, zu verlangen, daß unsinnige und qualvolle lebensverlängernde Maßnahmen bei ihm unterlassen werden; die Verpflichtung einer Mitwirkung dazu darf nicht als Töten oder Beihilfe zum »indirekten Selbstmord« verurteilt werden. Die Verbreitung von der Ethik der Ehrfurcht könnte bewirken, daß die dem noch entgegenstehenden Strafgesetze einiger Länder novelliert werden.

Zum Thema Todesstrafe ist hier nur zu sagen, daß vom Standpunkt jeder philosophischen Ethik ihre Anwendung als primitive Rache zur

Stillung der brutalen Instinkte des sogenannten Volksempfindens der Massen scharf abzulehnen ist. Ideologische Verbrämungen wie »der Obrigkeit von Gott gegebenes Recht über Leben und Tod« stehen einer Republik schlecht an. Die Legalisierung von Forderungen unmenschlich grausamer Rachegelüste als angebliche Sühne erfordert von dem, der die Ethik der Ehrfurcht ernstlich übernimmt, daß er alle Möglichkeiten, die sich bieten, nützt, um gegen dieses Relikt barbarischer Vergangenheit anzukämpfen, sei es durch Mitarbeit bei amnesty international oder wenigstens durch den Verzicht, in Länder zu reisen, in denen die Todesstrafe vollzogen wird. Dann kann man freilich nicht mehr den Beruf eines Außenministers ausüben; aber wer nicht abgestumpft ist, wie Schweitzer es ausdrückt, wird es als geschmacklos empfinden, in solchen Ländern seinen Urlaub zu verbringen.

Der Suizid ist ein altes Problem, besonders eines der Philosophie und der Philosophen. Die Ethik schwankt durch die Jahrhunderte zwischen Respekt vor dem Entscheid der Freiheit und der Verachtung feiger Flucht aus dem Dasein. Die Ehrfurcht vor dem Leben bezieht natürlich das eigene Leben mit ein, so ist die Antwort aus dieser Sicht rasch klar: bei allem Verständnis für den Akt eines Verzweifelten ist es nicht erlaubt, das eigene Leben geringer zu schätzen und zu beenden. Wer hier allerdings der Richter sein soll, der verwirft, bleibt offen.

Ähnlich konsequent, auch wenn es als Härte empfunden wird, verhält sich die Ethik von der Ehrfurcht vor dem Leben bei Fragen der Geburtenregelung, der Unterbrechung von Schwangerschaften (ethische, eugenische, soziale Indikation) und Sterilisation. Das Prinzip als leitende, regulative Idee gibt genug Halt, um – abgesehen von den Ausnahmen, die ein Arzt allein zu verantworten hat – alle Eingriffe im entstehenden Leben, mit der Absicht, es zu vernichten, als unsittlich abzulehnen. Auf der anderen Seite entsteht aber auch keine Verpflichtung, dort, wo die Natur Leben versagt hat, durch künstliche Insemination Nachwuchs zu ermöglichen. Die Empfängnisverhütung wird von der Ethik der Ehrfurcht nicht als unnatürlich abgelehnt, denn auch hier besteht keine sittliche Pflicht, Leben in unbeschränkter Quantität in die Welt zu bringen, sondern nur bereits vorhandenes Leben zu schützen. Mehr läßt sich zu diesen fast unüberschaubar komplexen Problemen hier nicht sagen.

Abschließend bleibt die Frage der alten, ungelösten und möglicherweise neu entstandenen Konflikte kurz zu erörtern. Albert Schweitzer gesteht sie unumwunden ein: die Schwierigkeiten sind derart, daß wir mit ihnen nicht fertig werden; vielmehr erlegt die elementare Ethik der Ehrfurcht vor dem Leben allen, die sie übernommen haben, schwere

Entscheidungen auf. Aber der Wert liegt darin, daß unser Gewissen dabei nicht zur Ruhe kommt. Wir schlagen eine Fliege tot, die uns ärgert, wir essen Fleisch, nicht, weil wir es lebensnotwendig bräuchten, sondern weil der Bauer nicht alle Tiere seiner Herde großziehen, aber dem Hammel auch nicht Enthaltsamkeit verordnen kann. Es gibt Zwänge des Unausweichlichen, nicht so sehr bei der Stubenfliege, aber bei Moskitos, die Malaria verbreiten, Zwänge, die von uns persönlich empfunden werden müssen. Albert Schweitzer erinnert sich: »Ich kaufte Eingeborenen einen jungen Fischadler ab, den sie auf einer Sandbank gefangen haben, um ihn aus ihren grausamen Händen zu erretten. Nun aber habe ich zu entscheiden, ob ich ihn verhungern lasse oder ob ich täglich so und so viele Fischlein töte, um ihn am Leben zu erhalten. Ich entschließe mich für das letztere. Aber jeden Tag empfinde ich es als etwas Schweres, daß auf meine Verantwortung hin dieses Leben dem anderen geopfert wird.« (*W.*, I, 243) Das ist auch dadurch ein echter Konflikt, weil Schweitzer es konsequent ablehnt, zwischen höherem und niederem, wertvollerem und minderwertigerem Leben zu unterscheiden. Und das ist ein wichtiger Punkt in der Ethik, Leben grundsätzlich gleich zu achten, also nicht Adler gegen Fischlein, Mensch gegen Tier auszuspielen und daraus abzuleiten, die angeblich höhere Art dürfe die angeblich niedere für ihre Zwecke aufopfern. »Wer einen aus dem Nest gefallenen Vogel aufhebt, findet sich – um ihn füttern zu können – genötigt, kleine Lebewesen zu töten. Dieses Handeln ist völlig willkürlich. Mit welchem Recht opfert er eine Vielzahl von Leben um eines einzigen willen? Mit der gleichen Willkür verfährt er, wenn er ihm unsympathische Tiere vernichtet, um andere vor ihnen zu schützen.« (*W.*, V, 155) Das gilt nun in ganz hervorragender Weise von den nicht grundlos ins Gerede und hoffentlich in die Gewissen vieler Menschen gekommenen Tierversuche. Selbstverständlich hat kein Mensch das Recht, Tiere als Versuchsobjekte zu gebrauchen, geschweige denn in der kosmetischen Industrie, auch nicht, um damit möglicherweise Menschen Hilfe zu bringen. Den Studenten brauchen nicht allgemein bekannte Phänomene an unter größten Qualen leidenden lebenden Versuchstieren demonstriert zu werden. Wenn es Zwänge der Notwendigkeit geben sollte, dann handelt jemand bewußt und schuldig, aber wenigstens nicht gedankenlos wie einer, der Tiere zum Spielen und Wegwerfen an Kinder verschenkt. Und Schuld kann wenigstens teilweise abgetragen werden durch den, der keine Gelegenheit versäumt, um der in Not geratenen Kreatur beizustehen, Hilfe zu bringen »und damit wenigstens für einen Augenblick aus dem unbegreiflichen Grauen des Daseins herauszutreten« (*W.*, II, 390 u. V., 155). Der Nutzen einer Ethik, die uns Ehrfurcht vor allem Leben lehrt, ist auch darin zu sehen, daß sie uns schonungslos die Augen offenzuhalten zwingt gegenüber den vielfachen Weisen, in denen wir Leben vernichten oder schädigen, ohne ausweichen zu können: sie verbietet vehement die unser Gewissen schonende Betäubung durch gedankenlose Hinnahme.

Sie gebietet allerdings gleichfalls energisch, für das Glück der Gesundheit, der Begabung, der Privilegien eines Lebens in Freiheit und vieler Annehmlichkeiten zu bezahlen. Wie ein unerbittlicher Gläubiger verhält sich die Ethik tätiger Ehrfurcht, und wenn sie bei einem Menschen nichts anderes pfänden kann als ein bißchen Zeit, so belegt sie diese mit Beschlag. Sie verlangt von uns allen, in der Hingabe an einsame oder leidende Menschen, unseren Beitrag zur Verwirklichung des sittlichen Postulats zu leisten. Ausgenommen ist niemand, auch diejenigen nicht, die wie Sklaven an ihren Maschinen stehen und dabei kaum die Möglichkeit haben, sich als Mensch an Menschen zu betätigen. Schon um der Gefahr vegetierenden, egoistischen Dahinlebens zu entgehen, sind sie besonders verpflichtet, erst recht dann, wenn sie darunter leiden, daß sie in Arbeitsverhältnisse geraten sind, die sie Tag für Tag, lebenslang, zwingen, sich für den Broterwerb und Familienunterhalt zu verausgaben, ohne daß es das geringste mit ihren geistigen Wünschen oder idealen Zielen zu tun hätte. Um diesem Dilemma wenigstens zeitweise zu entgehen, sollten sie, so empfiehlt Albert Schweitzer, die Chance benutzen und sich eine Weise der Betätigung suchen, bei der sie sich als Menschen ausgeben können.

Die Konflikte, in die wir geraten, kaum daß wir das Licht der Welt erblickt haben, was viele gar nicht als Lichtblick erfahren werden, sind unlösbar und lassen sich durch eine Ethik der Ehrfurcht auch nicht beseitigen. Albert Schweitzer gibt sich hierbei keinen Selbsttäuschungen hin. Aber gesetzt einmal den Fall: es gäbe nur dieses eine religiöse und ethische Gebot; weltweit würden Kinder dazu erzogen und alle Menschen angehalten, sich daran zu orientieren. Statt unübersehbar diffiziler moral-theologischer und moral-philosophischer Theorien und ihrer auf Autorität oder Evidenz gründenden Folgerungen würde die liebende Ehrfurcht vor allem Lebendigen als höchstes Gut den Menschen vorgestellt werden. Wäre das wünschenswert? Möchten Sie, daß Ihre Kinder von Lehrern nach dieser Ethik erzogen werden? Würden wir uns in der Verwirrung der Fragen über Menschenrechte, Menschenwürde, Tierschutz und Naturschutz zurechtfinden, ohne von Albert Schweitzer diesen unüberhörbaren Anstoß zum Überdenken und Selbstentscheiden erhalten zu haben?

10. Theodor Lessing

Ein störender Außenseiter war er, par excellence, ein Einzelgänger, der soviel Anstoß erregte, daß er gehaßt und umgebracht wurde. Zur Naturwirklichkeit und Geschichtswirklichkeit schrieb er, sie seien »weder lebendig noch wahr« (*Geschichte als Sinngebung des Sinnlosen* – *G.*, 18); mit allen Geschichtsphilosophen lag er quer: Joachim von Fiore, Machiavelli, Vico, nicht zu reden von Hegel und Marx. Teilhard de Chardin und dessen Schriften hat er zum Glück nicht gekannt; die Kritik wäre vermutlich maßlos ausgefallen. Er wollte der Eigenliebe der Menschen zu den drei tiefen Kränkungen, die sein Freund Ludwig Klages aufgeführt hat (Lessing nennt Klages nach dem Bruch mit ihm nur noch einen »Seelenforscher«), eine vierte Kränkung hinzufügen, im Vergleich zu ihr müßten die drei anderen »fast belanglos« erscheinen. Die erste, kosmologische Kränkung zerstörte den Glauben, die Erde sei der Mittelpunkt des Weltalls; die biologische Kränkung beseitigte die Illusion, der Mensch habe im Unterschied zum Tier eine göttliche Seele; die psychologische Erniedrigung räumte mit der Vorstellung auf, unser bewußtes Ich sei frei und Herr im eigenen Haus. Was Kopernikus und Giordano Bruno, was Darwin und Freud angerichtet haben, will Lessing vollenden: klarmachen, »daß Geschichte ein für das Leben der Menschen notwendiger Mythos« (*G.*, 29) sei, und dies einem Geschlecht klarmachen, das die Kraft zum Mythos verloren habe.

Bewirkt hat er – ohne daß ein Pauschalurteil hier falsch wäre – überhaupt nichts. Er fand weder Schüler noch Nachfolger, für die deutsche Philosophie bleibt er ein ungenannter Paria, im Ausland verwechselt man ihn mit dem großen Gotthold Ephraim Lessing. Das hat teilweise mit zwei unseligen Umständen zu tun, die einmal seiner Person und sodann dem Erscheinungsjahr seines Hauptwerkes: *Geschichte als Sinngebung des Sinnlosen* anhaften. Der erste bedauerliche Umstand ist kurz der, daß von den Nationalsozialisten Verfolgte oder emigrierte Intellektuelle nach der Beseitigung der Schmach in der Bundesrepublik entweder totgeschwiegen wurden oder nur unter großen Schwierigkeiten und in Ausnahmefällen, falls sie noch lebten, wieder Fuß fassen konnten. Der zweite Umstand, ein dummer Zufall, brachte das Buch in eine für Lessing verhängnisvolle Nähe zum Kulturpessimismus Spenglers. Die *Geschichte als Sinngebung des Sinnlosen*, bewußt gegen die seit Leopold von Ranke üblich gewordene Begriffsbestimmung der »Geschichte als Wissenschaft vom Wirklichen« konzipiert, erschien 1916 im Verlag C. H. Beck in München. Im gleichen Jahr brachte derselbe Verlag ein anderes Werk heraus, das, umfassender und zeitbewegender, den bekannten Titel trug: *Der Untergang des Abendlandes*. Sein Verfasser war Oswald Spengler, der mit diesem Buch den wohl größten, weltumfassendsten Erfolg aller philosophischen Veröffentlichungen errang. Lessings begrenzte Untersuchung wurde nun nur noch mit dem (völlig anders gearteten) Werk Spenglers verglichen oder zusammengebracht, »so wie ein Streifchen Papier, das ein Knabe an den Schweif eines hochgestiegenen und für alle sichtbar gewordenen Drachen band« (*G.*, 13). So geriet Lessings Kritik an der Geschichtswissenschaft in den Schlepptau kulturpessimistischer, skeptischer Literatur, wo sie nicht hingehört.

Freilich war er mit den Historikern nicht gut umgesprungen; er wirft der historischen Rechtsschule vor, daß sie »Recht bestehen lasse, weil es besteht«, und sie behaupten, daß man aus der Geschichte lernen könne, was Recht sei. Wenn das stimmte, dann sollten die Türken morgen Europa erobern und die Völker Afrikas die Welt der Weißen in Brand stecken; die Rechtshistoriker würden im Nu den Beweis liefern, daß das im Sinne der Menschheitsentwicklung notwendig und moralisch sinnvoll gewesen sei. Und würde uns »die Not dazu zwingen, Menschenfleisch zu essen, so würde die Wissenschaft auch beweisen, daß das gesund sei« (*G.*, 223).

Ernst Troeltsch, der, im Unterschied zu anderen Rezensenten, die dem Buch hoheitsvoll Dilettantismus und Unwissenschaftlichkeit bescheinigten, sich von dem Werk »ehrlich beunruhigt« zeigte, schrieb in seiner Besprechung, Lessing leugne die Geschichte und ihre Wirklichkeit. Er empfahl dem Verfasser, doch einmal darüber nachzusinnen, ob die Aussage: daß Goethe am 28. August 1749 geboren ward, nun feststehe oder nicht. O wahrhaftig!, ruft Lessing aus: das gebe ich zu! Aber wenn das ein Beispiel dafür sein soll, wie Geschichte die Wissenschaft vom Wirklichen sei, dann ist bei solch naivem Geschichtsrealismus die Wirklichkeit voller Namen und Daten unbegrenzt. Am 1. Juni fand Hinz eine Schnecke, am 2. Juni sah Kunz einen Wurm. Diese Wirklichkeitsforscher sind für Lessing nichts anderes als »mittelmäßige Dichter« (*G.*, 24).

Geschichte ist nach Lessings Darlegung weder gelebte Unmittelbarkeit (vitalité), noch ist sie Wahrheit im logisch-mathematischen Sinne (vérité), aber auch nicht Bewußtseinswirklichkeit des Menschen (réalité); (vgl. *G.*, 11). Vielmehr ist sie geboren aus tröstenden Selbstheilungen und unvermeidlichen Wunscheinblendungen der Menschen in ihrer Not. Die Arbeit der Wissenschaftler, der Historiker, ist dazu nur die der Kärrner, die Erde und Bausteine heranschaffen, so wie die Rüsselkäfer und Regenwürmer ganz notwendig sind, damit das Beet in Ordnung bleibt und die Rosen erblühen.

Die Wirklichkeit als Geschichte und die Geschichtswissenschaft als Wirklichkeitswissen sind grundverschiedene Dinge. Doch die Vertauschung fängt schon damit an, daß die Sprache kein Wort bietet, mittels dessen man eindeutig unterscheiden könnte zwischen dem Elementaren, dem unmittelbar Lebendigen und dem Bewußtsein von Wirklichkeiten; wenig hilfreich ist es auch, daß wir für die Wirklichkeit in der Natur und die Wirklichkeit in der Geschichte nur ein und dasselbe Wort besitzen. Nun gibt es obendrein einen »liederlichen Sprachgebrauch«, der »wirklich« im Sinn von »sicher«, »wahr«, »evident« gebraucht, und das nicht etwa nur in der Alltagssprache. Allein die Ersetzung von »wirklich« durch »wahr« richtet fürchterlichen Schaden an, denn dann wären geschichtliche Vorgänge auch wahr! Wahrheit aber ist »eine richtmaßgebende« Größe »zur Beurteilung oder Auswertung«, vielleicht sogar zum Verwirklichen von Wirklichkeit; Wahrheit ist »niemals ableitbar von Wirklichem und nicht auf Wirkliches zurückzuführen; denn es gibt nur eine unverbrüchlich gültige Wahrheit; an Hand ihrer aber sehr viele mögliche Wirklichkeiten« (*G.*, 76f.; vgl. *G.*, 116).

Wenn Historiker die Wirklichkeit als ihren Gegenstand »phänomenal für gegeben« halten, fragt man sich, was das heißen soll für so abstrakte Gegenstände wie Volk, Staat, Stadt, Nation. In welcher Weise sind die »Vereinten Nationen«, das »Commonwealth«, die »Europäische Gemeinschaft« phänomenal gegeben etwa im Unterschied zu Gesetzen der Physik oder Astronomie?

Geschichte ist zeitliche Wirklichkeit im Spiegel menschlicher Zwecksetzung; sie ist weder wahr noch lebendig. Keineswegs kann aus der Geschichte ein Zusammenhang von Ursachen oder Entwicklungen in der Zeit entnommen werden ohne menschliche Zutat. Wir, die wir Geschichte setzen, stiften auch den Zusammenhang. Mit anderen Worten: Geschichte findet nicht den Sinn der Welt vor, sie gibt ihn (vgl. *G.*, 77). Geschichte kommt von Geschehen, doch das ist alleiniger deutscher Sprachgebrauch; die griechisch-lateinische Wurzel (historein, historia) weist auf »erkunden«, »erfragen«. Darin liegt gewiß ein Hinweis versteckt, daß auch das Erzählen von Fahrten und Abenteuern Geschichte sein kann.

Man muß weitere Ordnungsbestimmungen einführen, um bessere Sicht auf die Geschichte und ihre Wirklichkeit zu erhalten. Zu sagen, Geschichte sei »ein Vorgang in der Zeit«, reicht nicht aus; er könnte ja erdichtet sein. Aber selbst wenn Geschichte nur erfundene Legende wäre, dann trüge sie den Anspruch in sich, als wirklich geglaubt zu werden. Der Geltungsanspruch genügt aber auch noch nicht, weil die Naturwissenschaften ebenfalls Vorkommnisse in der Zeit feststellen, die den Geltungsanspruch, wirklich zu sein, erheben. Was also ist das dritte Merkmal, das Geschichtswirklichkeit heraushebt? Es ist die Feststellung des einmal Geschehenen, welches, im Unterschied zur Wiederholbarkeit naturwissenschaftlich relevanter Vorgänge, »ganz genau ebenso noch nicht da war und ganz genau ebenso niemals wiederkehren kann« (*G.*, 79). Daher kann die Geschichtswissenschaft auch niemals Gesetze aufstellen in derselben Art, wie die Naturwissenschaften allgemeine Gesetze finden.

So weit, so gut; wenn es nur damit seine Richtigkeit hätte, das heißt, wenn tatsächlich jede Feststellung der Naturwissenschaft auf allgemeingültige Gesetze, jede Feststellung der Geschichtswissenschaft auf den einmaligen Vorgang hinausliefe. Doch dem ist nicht so. Wenn ich behaupte: »Gewaltsame Unterdrückung führt zur Verstärkung von Freiheitsbestrebungen«, oder »Extreme befördern den Ausschlag nach der entgegengesetzten Richtung«, so sind das, strenggenommen, zwar keine Gesetze, die ausnahmslos gelten, aber doch für alle Geschichte gültige Regeln. Umgekehrt kann ein geschichtlich einmaliger Vorgang mit dem Geltungsanspruch, wirklich gewesen zu sein, hundertmal in der Arbeit naturwissenschaftlicher Beschreibung nachgewiesen werden, z. B. ein Geschehen von der Art wie: in der vergangenen Nacht von 10.15 Uhr bis 10.35 Uhr hatte der Mond einen Hof. Es könnte höchstens bezweifelt werden, ob das tatsächlich ein »historischer Vorgang« gewesen sei, doch da ist Vorsicht geboten. Der Bericht eines Schusses, den Herr X auf Herrn Y zu einem bestimmten Zeitpunkt abgegeben hat, ist ebenso ambivalent – bis er in den Zusammenhang mit Schicksalen gebracht wird und eine überpersönliche Rolle zu spielen beginnt.

Somit bedarf Geschichte zu ihrer genaueren Bestimmung noch eines weiteren, eines vierten Merkmals, das Lessing so beschreibt: »... daß Geschichte die zunächst... von der naturwissenschaftlichen Tatsache gar nicht verschiedenen Feststellung: ›Das und das geschah dort und dort‹ – lediglich dazu benötigt und dazu verwertet, um aus bloßem Vorkommnis ein sinnvoll gewordenes Schicksal zu dichten« (*G.*, 81).

Lessing gebraucht absichtlich das Wort »dichten«, nicht um die Historiker zu ärgern, sondern um herauszustellen, daß Phantasie, Wunsch, Sehnsucht, Leidenschaft, Hoffnung, alle mehr beteiligt sind als Wissenschaft oder der »Wille zur Wahrheit«. Das Bilden von Geschichte aus Geschehnissen ist ein dichterischer Vorgang, keine »Feststellung« *sine ira et studio*. So ruchlos unsinnig das Wort Friedrich Schillers ist, die Geschichte sei das Weltgericht, so wohldurchdacht und sinnvoll wäre die scheinbar auf gleicher Ebene liegende Aussage: Geschichte sei ein großes menschheitliches Welt-Kunstwerk. »Mit dem Bilden von Geschichte ersteht erst das Bild der Geschichte. Eine andere Wirklichkeit von Geschichte gibt es nicht!« (*G.*, 89). Nietzsche unterschied schon die antiquarische, die kritische und die monumentale Historie (Geschichte aus Ehrfurcht, aus Neugier und dem Bedürfnis nach Heldenverehrung). Lessing fügt dem die Geschichten aus Hoffnung und Ermutigung, aus Moralbedürfnis und Rechtfertigungswillen, aus Machtbegierde und dem Verlangen nach Verklärung hinzu. Doch der Katalog ist nicht abgeschlossen: kirchliches, soziales, wirtschaftliches, psychologisches Interesse kann den Griffel der Geschichte führen. Wir haben genug Beispiele preußischer, katholischer, moralischer, politisch-staatlicher, ästhetischer, zivilisatorischer, internationaler, wirtschaftlicher, kategorialordnender Geschichtsschreibung; aber man glaube nicht, mit solcher Einteilung sei viel gewonnen. Sie besagt nur, daß es die Weltgeschichte, die historische Wirklichkeit nicht gibt. So wie eine Landschaft von verschiedenen Malern in so mannigfach unterschiedlicher Weise neu geschaffen wird und niemand sagen würde: es gäbe *die* verbindliche Darstellung; es gibt Bellinis, Giorgiones, Canalettos und Guardis »Venedig«; es gibt Botticellis »Florenz«, Michelangelos, Leonardos, Raffaels »Rom«, Turners und Constables »England« usw. Die Annahme, man habe es mit einem stabilen, realen Gegenstand zu tun, wird in dem Moment zu Bruch gehen, in dem man sich vergegenwärtigt, daß der »Gegenstand« der Geschichte rein materialmäßig alles übersteigt, was aufgearbeitet werden könnte: die ungeheure Fülle historischer Dokumente (Akten, Reden, Aufzeichnungen, Briefe, Filme etc.) auch nur *eines* Tages, der rekonstruiert werden sollte, machen alles zunichte, was in dieser Annahme steckte.

Noch einmal, und das Kapitel der Begriffsbestimmung abschließend, sei gesagt: Geschichte ist nicht unmittelbar, nicht elementar, nicht lebendig, auch nicht wahr, nicht logisch und nicht rational. Sie ist positiv »Wirklichkeit« vermöge des Bewußtseins, fließendes Bild der Wirklichkeit, erdichtet in der idealen Sphäre des von Menschen verwerteten Lebens.

Soweit bereiten Lessings Definitionen und Erläuterungen nicht die geringsten Schwierigkeiten, im Gegenteil, man kann sie klärend und einleuchtend finden. Daran scheint, vorläufig, nichts Anstößiges zu haften. Verständlich ist allerdings, daß Historiker nicht davon erbaut sind, unter die Mythendichter eingeordnet zu werden. Sie könnten auch einwenden, daß Mythen nicht erfunden und niedergeschrieben werden wie Gedichte. Man findet sie vor, oder man hat sie eben nicht, so wie man Sinn vorfindet, ihn aber nicht als Geschichte stiften kann. Sinn kann bestenfalls dem eigenen persönlichen Lebensablauf unterlegt werden, aber nicht einem »Welt-Kunstwerk«.

Doch dazu steuert Lessing einen neuen Gedanken bei, der wohl wert ist, überdacht zu werden. Eine der Bedingungen, durch die »Geschichte« überhaupt konzipiert werden kann, ist der Zusammenhang der Ereignisse, im Unterschied zum bloßen Nebeneinander und Nacheinander zeitlicher Wahrnehmung. Gesetzt den Fall, Leben wäre jeden Augenblick neu und anders, dann könnten wir nicht von Geschichte reden. Wir bedürfen eines gleichbleibenden Trägers und einer Richtungskonstanten im Geschehen. Lessing nennt es die »Gestaltungseinheit« (*G.*, 167), quasi eine Hilfskonstruktion unserer Vernunft, um nicht im planlosen Wechsel, im dauernden Strom sich abwechselnder, von einander unabhängiger Bilder verlorenzugehen. Für unser Gefühl gibt es nur aufeinanderfolgendes Erleben, absichtslose, lebendige Assoziationen, mit dem wir, wie bei einem raschen Filmablauf, verwirrt zurückgelassen blieben, wenn nicht ein kausales logisches Band Hilfe brächte. Wir denken das Erlebte um und bringen Absicht, Sinn in den Ablauf. Diese Angewohnheit, ohne die wir nicht vernünftig zu leben vermöchten, verleitet uns nun, bei dem außermenschlichen Geschehen, den öffentlichten Abläufen ebenso zu verfahren, d.h. ihnen Sinn und Ziel beizugeben, sie auszulegen und auszudeuten. Weil wir für unser Bewußtsein Assoziationen verknüpfen müssen, um menschlich leben zu können, glauben wir, in ebensolcher Weise historische Geltungseinheiten zu benötigen, um überhaupt begreifen zu können, was vor sich geht. Daran wäre noch nichts auszusetzen, wenn uns die Einsicht zugleich lehren würde, Geschichte dann auch als das zu sehen, was sie, so verstanden, nur sein kann.

Weltgeschichte besteht aus Bildern in Büchern, die Historiker gemalt und erzählt haben nach der Maßgabe ihrer Vorurteile. Was sind die Elemente dieser Geschichtsdarbietungen? Worte, nichts als Worte, Worte von Monarchen, unbezweifelbaren Narren, genialen Verbrechern, Bluthunden, Komödianten, bloßen Kleiderständern und Nullen, Wüstlingen, Großmäulern, Schwächlingen. Diese sind natürlich nicht schlechter als Durchschnittsmenschen, in der Regel sogar etwas besser. Wenn Wilhelm Dilthey recht hat mit der Bemerkung: was der Mensch sei, das erfahre er durch die Geschichte – dann lehrt diese eindeutig, daß Menschen aus einer Mischung von Narren und Bestien bestehen (vgl. *G.*, 180). Was wir in die zarten Köpfe der Jugend pflanzen wollen, es komme im Leben auf Wahrheit, Freiheit, Verantwortung an, ist für die Geschichte ganz abwegig. Noch nicht einmal Erfolg und Mißerfolg entscheiden für das Bild; Erfolge können ganz sinnlos, Mißerfolge ganz zufällig gerecht erscheinen. Der »Satz des Pythagoras« stammt nicht von Pythagoras, der Ambrosianische Lobgesang nicht von Ambrosius, das Einsteinsche Relativitätsprinzip nicht von Einstein, der Buddhismus nicht von Buddha, das Christentum nicht von Christus. »Bei Licht besehen erweist sich jede historische ›Tatsache‹ als das Kind des Zufalls und der verlogensten Übereinkunft.« (*G.*, 182)

Eine weitere, wie mir scheint, äußerst notwendige Korrektur bringt Lessing an den »Wirklichkeiten« als Träger der Geschichte an, Wirklichkeiten, die keine sind, die wir nur immer für solche halten. Staaten zum Beispiel, Parteien, Universitäten. Das sind im Grunde nur Versammlungen, zu denen die Teilnehmer kommen und gehen, die morgen schon aus ganz anderen Teilnehmern zusammengesetzt sein können. Das wurde mir einmal bewußt, als ich nach vielen Jahren erstmals wieder an meine alte Universität (Tübingen) zurückkam, wo buchstäblich kein Mensch aus der Zeit meines Studiums übriggeblieben war. Dennoch ist es noch die gleiche Universität, aber was garantiert ihre Identität? Dasselbe Gebäude (und was, wenn es umgebaut oder durch Neubauten ersetzt wurde?). Der Name? Die Funktionsbestimmung? Hätte ich einen einzigen mir bekannten Menschen getroffen, wäre ein Empfinden der Kontinuität vielleicht aufgekommen. Daher bin ich, wie Lessing, fast versucht, als Konsequenz zu vereinseitigen, daß die wahrhafte Form der Geschichte eine Lebensgeschichte ist und unter den Biographien eigentlich nur die Autobiographie taugt. Die Weltgeschichten dagegen werden, wie der logische Begriff, immer inhaltsleerer, je umfassender sie werden – es sei denn, sie bestehen als Sammelsurien aus zahllosen Einzelgeschichten (vgl. *G.*, 188f.), aber selbst dann bleibt die Universalgeschichte die hohlste aller Windblasen.

Das läßt sich auch durch einen weiteren Gedankengang erhärten. Sinn, ordnendes Denken, Logik, Bewußtsein offenbaren sich niemals anders als in einer Person und durch diese Person. Man beobachte in Sitzungen, Kommissionen, Kuratorien, Ministerien usw., »wie nach stundenlangem Debattieren schließlich immer ein ›engerer Ausschuß‹ gewählt werden muß, der den durch Verhandlung verfahrenen Karren wieder ins Gleise zu schieben hat« (*G.*, 195). Der Einzelne wird den

Turmbau eher vollenden, als das der babylonische Sprachwirrwarr der Menge je vermöchte. Die Lebensgefahr eines Kranken wächst, je mehr berühmte Ärzte an das Krankenbett gerufen werden. Ein Konzil der größten Denker würde die Welt in unlösbare Verwirrung stürzen. Man kann das Absterben des Lebens zur Geschichte wohl nicht treffender beschreiben als durch das Gesetz der großen Zahl. »Dadurch, daß alle Tatbestände massenhaft werden, verlieren sie ihr Leben und werden Geschichte.« (*G.*, 196) Ein jedes Buch, das wir heute schreiben, ist schon in der Geburt gestorben, weil es sofort eingeht in die unüberschaubare Masse der Publikationen und sich dort verliert.

Noch eine Überlegung weist in der Geschichte auf den Einzelnen zurück. Es ist bedenkenswert, wie bei der Frage nach der Verursachung eines Geschehens stets eine Nebenabsicht ins Spiel kommt, die zunächst nicht auffällt. Es ist eine Art Animismus, wie auch in allen Sprachen der Erde das Wort »Ursache« etwas Dämonisches, Schuldhaftes mit sich bringt. Spuren dieses Fetischismus sind selbst in der deutschen Umgangssprache erhalten, wenn wir fragen wollen, was die Ursache eines Geschehens sei und sagen: Wer oder was ist schuld daran? Die Suche nach Ursachen ist also auch ein Suchen nach Schuld, weil wir weniger am Wesen einer Erscheinung interessiert sind, als daß wir uns beruhigen wollen angesichts dieser Erscheinung, mit der wir uns abfinden müssen (vgl. *G.*, 206). Es ist eine merkwürdige Entdeckung, die Lessing machte, daß das Bedürfnis nach Ursächlichkeit aus derselben Wurzel gewachsen ist wie der Schicksalsglaube und beide sich die Welt teilen auf die Art, daß der Wille, möglichst alles kausal zu erklären, die westliche Hemisphäre beherrscht, während der Schicksalsglaube der östlichen Erdhälfte nun nicht mehr als Gegensatz erscheint, sondern als die andere von zwei Spielarten desselben Beruhigungsbedürfnisses. So wird die Sinngebung des Sinnlosen als das erkannt, was sie ist: ein religiöses Seditiv und Quietiv. Mit dem sinnlosen, schrecklichen Tatsächlichen muß sich der Mensch immer abfinden; er tut es, indem er es erhöht und verklärt. »Geschehenes, nachdem es einmal geschehen ist, hat also immer ›Sinn‹«. (*G.*, 210) Es ist also völlig gleichgültig, ob man den Massenwahn, die Gruppenpsychosen, das, was die Völker zusammenbindet, »Glaube« oder »Lüge« oder »Ideal« nennt. Massentatsachen müssen, sofern wir sie überhaupt ertragen wollen, in Sinntatsachen umgeglaubt werden. Es gibt keinen anderen Weg, der Verzweiflung zu entgehen, als den Glauben an die Gültigkeit dessen, was ohnehin nicht zu verändern ist.

Hier setzt das ein, was Lessing die *logificatio post festum* nennt: die Suche nach Werten, die wir dem verleihen wollen, der Erfolg hatte, die

Suche nach Schuld für diejenigen, die nur Mißerfolg aufweisen können, die logisch-moralische Ursachenforschung, die an den Böotier erinnert, der begeistert ausgerufen hatte: Wir Menschen werden immer klüger – jetzt haben wir sogar schon die Namen der Sterne entdeckt! (*G.*, 212)

Vicos Satz, daß Geschichte ganz von Menschen gemacht wird, erhält durch Lessing (der Vico ungerechtfertigt einen »breitgeschwätzigen« typisch italienischen Geschichtsphilosophen schimpft und grob mit ihm umgeht; vgl. *G.*, 185) eine andere Bedeutung und zugleich eine wörtliche Bestätigung: die Geschichte fließt aus den Menschen und wird so sehr von Menschen gemacht, daß es den strengen Wissenschaften nie gelingen wird, Ursachenreihen, nach denen sie forschen, aufzuweisen. Es geht immer um diesen Wissenschaften verschlossene, innere Beweggründe, um Motivationen, die natürlich Erklitterungen sind. Wenn es möglich wäre, in eines Menschen Denkungsart so tiefe Einsicht zu haben, daß jede, auch die mindeste Triebfeder dazu uns bekannt würde, so könnte man eines Menschen Verhalten auf alle Zukunft mit Gewißheit wie eine Mondfinsternis oder Sonnenfinsternis ausrechnen.

Welch schreckliche Verkürzung, vom »Ehrgeiz Japans«, der »Ruhmsucht Frankreichs«, der »Heuchelei Britanniens« zu sprechen. Wer ermißt, aus welchen Zuflüssen solche Massenverhalten gespeist werden? Wieviel Angst mischt sich in Begeisterung, wieviel Dummheit steht hinter Heldenmut? Mancher Herdentrieb sieht aus wie freier Entschluß, Hörigkeit paart sich mit Großmannssucht – kein Mensch könnte erschöpfen, was hier zusammenquirlt und im nachhinein als einfacher Beweggrund ausgegeben wird. Adeligste Herzenseinfalt und schäbigste Berechnung wirken in allen Massenbewegungen zusammen. Geschichtsschreiber sind, meint Lessing (*G.*, 214), fast immer schlechte Menschenkenner. So ist die Äußerung Jakob Burckhardts nur ein kindlicher Irrtum: »In Heldenzeiten nehmen die Verbrechen und Laster ab.« Nein, die Mischung von Gut und Böse bleibt zu allen Zeiten konstant, d. h., leicht und schnell geht das eine in das andere über: die Verbrecher werden Helden, und nachher wenden sie sich wieder ihren Lastern zu. Aus göttlichen Motiven wird Bestialisches geübt, aus gemeinen Antrieben Hohes geschaffen. Die »heldenhaften Zeiten« Jakob Burckhardts nahmen nur eine Unzahl von Missetaten in den Dienst des Massenwillens und belohnten das mit Ehren, was tags zuvor noch mit dem Tod am Galgen bestraft worden ist. »Zu wissen, woran man sich halten kann, seiner persönlichen Verantwortung entbunden werden und alles Tun auf Geschichte, Vaterland«, Kirche oder die

Pflicht »abschieben zu können, das wirkt wie das Aufhören einer Seelenkrankheit« (G., 215). So bestätigt die Redens-Unart von Stammtischen, daß im »Dritten Reich« die Kriminalstatistik verschwindend gering war, nur, was Jakob Burckhardt unbewußt und Theodor Lessing bewußt und fast prophetisch voraussagend behaupteten. Selbstverständlich gab es kaum Mord, Totschlag, Gewaltverbrechen zwischen 1933 und 1945, weil Mörder, Totschläger und Gewaltverbrecher in Uniform steckten und als SS-Bewacher in Konzentrationslagern und mit Staatsauftrag in fast allen Ländern Europas ihre Triebe legal austoben konnten.

Es wird langsam sehr deutlich sichtbar, was anstößig wirken mußte in einem Land, das auch schon nach dem Ersten Weltkrieg »Vergangenheit bewältigen mußte«. Was Lessing aussprach, durfte nicht gedacht oder an Universitäten vorgetragen und schon gar nicht publiziert werden. Wer den Kriegsanfang im August 1914 so beschrieb, war auch in den zwanziger Jahren seines Lebens nicht mehr sicher; in den dreißiger Jahren wäre es die Ausfertigung des eigenen Todesurteils gewesen: »Eine aus Machtwille und Abwehrinstinkt, aus Raubtrieben und Herdenangst gemischte Raserei hatte die Menschen Europas ergriffen. In den Straßen der Städte herrschte Säbelgewalt. Von den Kanzeln, Tribünen, Kathedern gab sich entfesselte Bestialität kund. Die Sprache der Fürsten, der Könige und Kaiser wurde der des Metzgers gemein. ›Wir wollen die Engländer dreschen‹, sangen in Deutschland die kleinen Knaben. ›Wir hacken die Franzosen in Stücke‹, jubelten zarte Frauen. ›Jauchzen wollen wir, wenn deutsche Bomben auf Westminster und den Louvre prasseln‹, tobte in Berlin ein Professor des Völkerrechts (Kohler) unter dem Beifall von Tausenden. – Nicht anders war es in Paris, in London, in Moskau. In Frankreich, in England schwelgte man in der ruchlosen Vorstellung, Berlin zu verbrennen oder München dem Erdboden gleichzumachen. Am ruchlosesten zeigten sich in allen Ländern die Frauen und die Sozialisten. Von heute auf morgen widerriefen sie alles, was sie je geglaubt und gelehrt hatten... Jede Roheit, jede heimtückische Niedertracht Mensch gegen Mensch, jeder böse Trieb galt auf einmal hoch und heilig, sofern er nur im Namen des Vaterlandes und im Dienst des Vaterlandes geübt wurde.« (G., 235 f.)

Lessing sah einige Wochen vor Kriegsausbruch eine große Parade in Paris, bei der sich der französische Präsident und der englische König verbrüderten; nur wenig später beobachtete er den Aufmarsch der deutschen Truppen. Sein Resumé: »Es war hüben wie drüben dasselbe Bild ahnungslos gläubiger Menschen, die überhaupt nicht wußten, was sie taten, und nicht einmal wußten, was sie wollten.« Wo die Würde des nüchternen Geistes versuchte, ein Fünklein von Menschlichkeit zu wahren, wurde es vom schreibenden und lehrenden Pöbel ausgetreten. Unter dem Enthusiasmus der »Sendungsgeschwollenen«, die kommenden Geschlechter ihre Makulatur lieferten, ragte ein Vertreter der »leeren, entgötterten, elementlosen Kultur« hervor, der Dichter Thomas Mann, »der am Luxusschreibtisch, ferne vom Schusse, niederschrieb: ›Möchte doch dieser Krieg noch sieben Jahre dauern, damit der sittliche Segen dieser heroischen Zeit noch lange für Deutschland erhalten bleibe‹...« (*G.*, 236).

Es half nichts, daß Lessing mit dem Hinweis auf »drüben« Ausgewogenheit versucht hatte. Mit der gnadenlosen Analyse des »hüben« zog er die Kugel des Mörders auf sich, der im Dienste des anständigen Deutschland stand. Dem Buch, dem die Zitate entnommen sind, widerfuhr die Ehre, auf den Scheiterhaufen vor den Universitäten vieler Städte verbrannt zu werden. »Wahr und glaubwürdig an dieser Komödie der Geschichte ist nichts als die Not, das Leiden und der Schmerz.« (G., 218)

Uns bleibt noch, etwas näher auf die Geschichtsschreibung »zum Zwecke eines heilsamen Selbstbetruges« einzugehen, die Lessing auf die griffige Formel *logificatio post festum* brachte (die er seinen »Kernbegriff« nennt; *G.*, 228 Anm.). Am Begriff der »Ursache« hatte er schon gezeigt, wie die Gleichsetzung von logisch-kausaler Gesetzmäßigkeit mit moralischer Notwendigkeit geschichtliches Denken hervorbringt. Das ist aber immer und überall am Werk, daß wir Ursachen benennen und zugleich einen Sündenbock für die »Schuld daran« haben möchten. Unsere gesamte Strafrechtspflege ist darauf aufgebaut: wir strafen nicht um des Angeklagten willen, sondern zu unserer eigenen Beruhigung. Im Schuldzuweisen erfolgt ein Akt des Sich-Entschämens, ein Abwälzen der Verantwortung auf fremde Zuständigkeit, der gegenüber man selbst schuldlos dasteht. Das ist gar nichts anderes, als wenn im alten China bei schlechter Ernte der Hausgott Prügel bekam oder bei afrikanischen Stämmen der Nächstbeste geschlagen wurde, weil der Häuptling Zahnschmerzen hatte (vgl. *G.*, 230).

Pragmatische Geschichte verläuft ausnahmslos nach dem Schema: (1) eine Tatsache wird als aufregend empfunden; (2) sie muß eingeordnet werden; (3) die Überlieferung vergangener aufregender Tatsachen wird um die neu entdeckte herum gruppiert; (4) post festum erweist sie sich als begründet und sinnvoll. Ich weiß keine einfachere und plausiblere Erklärung für Geschichte, als diesen fast klassischen Satz Lessings: »Weil Geschichte von den Lebenden geschrieben wird, alle Abgeschiedenen aber stumm sind, und weil Überlebendbleibende ihr

Amlebensein immer als sinnvoll empfinden, und es für ganz natürlich halten, daß just sie da sind und nicht andere, so ist überhaupt nicht einzusehen, wie man jemals Geschichte aufstellen könnte, die nicht sinnvoll wäre.« (*G.*, 232)

Wenn wir eine Reihe niederschreiben, z.B. 4, 12, 15, 9, 11, 98 (eine völlig zufällige Zusammenstellung, der überhaupt keine Absicht unterstellt ist), und behaupten, es handle sich jeweils um Tatsachenereignisse, die in dieser Reihenfolge historisch bedeutsam seien, wird es nicht lange dauern, bis jemand den Sinn der Reihung und das Telos entdeckt haben wird. Wie sinnig das Weltgefüge sein muß, sieht man an dem Beispiel, daß Gott, als er den Korkbaum erschuf, gleich auch den Propfen erfand, den man aus der Rinde herstellen kann. Dante weissagte den Florentinern im Jahre 1304, daß Gott sie strafen werde für die ungerechte Behandlung, die ihm in Florenz zuteil wurde: die Brücke über den Arno werde einstürzen und ein Teil der Stadt im Feuer untergehen. Dieses Ereignis war aber schon im Jahre 1300 eingetreten, Dante wußte also genau, daß seine Prophezeiung wahr ist, sie hatte sich ja bereits erfüllt. »So ist Geschichte die selbstgerechte Ichbezüglichkeit des Geistes, der aus Geschichte herausgeboren, zuletzt Geschichte als Vorstufe zu seiner eigenen Gegenwart begreift...« (*G.*, 233) Lessing weist zu Recht darauf hin, daß man, das Beispiel Dantes vor Augen, vom Historiker als »rückwärts gewendeten Propheten« (Heinrich Treitschke) sprechen kann. In der Tat kann man das, und wenn die Ebenen von Wirklichkeit und Wahrheit, wie üblich, verwechselt werden, dann schreibt der Historiker als Prophet sogar im nachhinein eine Heilsgeschichte. Die *logificatio post festum* macht aus der (Beweis-) Not eine (Wissenschafts-)Tugend. Was das Auge sieht, das glaubt das Herz, hatte Gotthold Ephraim Lessing geschrieben. Der illegitime Enkel Theodor Lessing stellt den Satz vom Kopf auf die Füße: Was das Herz glaubt, das sieht das Auge auch.

Freilich sind der Logification des geschichtsschaffenden Geistes, der Geschehnisse in Ereignisse umbildet, Grenzen gesetzt. Ein Historiker könnte sich noch so sehr in eine Tatsache verlieben, sich für ein Geschehnis begeistern – es wird doch keine Geschichte daraus, denn kein Einzelner schreibt Geschichte! In Betracht kommt zunächst ausschließlich das, »was zur Kenntnis gelangt«. Zweitens müssen ein gewisser Erfolg und eine beträchtliche Wirkung hinzugetreten sein. Der edelste aller Menschen, die größte aller Taten blieben für die Geschichte belanglos, geschähe sie im Innern eines Himalaja-Berges, verborgen vor aller Welt. Das scheint eine Selbstverständlichkeit zu sein, doch es läßt sich eine wichtige Folgerung daraus ziehen: Das, was in die

Geschichte gelangt und in ihr fortdauert, ist nur das, was bekannt geworden und Aufsehen erregt hat; und das ist wohl kaum das Wertvolle. Umgekehrt darf das, was die Geschichte gar nicht aufgenommen oder verloren und vergessen hat, nicht als wertlos angesehen werden (vgl. *G.*, 258). Diese Einsicht sollte uns daran hindern, Tradition allzuviel Gewicht zu geben. Weil etwas überliefert ist, und was überliefert ist, braucht noch keinen Wert an sich zu besitzen. Und überdies, das wurde anfangs schon richtiggestellt, können der Geschichte keine Rechtsnormen und sittliche Sollensforderungen entnommen werden; für eine Ethik gibt Geschichte nichts ab.

Lessings Werk sollte, der Absicht des Verfassers nach, als eine erkenntniskritische Schrift angesehen werden. In erster Linie wurden die Kategorien der herkömmlichen Geschichtsschreibung und der Geschichtsphilosophie in Frage gestellt, gründlich allerdings und konsequent. Lessing zeigte, daß diese Kategorien der Geschichte selbst nicht entnommen werden können; sie sind Werkzeuge, unsere Hilfsmittel, mit denen wir Geschichte zu begreifen und zu ordnen versuchen. Alle Verzeichnungen einer Entwicklung, sei es das Vertrauen in den Fortschritt oder der Glaube an den Sieg einer Revolution, sind nachträgliche Konstruktionen des Menschen. Damit ist die Geschichtsschreibung nicht diskreditiert und die Geschichtsphilosophie nicht schlechthin ad absurdum geführt; wenngleich die Geschichtsphilosophie Hegels keine Chance mehr hat, ernst genommen zu werden. Lessing hat auch keineswegs die Historiker als »Lügner« verunglimpft, wie ihm Ernst Troeltsch vorgeworfen hat, woraufhin er die Antwort bekam: »Mein Krieg gegen Geschichte gilt nicht der Lüge, sondern der Wahrheit der Historiker.« (*G.*, 277) Lessing wollte nur aufweisen, daß ihr Geschäft nicht viel mit Wissenschaft zu tun habe, eher mit Kunst. Wenn man das Buch aufmerksam liest, wird die oft wiederholte Forderung an die Historiker zu einer persönlichen Bitte: doch um der Wahrheit und des Mitleids wegen die Menschen in ihrem erniedrigten und herabgesetzten Leben nicht zu vergessen, die Geschichte der Mühseligen und Beladenen zu schreiben anstelle der Triumphe sogenannter historischer Erfolgsgrößen. Jede Nähe zum angekränkelten Pessimismus mancher Intellektuellen der ersten beiden Jahrzehnte dieses Jahrhunderts hatte Lessing stets empört zurückgewiesen. Und doch schließt sein Buch mit einem merkwürdigen Bekenntnis, das er »den Kern einer langen Lebens- und Welterfahrung« nennt, und von dem er vermutet, daß es »von den Lesern belächelt« werden wird.

Es ist eine pessimistische Vorhersage, der reine Gegensatz zu Teilhard de Chardins Zukunftsprognosen. Die Freundschaft mit Ludwig

Klages hat zu einer Übereinstimmung geführt, die unüberhörbar ist. »Die Entwicklung des Menschen«, schreibt Lessing, »und sein unhemmbar fortschreitender Kulturprozeß mündet mit unweigerlicher Sicherheit in den – Irrsinn.« (*G.*, 303) Der sich selbst überstürzende Geist des Menschen ist nicht mehr die Bildkraft der Erde, sondern der das Bild nachschaffende, nachäffende Teufel, der zugunsten des Menschen über die Natur kalt und frech triumphiert. Der Weg der Geschichte ist ein Sieg der Menschheitsideologie über das Leben und die Seele der Natur. Zeigen die Gesichter der Menschen in den Weltstädten und modernen Großstädten nicht schon deutliche Spuren des Wahnsinns? Ist das, was sie tun und treiben, eingemauert in Arbeit, umtürmt von toten Leistungen und Werken, für die sie ihr Leben hingeben, um im größten Tempo Geld zu verdienen, um es für ihre täglichen Aufkitzelungen wieder auszugeben, nicht unverkennbarer Blödsinn? »Alle Kreise und Schichten klügeln und vernünfteln, ohne auch nur entfernt zu ahnen, daß gerade diese allgemeine Scheinwisserei... eine Art anwachsenden Wahnsinns... dieser langsam verrückt gewordenen Raubaffenspezies« darstellt (*G.*, 304f.). Auf jedem Spaziergang begegnen uns vereinsamte, »überbürdete, überhetzte Gestalten, die fortwährend zwangsmäßig logisch delirieren und diskutieren« (ebd.). »Verameisung« und »Vereinsamung« sind die letzten Stichworte, mit denen Lessing das Schicksal der Menschen dieses Jahrhunderts charakterisiert. Im Jahre 1916 ist das Buch veröffentlicht worden, vor siebzig Jahren also. Wie ist es möglich, daß der Verfasser über unseren Zustand heute so gut Bescheid gewußt hat?

11. Pierre Teilhard de Chardin

Marie-Joseph Pierre Teilhard de Chardin war ein eigenartiger Mensch, ein freundlicher Einzelgänger, dem als Siebzigjährigem noch wert war, aus seiner Kindheit zu berichten, daß er schon mit sechs oder sieben Jahren von der Materie fasziniert war. Zwar meint er, daß sich ähnliche Erlebnisse, wie er sie hatte, auch bei anderen Jungen einstellen, aber das bezweifle ich und halte das, woran er sich erinnert, für höchst ungewöhnlich und in mehrfacher Hinsicht aufschlußreich.

Die fromme Mutter war besonders dem »petit Jésus« zugetan und verehrte »le Sacre-Cœur«, so war die Liebe zum kleinen Jesulein und die Herz-Jesu-Verehrung für den artigen Pierre eine familiäre Selbstverständlichkeit. Aber, so schreibt er, »in Wirklichkeit war mein wahres Ich woanders«. Er liebte inniglich, ja er betete an: seinen kleinen Gott, dessen Herz er verehrte: dieses Idol war ein Stück Metall, ein Schraubenschlüssel, eine sechskantige »Mutter« oder ein Granatsplitter. Heimlich, »ohne ein Wort zu sagen, ohne auch nur zu denken, es könnte darüber irgend etwas zu sagen geben«, zog er sich in die Betrachtung seines Besitzes, »in die genießerisch ausgekostete Existenz meines ›Eisen-Gottes‹ zurück«[1]. Als er eines Tages merkte, daß sein Gott Rost ansetzte, konvertierte er zu einer anderen geliebten Substanz (la substance chérie): Quarzkristall. Aber etwas Widerstandsfähiges, Unangreifbares, irgend etwas Hartes mußte es sein. Noch im Alter, gestand er, spüre er das Bedürfnis, »etwas ›Absolutes‹ ganz und gar zu besitzen«, und von allen Freuden sei dies die ursprüngliche und einzige, die ihn wirklich ganz glücklich mache: der Besitz irgendeines Gegenstandes, dessen Wesen er als »sehr kostbar, haltbar und unveränderlich« empfand. Er hat nicht die geringste Schwierigkeit, darauf hinzuweisen, daß diese Achse seines Innenlebens von der Kindheit an bis ins Alter gleich geblieben ist, lediglich der Gegenstand der Anbetung wechselte. Wörtlich sagte er: »Bald war es ein Metallstück... bald, durch einen Sprung ins andere Extrem, der Gedanke an einen Gott-Geist (Der Leib Christi erschien mir in diesem Alter als etwas zu Hinfälliges, etwas, das zu leicht verwest).«[2]

Dieser »ausgeprägte Sinn für substantielles Sein«[3] ist nun gewiß der hervorragende Wesenszug Teilhards, der sich tausendfach in seinen zahlreichen Schriften wiederfindet. Aber weniger dieser Sinn für Materielles, als die eben erwähnte Leichtigkeit zum »Sprung ins andere Extrem«, von der Physik und Paläontologie in die Metaphysik und spekulative Theologie brachte ihm Ärger ein und machte ihn zu einem der umstrittensten Denker unseres Jahrhunderts. Seine eigenartige Christologie wird hier aber nicht als Merkmal seiner Anstößigkeit diskutiert werden. Daran hat die kirchliche Dogmatik ausgiebig Anstoß genommen, doch das kann nicht unser Aspekt der Darstellung sein. Desgleichen ist die unglückliche Geschichte seines Verhältnisses zum Jesuitenorden hier nicht von Interesse; sie wurde mehrfach von Freunden und Gegnern unter seinen Ordensbrüdern an die Öffentlichkeit gebracht; ich werde darauf nicht weiter eingehen. Zu erwähnen wären nur die Fakten, daß er im Alter von achtzehn Jahren 1899 in Aix-en-Provence als Novize in die Gesellschaft Jesu eingetreten war, zeitlebens gehorsam allen Weisungen »von oben« folgend in dem Orden verweilte, und nach seinem Tod am Ostersonntag 1955 auf dem schlichten Novizialfriedhof der Jesuiten der Provinz New York begraben wurde. Die starke Bindung an die Ordensdisziplin und die Autorität der ihm Vorgesetzten entsprachen wohl dem, was er wohltuend als das »Dauerhafte« empfunden hatte.[4]

Im Jahre 1902 wurden die Häuser der Jesuiten in Frankreich geschlossen, die Angehörigen des Ordens mußten außer Landes gehen. So verbringt Teilhard sein Juvenat auf der englischen Kanalinsel Jersey, wird nach siebenjähriger Ausbildung als Lehrer nach Kairo geschickt und kehrt nach Europa zum theologischen Studium in das Ordenshaus »Ore Place« im höher gelegenen Teil der historischen Stadt Hastings in Sussex zurück. Diese Zufälle der Ortswahl, des erzwungenen Aufenthaltes in England, sind deshalb wichtig, weil im Mutterland Darwins, Lyells und Huxleys die Evolutionsgeschichte der Erde, der Pflanzen, Tiere und Menschen sozusagen in der Luft lag, wie die Fossilien im Boden der reichen Landschaft von Fairlight bis Beachy Head und den Southdowns bei Hastings, die Teilhard bald nach seiner Ankunft, mit dem Geologenhammer ausgerüstet, zu durchstreifen begann. »Wie eine Verheißung, wie eine Neigung, wie ein Ruf« nimmt er »die neue Botschaft der Naturforschung«[5] in sich auf. Den großen erzieherischen Wert der Geologie sieht Teilhard darin, daß »sie uns eine, wahrhaft eine Erde, nämlich eine Erde zeigt, die nur einen Leib bildet; da sie ein Gesicht hat, erinnert sie uns an die Möglichkeiten immer höherer Organisationen, die in der Zone des Denkens angelegt sind, wie sie die Welt umhüllen. Wahrlich, es ist nicht möglich, wie gewohnt die Augen auf die großen, von der Wissenschaft aufgedeckten Horizonte zu richten, ohne daß ein dunkles Verlangen aufsteigt, zu erleben, daß sich ein wachsendes Kennenlernen und eine wachsende Zuneigung unter den Menschen anknüpft, bis es schließlich unter der Einwirkung irgendeiner göttlichen Anziehung nur noch ein Herz und eine Seele auf dem Antlitz der Erde gebe. So schrieb er in einem Aufsatz *Das Antlitz der Erde* im Dezember 1921 (*Werke* = *W.*, Bd. IV, 70).

Diese Stelle besagt auch schon, wie berechtigt die oft gestellte Frage ist: welchen Beruf übte er nun eigentlich aus? Den des Forschers und Naturwissenschaftlers, den des Mystikers oder Geschichtstheologen? Der Vorwurf scheint zu treffen: er wechsele spielend von einer Ebene zur anderen, spreche allzu rasch von Gesetzen, wo es sich um Glaubenshypothesen oder um phantastische Prognosen handle. Die Schwierigkeiten liegen zunächst einmal in der Vielschichtigkeit seiner Person begründet. Als Jesuit hat er selbstverständlich Philosophie und Theologie jeweils vier Jahre lang studiert, das heißt aber nicht, er habe im Anschluß an seine Ausbildung als Philosoph und Theologe wissenschaftlich gearbeitet. Üblicherweise beginnt erst nach acht bzw. mit dem Noviziat nach zehn Jahren das spezifische Berufsstudium; im Falle Teilhards war es das Studium der Paläontologie und Vorgeschichte bei Prof. Marcellin Boule in Paris, das er 1912 begann und über vier bis fünf Jahre fortgesetzt hätte, wäre nicht schon im zweiten Jahr der Krieg dazwischengekommen, in dem er als Sanitätsgefreiter und Bahrenträger bis Anfang 1919 den traurigen Dienst an Verwundeten und Toten übernehmen mußte. Danach, 1919 und 1920, legte er alle erforderlichen Examina in Geologie, Botanik und Zoologie ab und promovierte 1922 mit einer Arbeit über *Die Säugetiere des unteren Eozäns in Frankreich und ihre Fundstätten* und war ab da, von mehreren Lehraufträgen an Universitäten in Europa und den USA abgesehen, für die meiste Zeit seines Lebens in Asien als Forscher tätig. Die Frage nach seinem tatsächlichen Beruf ist also eindeutig zu beantworten: er war Paläontologe, und er war es mit Begeisterung. Was er über Major Shackleton sagte, den »das heilige Verlangen nach Wissen« ins Packeis der Antarktis getrieben hatte, trifft für ihn selbst zu: »Hartnäckig glaubt der Mensch, weil ein geheimer Instinkt ihn treibt und eine lange Erfahrung ihn gelehrt hat, daß kein Partikel der Wahrheit unfruchtbar ist, daß vielmehr die geringste wissenschaftliche Entdeckung ein unersetzliches Element ist, ohne das ein volles Erwachen seines Bewußtseins, das heißt die Fülle seiner Seele, nicht vollendet werden wird. Die Erde war ihm verbunden als ein ungeheures Problem. Er hat sich auf sie gestürzt. Wer wagte zu sagen, er sei aus dieser Berührung mit dem Unbekannten nicht größer hervorgegangen?« (*W.*, IV, 68).

Damit sind wir bei den Schwierigkeiten angelangt, die viele mit seiner Sprache, der Terminologie und den Grenzen überschreitenden Sprechformen haben. Für Nicht-Franzosen potenzieren sich die Hindernisse, manche Gedankengänge ergeben in Übersetzungen einfach keinen Sinn. Für Deutsche kommt erschwerend hinzu, daß Teilhard völlig »außerhalb der Tradition der deutschen Philosophie und Geistesgeschichte steht und daher auch sprachlich wenig Anknüpfungspunkte zur deutschen Geistestradition aufweist, obwohl manche seiner Ideen der Naturphilosophie und Geschichtsphilosophie Hegels, Schellings und Franz von Baaders nahestehen, deren Werke ihm jedoch gänzlich unbekannt waren«[6]. Auf der anderen Seite ist nicht zu übersehen, daß ihm wechselnde Bewußtseins- und Sprachebenen besonders von Deutschen (Theologen überwiegend) vorgehalten werden, als ob ein Geologe die Nase nur ins Gestein stecken dürfte und sich in seinen Äußerungen strikt an die Wissenschaftssprache seines Faches zu halten habe. Leider geht vielen bei uns die Kultur und auch die Kenntnis angelsächsischer Amateure ab; wir haben keine bemerkenswerte Tradition genialer Dilettanten aufzuweisen wie andere Länder.

Ernst Benz macht darauf aufmerksam, daß sich die kontinentaleuropäische protestantische Theologie wesentlich mit Fragen der Bibelkritik und der Kirchengeschichte aufgehalten habe, während die englische und nordamerikanische Theologie sich mit den Erkenntnissen der modernen Naturwissenschaft, vor allem der Evolutionslehre, auseinandergesetzt habe. Diese Diskussion wurde dort allerdings, und das unterscheidet die angelsächsischen Theologen noch einmal von ihren deutschen Kollegen, »von einem Typ von Forschern geführt, den es auf kontinental-europäischem Boden überhaupt nicht gab, bzw. seit einem Jahrhundert nicht mehr gab, und der in Europa erst mit Teilhard de Chardin wieder hervorgegangen ist: nämlich Theologen, die gleichzeitig auch prominente Fachgelehrte zum mindesten auf einem Gebiet der modernen Naturwissenschaft waren, die zum Teil gleichzeitig das Amt eines Geistlichen und eines Naturforschers ausübten, und die aus innerster Nötigung ihrer wissenschaftlichen Erkenntnis und ihrer Glaubenserkenntnis heraus sich veranlaßt sahen, die beiden Bereiche ihrer Erfahrung und Anschauung miteinander in eine sinnvolle Beziehung zu setzen«[7]. Es muß hinzugefügt werden, daß auch die Form der Diskussion sich unterscheiden würde: bei uns überwogen die rein theologischen oder rein naturwissenschaftlichen Abhandlungen; dort haben alle Veröffentlichungen zu diesem umfassenden Thema stark literarischen, publizistischen Charakter; in Vorträgen und Predigten bis zur Science-fiction-Literatur wird die Diskussion in eine breite Öffentlichkeit getragen. Vielleicht hat die mangelnde Kenntnis davon etwas dazu beigetragen, daß die Schriften Teilhards in den fünfziger Jahren hierzulande mit regelrechten Springfluten an Begeisterung aufgenommen worden sind. Hans Eduard Hengstenberg spricht aber auch zu Recht von einem sogenannten »Galilei-Komplex«, dessen Vorhandensein auch vieles Verwunderliche erklärbar werden läßt: die ständige Furcht der Katholiken, in der modernen Naturwissenschaft sei eine Entdekkung zu erwarten, durch deren Ignoranz man sich wieder als rückständig disqualifiziere.[8] Jetzt, so freuten sie sich, eröffnet Teilhard de Chardin Türen zu Laboratorien der Wissenschaft, wo uns bestätigt wird, daß wir bisher nichts Unvernünftiges geglaubt haben. Die Maßgabe der Wissenschaftlichkeit hatte er ja in unverwechselbarer Weise klargestellt, so beispielsweise in einem Brief, den er aus China am Ende einer langen Schinderei bei Ausgrabungen schrieb. Sechsundzwanzig große Kisten voller Fossilien standen zum Abtransport bereit. Übermüdet gesteht er: Ich bin »zu sehr in Anspruch genommen von der Naturwissenschaft, als daß ich viel philosophieren könnte, aber wenn ich in mich schaue, so bin ich innerlich immer mehr durchdrungen von der Überzeugung, daß die Wissenschaft von Christus, das heißt die wahre mystische Wissenschaft, von allen die einzige ist, die zählt...«[9]

Dahin folge ich ihm gewiß nicht und würde am liebsten den Komplex der Deutungen seiner Person und möglichen Interpretation der Schriften beenden, wenn es nur durchführbar wäre! Er steht hier nicht als Mystiker und Theologe zur Diskussion, sondern als einer der anstößigen Denker dieses Jahrhunderts unter der Hinsicht der Wirklichkeit in Natur und Geschichte. Also frage ich: Wem und wodurch hat er Anstöße zum Umdenken und Weiterdenken gegeben? Kann man das in einem Satz sagen? Ja, unter der Bedingung, daß es ein vorläufiger und noch zu erläuternder Satz sei: alle unsere klassischen Disjunktionen sind falsch und die Antinomien überholte Konstruktionen! Mit einem Folgesatz wäre zu ergänzen: also muß das gesamte Gebiet des Wissens neu durchdacht werden. Das hört sich ebenso grandios wie halsbrecherisch gefährlich vereinfachend an, und das ist es wohl auch. Niemand hat je bestritten, daß Teilhard ein *terrible simplificateur* sei, aber es läßt sich auch nicht leugnen, daß solche Leute schon immer die Welt ein Stück vorangebracht haben, zum Guten wie zum Schlechten.

Disjunktionen sind Aussagen, die sich mit einem »oder« entgegenstehen oder mit einem »entweder-oder« gegenseitig ausschließen. Der Mensch kann männlich oder weiblich sein; er ist entweder männlich oder weiblich. Nun meinte Teilhard zwar nicht, daß dieses (von mir) verwendete Beispiel falsch sei, und, streng logisch besehen, wäre der

All-Satz (alle Disjunktionen sind falsch) gar nicht mehr zu halten. Die klassischen Topoi betreffen: Immanenz oder Transzendenz oder Geist, Natur oder Geschichte, Evolution oder Teleologie, Geisteswissenschaften oder Naturwissenschaften, Metaphysik oder Physik. Teilhard hebt den Widerspruch auf zwischen toter Materie und lebendigem Geist (wobei Materie nie als lebend und Geist nie als auflösbar gedacht werden können): seine Lehre von den Übergängen heißt Transformismus. Daß die Natur keine Geschichte habe, sondern eine Entwicklung, Geschichte also eo ipso Menschheitsgeschichte, Kulturgeschichte, Geistesgeschichte sei, ist ein anderer falscher Glaubenssatz, der auf der Entgegensetzung von nichtmenschlichem Bios und geistesdominierender geschichtswirkender Person beruht. Die Synthese Teilhards liegt in der umfassenden Theorie der Evolution, die Natur und Geist und Geschichte und christliche Endzeiterwartung versöhnen will. In einem Brief vom 11.10.1936 fordert er, »daß wir die Metaphysik, an der wir sterben, durch eine Ultraphysik (die wahre physiké der Griechen, denke ich) ersetzen«[10]. Die Vertauschung von »Meta« und »Ultra« ist bezeichnend für die Überschreitung vieler Grenzen, hier der Grenzen fachwissenschaftlicher Barrieren. Die Ultraphysik umfaßt alle Naturwissenschaften und Geisteswissenschaften, sie gebraucht neue wissenschaftliche Methoden, mit der alle Phasen der einen Evolution in ihrer Kontinuität von der Materie bis zum Gott-Geist erfaßt werden können. Es liegt einem auf der Zunge, Teilhard einen Synthetiker Darwins und Hegels zu nennen. Sein Evolutionsbegriff ist nämlich ebenso umgreifend. Üblicherweise unterscheidet man die biologisch-naturwissenschaftliche Entwicklung, wie sie in der Deszendenztheorie Darwins oder der Abstammungslehre Lamarcks, aber auch in anderen, modernen Evolutionstheorien gebraucht wird. Davon hebt sich ein völlig anderes Verständnis von Entwicklung ab, das philosophisch besonders im sogenannten Deutschen Idealismus hervortrat, aber auch als allgemeine Lebens- und Weltanschauung in der Aufklärung und im 19. Jahrhundert vertreten wurde; man kann es auch mit dem Fortschrittsglauben in Verbindung bringen. Im Denken Teilhard de Chardins sind nun beide Momente zusammengebracht, er verteidigt beide Aspekte der Evolution im Namen des christlichen Glaubens gegen einen christlichen Glauben, der beide Weisen des Entwicklungsdenkens gleichermaßen als unchristlich ablehnt.[11]

Die Antinomien sind von Kant entdeckte (oder wenigstens von ihm erstmals so benannte) Widersprüche, in die sich die reine Vernunft verwickelt, wenn sie die Grundfragen nach dem Ganzen der Welt zu lösen versucht. Kant stellt diese Antinomien als vier Thesen den Antithesen gegenüber, ebenso wie Teilhard sie dann als unerträglich empfindet und zur Synthese bringen möchte: (1) Die Welt hat einen Anfang in Raum und Zeit – Die Welt ist anfanglos und unendlich; (2) Jede Substanz besteht aus einfachen Teilen – Kein Ding in der Welt ist auf Einfaches reduzierbar; (3) Kausalität ist nicht das einzige Naturgesetz, es gibt auch Freiheit – Nein, es gibt in der Welt keine Freiheit, sondern nur universale Naturgesetze; (4) Die Welt ist nicht durch sich selbst, sondern verlangt einen Urheber – Es gibt kein schlechthin notwendiges Wesen als Ursache, weder in noch außerhalb der Welt.[12] Für Kant stellen sich die Antinomien nur der dogmatischen Vernunft, dann allerdings unausweichlich, nicht jedoch der kritischen Vernunft, die auf Erkenntnis der Dinge-an-sich verzichtet hat. Teilhard drückt das natürlich auf seine Weise aus, und dann hört sich das Problem der Antinomien und ihrer Auflösung so an: »Die neuen Wahrheiten liegen in der Luft, bevor sie zur Aussage kommen können; und wenn sie zum erstenmal zur Aussage gelangen, geschieht es unweigerlich in unzulänglicher Weise. In ihrer Entstehung dem Aufleuchten eines Schimmers in der Nacht ähnlich, ziehen sie uns an. Doch wissen wir zunächst nicht genau, in welcher bestimmten Richtung oder auf welcher Ebene sich die Lichtquelle befindet. Und dann tasten wir lange weiter, wir stoßen uns an vielen dunklen Dingen, wir lassen uns von manchem Widerschein täuschen, bevor wir die Helle erreichen, deren Strahlen uns leiten.« (*W.*, IV, 15)

Disjunktionen und Antinomien sind starre Befestigungen, irgendwann eingefrorene Positionen, kategoriale Hilfsmittel zum Begreifen komplizierter Zusammenhänge. Mit solchen Aussperrungen kann das Denken eine Weile Ordnung schaffen, auf die Dauer jedoch nicht leben, ohne selbst unbeweglich zu werden. Das ist the crucial point, die Frage, an der sich die Geister scheiden: ob die Evolution vor den Toren der Logik halt macht, oder ob sie selbstverständlich alles beherrscht, was es gibt, das Denken so gut wie das einfache Leben – warum eigentlich nicht auch die Evolutionstheorie selbst! Vielleicht bedarf es längeren, ruhigeren Nachdenkens, um sich des Umfangs solcher Konsequenzen klar zu werden. Als John Henry Newman am Ende seiner Anglikanischen Zeit ein Buch publizierte, in dessen Titel er absichtlich den verpönten Ausdruck »Entwicklung« aufnahm (*Development of Christian Doctrine*, London 1845), überraschte er viele durch sein Bekenntnis zu Darwins Theorie. Einem Freund sagte er, »that he was willing to go the whole hog with Darwin«[13], was auf gut Deutsch heißt: er sei nicht bereit, auf halbem Wege stehen zu bleiben, sondern den ganzen Schritt zu tun und die angeblichen »Inconsistencies« zwischen naturwissenschaftlichen Hypothesen und entwicklungsgeschichtlichen Ideen über Bord zu werfen. Folgerichtig unterlegte er die Evolution auch der christlichen Lehre, die, so besehen, dann aufhörte, ein festumrissener Bestand unveränderlicher Wahrheiten zu sein. Damals haben, zum Glück für Newman, auch nur wenige begriffen, welche Bewegung mit der Ausweitung des Evolutionsgedankens auf geistigem Gebiet entstanden ist. Das trifft ebenso für Teilhard de Chardin zu: Welche Gründe könnte es geben, auf halbem Wege stehen zu bleiben, und wie würde man rechtfertigen, einzelne oder ganze Bereiche unangetastet zu lassen, wie die christliche Dogmatik (im Falle Newmans) oder die Ontologik (im Falle Teilhards)? Wenn die Evolutionstheorie nicht bloß eine wissenschaftliche Hypothese, sondern eine verifizierte Theorie sein sollte, dann hätte sie Implikationen, an die noch gar nicht gedacht ist. Bei Teilhard de Chardin wird sie jedoch »zur allgemeinen Dimension des Universums«, und das war gewiß vor ihm noch nie ausgesprochen worden. Es ist ein unerhörter Ausgriff, nun werden alle Grenzen in der denkbar vollständigsten Weise beseitigt.

Der Ausdruck »allgemeine Dimension des Universums« findet sich in einem *Bulletin de l'Union Catholique des Scientifiques Français* vom Juni/Juli 1950, also nur fünf Jahre vor seinem Tod, als er zum Mitglied der französischen Akademie der Wissenschaften ernannt wurde. Es enthält auch eine Äußerung zu der von mir gestellten Frage, ob nicht die Evolutionstheorie selbst mit in die universelle Entwicklung einbezogen werden müßte. Die »Evolution des Evolutionsgedankens« sieht Teilhard darin bestätigt, daß sich seit Darwin und Lamarck der Begriff der zoologischen Evolution (1) »geklärt«, (2) »universalisiert« und (3) »auf den Menschen zentriert« habe (*W.*, IV, 357).

(1) Die Klärung bestand in der Zurückdrängung der Metaphysik und der Theologie, genauer gesagt, im Reinigungsprozeß der Begriffe wie »Transformationen«, »Metamorphosen«, »Ursachen«, »Prozesse«, und andere, die nun nicht mehr metaphysisch »durchtränkt« waren, sondern sich wissenschaftlich als »authentische Phänomenologie« darstellen lassen. In einem »jüngst veröffentlichten Buch« (welches Buch, sagt Teilhard nicht) stand zu lesen: »Die Evolution, eine verurteilenswerte Theorie, behauptet, das Mehr gehe aus dem Weniger hervor«, und das findet Teilhard ein bedauernswertes Beispiel für die noch nicht vollzogene Klärung und fügt unwirsch hinzu: »Man lasse uns doch ein für allemal in Ruhe!« (ebd.). Wenn der Prozeß in der zeitlich-räumlichen Wirklichkeit des Kosmos von einem »Mehr« spreche, das aus »Weniger« folge, dann sei dies »keine philosophische Erklärung« im Stil der alten Metaphysik, vielmehr im Sinne des Erfahrungsuniver-

sums zu begreifen, in dem alles entsteht, zunächst Fuß faßt und in aufeinanderfolgenden Phasen wächst – »alles, einschließlich des Ganzen. Das ist in seinem Wesen das, was wir in der uns umgebenden Welt heute und offensichtlich für immer sehen« (*W.*, IV, 358).

(2) In diesen Klärungsprozeß hat sich der Evolutionsgedanke universalisiert. Das ist zunächst ganz einfach zu verstehen. Der Gedanke segelte eine Weile im Kielwasser der Zoologie, gewann dann freies Meer, besetzte alle angrenzenden Nachbarfächer, um schließlich »alles zu erobern«. »Alles« heißt nun wiederum »evolutiv alles«, die Kernphysik, die Astrophysik, die Chemie, und »zumindest im gleichen Maße die ganze Geschichte der Zivilisation und der Ideen« (*W.*, IV, 358). Für diese, von »konservativen Kreisen« verworfene, »perverse« Theorie die Naturforscher verantwortlich zu machen, hält Teilhard für absurd. Und dann folgt ein leidenschaftliches Bekenntnis:

»Machen wir also ein für allemal mit der naiven, heute völlig überholten Vorstellung von der ›Evolution als einer Hypothese‹ Schluß! Nein, weit genug begriffen ist die Evolution schon und seit langem keine Hypothese mehr – noch auch nur eine einfache ›Methode‹: tatsächlich stellt sie eine neue und allgemeine Dimension des Universums dar, die folglich die Totalität der Elemente und der Beziehungen des Universums betrifft. Keine Hypothese also, sondern eine Bedingung, der von nun an alle Hypothesen genügen müssen. Für unseren Geist der Ausdruck für den Übergang der Welt vom Zustand ›Kosmos‹ in den Zustand ›Kosmogenese‹.« (ebd.)

(3) Nach diesem Stadium der Universalisierung tendiert der Evolutionsgedanke dahin, einen weiteren entscheidenden Schritt zu tun: »sich auf den Menschen und die Hominisation als Achse auszurichten und zu konzentrieren« (*W.*, IV, 359). Was heißt das? Axiale Hominisation beschreibt schlicht die phantastische Vorstellung eines Universums, das nicht in Milliarden Systemen mit je eigenen Kraftzentren beziehungslos auseinanderstrebt, sondern sich um eine einzige Achse gruppiert: den Menschen! Seit Darwin konnte sich der Mensch selbst als Zweig der Evolution begreifen, nicht mehr nur als einfacher Beobachter eines Vorgangs. Doch nun zeigt sich durch die Fakten der Biogenese, daß der Haupttrieb des Lebensbaumes durch ihn, den Menschen, hindurchgeht. »Das Leben vermannigfaltigt sich nicht auf gut Glück in alle Richtungen. Vielmehr läßt es eine absolute Marschrichtung auf die Werte wachsenden Bewußtseins erkennen; und auf dieser Hauptachse ist der Mensch das fortgeschrittenste Glied, das wir kennen.« (*W.*, IV, 359).

Die Vorzugsstellung, die der Mensch seit Kopernikus, Giordano

Bruno und, auf andere Weise, durch Darwin verloren hatte, erhielt er nun mit Zins und Zinseszins für die Karenzzeit zurück. Unter dem Einfluß von zwei vereinten Kräften kann sich der Mensch anschicken, die Spitzenstellung wieder einzunehmen: die modernen technischen Erfindungen und die Sozialisierung ermöglichen ihm die neue Position. Die unterscheidet sich von der alten Anthropozentrik dadurch, daß anstelle der Stabilität Bewegung getreten ist, anstelle des Zentrums der Pfeil (als Symbol der im Wachstum begriffenen Welt). Teilhards »Neoanthropozentrik«, wie er es nennt, hat den Menschen zum Wegweiser der Evolution erkoren. Damit hoffte Teilhard, zu Lebzeiten allerdings vergeblich, die christliche Dogmatik zu versöhnen, die eben diesen Verlust der Sonderstellung des Menschen nicht verschmerzen konnte und seit Kopernikus und Galilei dagegen mit Feuer und Schwert ankämpfte. Was besagt die Zentralaussage der Offenbarung noch: daß Gott auf dieser Erde Mensch geworden sei, wenn die Erde ein Sandkörnchen im Chaos unendlicher richtungsloser kosmischer Turbulenzen und der Mensch ein zufälliges, entbehrliches Seitenprodukt einer richtungslosen Entwicklung organischen Lebens ist? Jetzt war der Mensch durch Chardins Ordre neu geadelt und des ausgezeichneten Interesses eines Gottes wohl würdig. Die Theologen der Kirchen haben ihm das freilich nicht gedankt; noch nicht.

Vielleicht gehört hierher eine Bemerkung, die der Biologe Jean Rostand gemacht hat zur Gewohnheit Teilhard de Chardins, die Evolution ein Faktum zu nennen: »Man kann«, schrieb er 1951, »die Evolution für ein Faktum halten, insofern man ein Ereignis für ein Faktum halten kann, dem niemand beigewohnt hat und das man nicht reproduzieren kann.«[14] Würde man allerdings bestreiten, daß sie ein Faktum sei, dann müßte man auf einen ähnlichen Kunstgriff verfallen, wie Descartes auf den *genius malignus* bei der Ausdehnung des Zweifels in seinen Meditationen. Man wäre versucht anzunehmen, ein schelmischer Schöpfer habe seine Schöpfung so geschickt montiert, daß sich der menschlichen Vernunft die transformistische Idee unabweisbar aufdränge.

Bekanntlich sind kühne Behauptungen und solide Beweise zwei verschiedene Größen, und die Frage bleibt zum Schluß, ob Teilhard de Chardin die grandiose Restitution des Menschen nur spekulativ entworfen oder auch wissenschaftlich zu belegen versucht hat. In einem Artikel der *Revue des Questions Scientifiques* (November 1930) schrieb er über das »Menschliche Phänomen« und betont dabei, daß er »auf dem Boden der reinen Erfahrungswissenschaft« und »rein methodologisch« berichte (*W.*, IV, 235).

Unter dem »menschlichen Phänomen« versteht Teilhard »die Erfahrungstatsache des Auftretens eines Denkvermögens und Reflexionsvermögens in unserem Universum«, einer spezifischen Bestimmung also, die man zunächst nicht hinter dem Ausdruck vermuten würde. Während unermeßlicher Zeiträume fehlte dem Planeten Erde jede Bekundung des Lebens. Dann folgten in ebenso unermeßlichen Zeiträumen »Schichten organisierter Materie« mit »Anzeichen von Spontaneität«. Schließlich gibt es seit relativ kurzer Zeit ausgeprägte Spontaneität, verbunden mit Bewußtsein auf der Erde in der menschlich gewordenen Zone des Lebens. Die Tiere fühlen und nehmen wahr, doch sie scheinen nicht zu wissen, daß sie fühlen und wahrnehmen. Nur der Mensch weiß, daß er weiß.

Das sind keine neuen Erkenntnisse, Teilhard gibt sie auch nicht als solche aus. Aber seine Folgerungen sind neu und ihm ganz eigen; wir kennen sie bereits in ihren Schlußsätzen, nur die Vermittlung steht aus und würde in ihrer Stringenz interessieren. Die Antwort läßt sich in Schritten erfahren.

Lange Zeit hindurch hat es kein Denken auf Erden gegeben. Jetzt gibt es Denken, und alle Dinge haben sich dadurch verändert. Man müßte annehmen, daß sich die Wissenschaften ganz besonders diesem Phänomen zugewandt hätten, doch das ist erstaunlicherweise nicht der Fall. Die Einzelwissenschaften sezieren, analysieren mit unendlicher Geduld und ausgeprägter Spitzfindigkeit, so daß der Mensch heute wissenschaftlich durch zahllose einzelne Eigenschaften bekannt und abgetastet erscheint, aber in seinen geistigen Eigenschaften von allen Weltwissenschaften ausgespart bleibt. Die Physik[15] fürchtet sich, in Metaphysik zu verfallen, und so sehen wir uns mit dem Paradox konfrontiert: daß es eine Wissenschaft vom Universum gibt, die nichts vom Menschen weiß, und Wissenschaften vom Menschen, denen das Universum gleichgültig ist. Also bleibt die Feststellung, daß die heutige Physik dem Denken keinen Platz einräumt und völlig außerhalb des bemerkenswertesten Phänomens konstruiert ist, das unserer Beobachtung durch die Natur und die Geschichte dargeboten wird.

Weshalb das so ist, liegt am Milieu, in das wir eingetaucht sind. So wie Fische nicht ausdrücklich über das Wasser reflektieren, fällt es uns schwer, eine richtige Sicht der Dimension zu gewinnen, in die wir hineingeboren sind. Wir müssen die schwierige Anstrengung machen, geistig aus diesem Milieu herauszutreten. Das geschieht nun aber nicht durch einen Akt methodischer Epoché (E. Husserl) und gewiß nicht durch einen Aufschwung der Transzendenz. Im Gegenteil; wenden wir uns, empfiehlt Teilhard, der Geologie und Paläontologie zu. Das wird folgenden Nutzen bringen: Für eine Zeitlang erscheint uns die Menschheit klein und langweilig neben den großen Kräften der Natur, ja, wir können sie vergessen, wenn wir die fernen, dunklen Zeitalter untersuchen, in denen es anscheinend kein Leben und kein Denken auf diesem Planeten gab. Dann sollten wir plötzlich unsere Augen wieder auf die Welt richten, die uns jetzt umgibt – und einen intellektuellen Schock empfangen, »wenn wir uns plötzlich dieses Faktums bewußt werden, daß wir uns durch unsere individuelle Existenz an einen Ort und in eine Zeit gestellt sehen, wo sich in einem jüngst aufgebrochenen Bereich mit überraschender Macht eine der Grundströmungen des Universums entwickelt« (*W.*, IV, 238).

Der »jüngst aufgebrochene Bereich« hat sich seit 1930 mit noch viel erstaunlicheren Überraschungen vergrößert und damit, wenn man es zugeben will, Teilhard bestätigt. Einige technische Entwicklungen hat er noch erlebt, beispielsweise die der Atombombe, und er hat sie enthusiastisch begrüßt, sorglos wie ein Kind vom Selbsterhaltungstrieb der Planeten faselnd, der schon verhindern werde, daß einer ihrer Spezies, die Erde, in atomaren Explosionen untergehen werde. Worin er freilich wieder recht behält, denn so groß die Wahrscheinlichkeit ist, daß die gesamte Menschheit und die meisten Lebewesen dabei zugrunde gehen werden, so zuversichtlich darf man sein, daß die Verseuchung den Planeten nur oberflächlich berühren wird. Was Teilhard nicht mehr erlebt hat, ist die wenige Jahre nach seinem Tod erfolgte Eroberung des Mondes und die von dort aus mögliche neue Sicht auf die Erde. Er hat diesen atemberaubenden Anblick jedoch vorweg beschrieben: »Von einer sehr großen Entfernung aus gesehen müsse die von ihren Pflanzen und ihren Ozeanen bedeckte Erde grün oder blau erscheinen. Für einen fernen Beobachter, der sie besser zu entziffern verstünde, erschiene sie in diesem Augenblick von Denken leuchtend.« (*W.*, IV, 240). Das menschliche Phänomen schaffe durch Transformation eine neue Hülle auf der Oberfläche der Erde, eine »denkende Hülle«, vibrierend und den Strom leitend wie Metall, beweglicher als jede Flüssigkeit, expansiver als Dampf. Es ist fast makaber, diese Vision mit der drohenden Realität von morgen zu vergleichen. Unsichtbar vibrierend, expansiv verschafft die atomare Endlösung der Erde eine neue Hülle; doch was dann strahlt, wird nicht das Denken sein.

Den »kritischen Punkt« (»der einzig wissenschaftliche Ausdruck, der fähig ist, die Metamorphose, die Revolution auszusagen, deren Signal für das Antlitz der Erde das Auftreten des Menschen gewesen ist«; *W.*, IV, 242) hat sich Teilhard anders gedacht als wir, obgleich wir dieselben Sätze gebrauchen können: »Mit dem Menschen hat die bis dahin regelmäßige Entwicklung des Lebens einen kritischen Punkt erreicht.« (ebd.) Für die Einzelwissenschaften erscheint der Mensch deshalb so verwirrend, weil sie ihn nicht in seiner vollen Bedeutung annehmen wollen: »als Auftreten eines absolut neuen Zustandes von Leben am Ende einer kontinuierlichen Transformation«. Würden die Wissenschaften das ein für allemal offen anerkennen, dann hätten wir anstatt der üblichen Unordnung eine vollkommene Harmonie in der Darstellung des Universums. Es ist und bleibt ein Faktum für die Geschichtswissenschaften und die Naturwissenschaften, daß das Auftreten des Denkvermögens »ein ebenso wirkliches, ebenso spezifisches und ebenso großes Ereignis« war wie die beiden anderen, vorausgegangenen epochalen Schritte: die Kondensierung der Materie und das Auftreten von Leben. Solange uns die Wissenschaften zumuten, zu leben wie in einer Masse der Dinge verloren und isoliert von der Natur, haben wir auch keinen Anlaß, von ihnen so etwas wie Lebenslust zu erwarten. Erkennten sie dagegen endlich an, daß im Bereich unserer Erfahrung der Mensch in seinen Händen das Geschick des Universums hält, würden wir das Gesicht einer großen aufgehenden Sonne zuwenden (vgl. *W.*, IV, 250f.). Tatsächlich aber habe unsere Generation, ohne die Bekehrung der Wissenschaften abzuwarten, die tiefe Bedeutung ihrer Bestimmung bereits begriffen. Zu dieser Aussage hält sich Teilhard für berechtigt durch zwei Bedingungen, die er in Zukunft erfüllt zu sehen hofft, wenn die Anzeichen nicht trügen. Vorweg gesagt, sie trogen; die Entwicklung verlief in andere Richtungen. Die erste Bedingung sah er in der »Vermehrung der vitalen Spannung der Lebenslust« unter den Menschen, ein Potential, das kostbarer als jede Erdöl- oder Kohlenreserve sei. Zweitens müsse der Fortschritt durch das »Einswerden« auf das richtige Ziel gelenkt werden. Er meint damit, daß »der Gang der menschlichen Kenntnis« auf einen Zustand tendiere, in dem – da die verschiedenen Abteilungen des Erfahrungswissens sich zusammenschließen – es nur mehr »eine auf den erkennenden Menschen und auf den Menschen als Erkenntnisgegenstand zentrierte einzige Wissenschaft der Natur geben wird« (*W.*, IV, 253f.).

Von den letztgenannten Zukunftsvisionen abgesehen, die Wunschträumen näher sind als wissenschaftlichen Prognosen, besteht Teilhard im übrigen darauf, die These der Hominisation völlig korrekt belegt zu haben, indem er aufgezeigt hat, daß es sich ausschließlich um Erfahrungstatsachen handele, die nachprüfbar seien. Freilich sind seine »Fakten« wieder von der Art, wie sie Jean Rostand eingeschränkt zugelassen hat (»insofern man ein Ereignis für ein Faktum halten kann, dem niemand beigewohnt hat und das man nicht reproduzieren kann«).

Theodor Lessing, der 1933 ermordet wurde, also zwanzig Jahre vor der ersten Veröffentlichung von Teilhards Schriften starb, nannte »die raum-zeitliche Bewußtseinswirklichkeit des Menschen« einen »Bruch innerhalb des kosmischen Seins«, im Gegensatz zu dem, was der ontologische Evolutionär optimistisch als die Achse und den Wegweiser der Hominisation, des fortgeschrittensten Zustandes, den wir kennen, bezeichnete. Aber Lessing schrieb auch folgende Sätze, die wie eine gezielte Kritik an Teilhard de Chardins Anthropozentrismus wirken müssen, obwohl er, wie gesagt, davon nichts gewußt haben kann: Das Studium der Geschichte ist bei all denen beliebt, die wenig im Kopf haben, denn sie hat mit dem zu tun, was in Wahrheit nichtig ist: »das menschliche Ameisengekribbel und seine Interessenkämpfe – das wird in der Geschichte zum Mittelpunkt des Kosmos. Alles dreht sich um den Menschen... Die gesamte Weltvernunft wird auf diesen einen Punkt bezogen. Der Mensch gibt sich damit selbst die überzeitliche Bedeutung. Was aber maßlos, unfaßlich, grauenhaft, unmenschlich ist, das Seiende, wird dank der geschichtlichen Mechanik verdinglicht, verniedlicht, vernichtigt, vermenschlicht, kurz: – stubenrein gemacht«[16].

Ich kann nicht umhin, ein letztes Zitat anzubringen, das wie eine Kritik an Lessings Ameisenhaufen »Menschheit« und an Teilhard de Chardins Überschätzung der kosmischen Position des Menschen zugleich wirkt. Pascal warnt vor Extremen und gleicht sie maßvoll aus: »Es ist gefährlich, dem Menschen allzu deutlich zu zeigen, wie sehr er dem Tier gleicht, ohne ihm seine Größe zu zeigen. Es ist aber auch gefährlich, ihn zu sehr seine Größe fühlen zu lassen, ohne ihm seine Niedrigkeit zu zeigen. Es ist noch gefährlicher, ihn über beides in Unkenntnis zu lassen. Ihm beides vor Augen zu stellen, ist dagegen von großem Gewinn... Der Mensch ist weder Engel noch Tier, und das Unglück will es, daß, wer einen Engel aus ihm machen will, eine Bestie aus ihm macht.«[17]

12. Émile Michel Cioran

An einem der schönsten Sommertage, den Blick aufs Meer, das strahlende Blau und den weiten Horizont gerichtet, wo hübsche Barockwölkchen die Grenze bilden; in Reichweite Rosen, Vögel im Garten, jeder Laut kündet Heiterkeit, Frieden; die Übereinstimmung des Gefühls mit der Natur ist fast greifbar – an einem solchen Tag, an solchem Ort, eines von Ciorans Büchern (*Vom Nachteil, geboren zu sein* und *Die verfehlte Schöpfung*) zu lesen, scheint gründlich deplaziert zu sein. Was die Augen sehen und alle übrigen Sinne bestätigen, geht mit dem, was in seinen Büchern steht, schlecht zusammen. Ich komme mir undankbar vor; der Widerspruch verstört mich, ich will in solchen Augenblicken nicht urteilen.

Damit ist der Punkt angesprochen, der vorweg zu behandeln ist. Was auch in den selten gegebenen Interviews mit Cioran zum Vorschein kommt, wenn er etwa verhalten hämisch gefragt wird, wie er bei seiner Einstellung noch hier im Café Sartres sitzen und etwas genießen könne, da ihm doch alles verekelt sei, und Cioran gelassen oder auch unwirsch reagiert – weil er mißverstanden wird und es nicht um Stimmungen geht. Lebensüberdruß mag sich an dunklen Wintertagen einstellen, er wird regelmäßig im Frühjahr einem überwiegenden Wohlbefinden weichen. Gelegentliche Äußerungen von Cioran, er schreibe »in Momenten realer Verzweiflung« oder »in der Mitte der Nacht«, bestätigen scheinbar das Momentane, Launische seiner Weltsicht. Doch dann wäre er eben nur ein Schriftsteller, wenn auch Frankreichs derzeitiger »hervorragendster Prosa-Stilist« (und das ist für einen Emigranten aus Rumänien eine erstaunliche Preisung), doch für unsere Auswahl wäre das längst nicht genug. Tatsächlich ist er ein »Bruder Nietzsches«, obgleich er den Umgang mit Nietzsche »seit langem aufgegeben« hatte. Weshalb? Weil »ich ihn zu naiv finde«, antwortet Cioran auf die Frage eines Studenten (*Vom Nachteil, geboren zu sein*; künftig abgekürzt *N.*, S. 71), ein unruhiger Metaphysiker oder »Pessimystiker«[1], dem es nicht um die Beschreibung von Augenblicken und Gegenwart geht, der nicht an die Zukunft denkt, vielleicht deshalb nicht, weil er in die Ewigkeit verliebt ist.

Von einem anderen Denker der Nacht, der sich selbst als »extreme Existenz« beschrieb, einem Außenseiter und Einsamen, von Reinhold Schneider, sagte Karl Pfleger[2], daß er seine Existenz, diesen Akt des Lebens, nicht für sich allein privat vollziehen konnte, sondern sich schreibend kundtun mußte, obgleich er sich lieber vor den Menschen verborgen hätte. Zu seiner Zeit, den Jugendjahren der Bundesrepublik, war Reinhold Schneider gewiß ein Anstoß erregender Denker, heute bedarf es eines Cioran. Mit dem »Geheimnis der Barmherzigkeit« sind die Vorgänge, die Schneiders Glauben noch überforderten, nicht mehr zu kaschieren. Reinhold Schneider war irre geworden angesichts der schrecklichen Quälerei, nicht nur die der Menschen an Tieren, sondern der Tiere an anderen Tieren, einiger Würmer und Insekten, die nur dazu geschaffen zu sein schienen, andere hilflose Kreaturen zu martern. Das ließ ihn nicht mehr los, sein Tagebuch *Winter in Wien* legt Zeugnis davon ab. »Die Natur«, schrieb er dort, »auch die unterm Sündenfall, müßte doch vom Bilde Gottes beantwortet werden. Aber Offenbarung und Theologie sind uns dieses Bild schuldig geblieben.«[3] Nun – Cioran bleibt die Antwort nicht schuldig. Was andere geahnt, befürchtet, im stillen für sich zweifelnd, halb schlechten Gewissens gedacht haben mögen, Cioran spricht es aus: die Welt ist ein Skandal, und Gott hat nichts damit zu schaffen. Wer diese Hypothese »nicht mindestens einmal am Tag bereit ist, ... ins Auge zu fassen, der hat als Schlafwandler gelebt« (*Die verfehlte Schöpfung* = *S.*, S. 7).

Deswegen muß Cioran hier am Ende der Versammlung stehen, weil er das in einem ebenso radikalen wie ungewöhnlichen Zug leistet, was andere offen gelassen haben: die Rehabilitation des Menschen am Ende der Geschichte und gegenüber der Natur. Wir sind nun genug gescholten worden wegen unserer brutalen Vergewaltigung fast aller Güter der Natur, wegen der egoistischen Selbstverwertung pflanzlichen und tierischen Lebens, wegen der unheilbaren Eingriffe in die natürlichen Abläufe; so, als ob es zur Genesung der Welt nur des Verschwindens des Menschen bedürfe, um alles wieder gesunden zu lassen. Die grünen idealistischen Vereinfacher, z. T. liebenswerte mitleidende Menschen, wollen uns glauben lassen, daß die Natur an und für sich schon in Ordnung sei, überließe man sie nur sich selbst. Anti-Imperialisten, beispielsweise, vereinfachen die Probleme Afrikas dahin, daß sie behaupten, dieser Kontinent wäre heute ein Paradies, hätten nur die weißen Kolonisatoren im 18. und 19. Jahrhundert die Hände davon gelassen. Daß Afrikaner schon immer zu Kriegern erzogen wurden, Stammesfehden mit Raub und Mord den Alltag bildeten, Sklaverei von den Nordafrikanern jahrhundertelang praktiziert und nicht erst von den weißen Herrenmenschen ins Land getragen wurde, davon schweigen diejenigen, die Schuld am gegenwärtigen Elend ausschließlich *den* Menschen anlasten, die falsch gehandelt haben. Daß die Natur aber selbst nicht in Ordnung ist – wobei das, was wir jetzt »Ordnung« nennen, selbstverständlich nicht aus unserem Gefühl für Harmonie und Stimmigkeit hergeleitet werden darf –, das hat Reinhold Schneider schon schmerzlich erfahren, als er den Drahtwurm beobachtete, der keine andere Funktion zu haben schien, als sich in die Weichen anderer Würmer zu bohren, um sie bis zum Tod zu plagen. Die große Antwort der Naturwissenschaftler, es sei bloß unser Selbstmitleid, das sich hier auslasse, *wir* trügen moralische Kategorien in einen Bereich, der keine menschlichen Bedürfnisse wie Mitleid kenne, diese Auskunft half auch Albert Schweitzer nicht, der weiter darunter litt, daß die Katze, die er vor dem Zerrissenwerden durch einen tollen Hund rettete, nach ihrer Befreiung Appetit auf eben dem Nest entschlüpfte Rotkehlchen entwickeln wird, und wir Eichhörnchen und Elstern entweder abschießen oder sie als ganz im Einklang mit der Naturordnung lebende, schön aussehende, nichtsnutzige Nesträuber tolerieren, die weit mehr junge Vögel hinunterwürgen, als das alle Katzen und Wiesel der Gegend fertigbringen.

Franziskanische, lächelnde, friedfertige Verbrüderung mit allen Geschöpfen und die liebevolle Ermahnung an die Menschen, die rechte Haltung des *ringraziare*, der dankenden Zurückerstattung an den Schöpfer durch die Ehrfurcht vor dem Leben, scheint nur auf Grund eines metaphysischen Sehfehlers praktizierbar zu sein. Die ganze Sache stimme nicht, behauptet Cioran dagegen: die ursprünglich gute Schöpfung, vom Menschen verdorben und mit ihm angeblich der Erlösung harrend und seufzend (Paulus), war von allem Anfang an eine Fehlkonstruktion. Die Behauptung, ein gütiger Gott habe so etwa geschaffen, sei schlimmste Blasphemie, auf seine Weise so verfehlt, wie die Schuldzuweisung an den Menschen. Zu verantworten hätten dieses schiefe Geschichtsbild allein die Christen, nicht etwa die Juden des Alten Testaments, deren hervorragende Gestalten Charakter bewiesen haben, indem sie mit ihrem Gott haderten, ihm protestierend die Faust entgegenstreckten und Jahwe nicht selten sogar verfluchten. Die Christen hätten dazu den Mut nicht aufgebracht, und weil sie ihren »armen guten Gott« nicht von der Sache des skrupellosen Demiurgen trennen wollten, mühten sie sich zweitausend Jahre lang ab, uns die Evidenz eines barmherzigen Gottes aufzuzwingen. Mit diesem verzweifelten Unterfangen erschöpfte sich das Christentum und »stellte den Gott bloß, den es erhalten wollte« (*S.*, 8).

Es gibt noch einen weiteren Aspekt, der erwähnt werden muß, weil er so anstößig ist, daß er sorgsam dem Denker entzogen wird. Im Schöpfergott wird auch die Ursache dafür transportiert, daß die Rechtlosen eingelullt bleiben und den Unterdrückten ein gutes Gewissen verschafft wird. Die Schöpfungslehre behauptet nämlich eine grundlegend gute Einrichtung dieser Welt: »...und siehe, es war alles gut«, wofür die Christen unaufhörlich Gott zu loben und zu danken haben, anstatt, ihrer eigenen Misere überdrüssig, ihn anzuklagen.

»Lobe den Herren, der alles so herrlich regieret,
der dich auf Adlers Fittichen sicher geführet,
der dich erhält, wie es dir selber gefällt,
hast du nicht dieses verspüret?
Lobe den Herren, der künstlich und fein dich bereitet,
der dir Gesundheit verliehen, dich freundlich geleitet.
In wieviel Not hat nicht der gnädige Gott
über dir Flügel gebreitet.«

In der Philosophie des Idealismus ist der Gedanke des fürsorglichen Waltens Gottes zur ontologischen Affirmation oder affirmativen Ontologie geworden (daß alles, was ist, auch gut sei, und es gut sei, daß es ist), bis hin zum unverbindlichen und schließlich resignierten Glauben an »eine im letzten Grunde heile Welt«, so wie er heute in alle möglichen Glaubensbekenntnisse der Öko-Gruppen eingegangen ist. Aber jede Form dieser Gutheißung der Schöpfung bindet den Menschen an das Bestehende. Denn das, »wofür man dankbar zu sein hat, das kann man schwerlich kritisieren«[4].

Die Schöpfung war in der Quelle verdorben, behauptet Cioran, der berühmte Fehltritt des Menschen stellt nur die weit verkleinerte Fassung einer vorausgegangenen schweren Untat dar. Wenn wir schuld haben sollten, dann dadurch, »daß wir mehr oder weniger dienstfertig dem Beispiel des Schöpfers gefolgt« (*S.*, 9) sind. Sein Verhängnis erkennen wir in uns wieder: nicht zufällig stammen wir aus der Werkstatt eines unglücklichen, bösen Dämonen. Wem sonst sollten wir unsere Mängel, unser Elend anlasten?

Dieser böse Gott ist für uns der nützlichste Gott, den es je gab: er hat die Initiative unseres Scheiterns auf sich genommen, in ihm finden wir unsere Laster wieder. »Hätten wir ihn nicht zur Hand, wohin würde unsere Galle rinnen? Jedweder Haß wendet sich letztlich gegen ihn.« (*S.*, 10) Nichts schmeichelt uns so sehr, als den Ursprung unserer Unwürdigkeit so fern wie möglich von uns zu sehen.

Ciorans Ironie über die Hilfskonstruktion zweier Götter ist unüberhörbar. Er weiß, daß er damit uralte Versuche des Manichäismus (er nennt sich selbst einen »guten Manichäer«, *S.*, 94) wieder aufgreift und einen abgestandenen Dualismus als Erfrischung serviert. Es liegt ihm daran, den Dualismus in seiner Unerträglichkeit zu brechen und aufzuhören, seinem Werk Beifall zu klatschen. Solange wir vor ihm knien und willfährig sein Werk fortsetzen, indem wir ihn nachäffen und so wenig bei uns selbst bleiben können, wie er es geblieben ist, tragen wir zur Perpetuierung des Unheils bei und hindern uns selbst in der Anerkennung des wahren guten Gottes. »Zeugen und Gebären« heißt dieses beklagenswerte Nachäffen, die Verlängerung des Impulses.

Man komme nicht mit dem Einwand, die Menschheit würde sonst erlöschen. »Was auch geschieht, es wird immer genug Blöde geben, die nichts Besseres wünschen, als sich fortzusetzen«, und es »wird sich immer irgendein widerliches Paar finden, das sich dafür opfert« (*S.*, 14). Gibt es einen himmelschreienderen Skandal, gibt es Demoralisierenderes als die Tatsache, daß noch die letzte Mißgeburt die Fähigkeit besitzt, sich fortzuzeugen, Leben auf die Welt zu bringen? »Wie kann man ohne Entsetzen und Abscheu an dieses Wunder denken, das aus dem nächsten Besten einen Kleindemiurgen macht?« »Die kriminelle Aufforderung der Genesis ›Wachset und mehret euch‹ konnte nicht aus dem Munde des guten Gottes gekommen sein. Seid selten, hätte er vermutlich empfohlen, wenn er mitzureden gehabt hätte. Niemals hätte er ferner jene unheilvollen Worte hinzufügen können: ›Und macht euch die Erde untertan‹. Man sollte sie sogleich ausmerzen, um die Bibel von der Schmach zu reinigen, sie aufgenommen zu haben.« (ebd.)

Statt Zeugung als anrüchiges Geschehen zu disqualifizieren, wuchert das Fleisch wie ein Krebsgeschwür über die Erdkruste, trotz aller üblen Erfahrungen, aus denen niemals etwas gelernt worden ist. Und sie wissen nicht, sie, die ihre Sprößlinge hätscheln und in Mutterliebe und Vaterstolz schwelgen, welcher Abirrung Spießgesellen sie sind, wer ihrem Fleisch seine üblen Instinkte projiziert hat. Mit gutem Grunde verurteilten die Sekten der Katharer, die Reinen und die Weisen, die »abscheuliche Einrichtung der Ehe, die von allen Gesellschaften seit jeher geschützt wird, zur Verzweiflung derer, die nicht dem allgemeinen Schwindelgefühl erliegen. Zeugen, das heißt: die Geißel lieben, instandhalten, verschärfen. Die Philosophen der Antike hatten recht, die das Feuer mit dem Prinzip der Welt und der Begierde gleichsetzten. Denn die Begierde brennt, verzehrt und vernichtet« (*S.*, 15).

Die Wollust, »die Katastrophe des Genusses« zeigt doch allzu offen, was sie verbergen möchte: daß Lust wesentlich Betrug ist, ein einziger Vorgang des Mogelns, als ob an einer guten Sache mitgezeugt würde.

Wenn man nüchtern bedenkt, was ein Menschenleben ist, welchen Zumutungen, Gewissensnöten, schweren Stunden des Schicksals es ausgesetzt ist, bis nach der »ungeheueren Summe von Ungemach« der letzte Schrei im Sterben getan wird; wenn man sich das vor Augen hält, dann könnte das unerhörte Mißverhältnis sichtbar werden, das zwischen dem Moment der Unachtsamkeit beim Geschlechtsakt und diesen Folgen eines solchen gedankenlosen Leichtsinnes liegt. Es ist unannehmbar und ein unerhörter, die Vernunft beleidigender Vorgang, daß menschliches Leben »aus einer Turnübung entspringt, die von einem Grunzen gekrönt wird« (*S.*, 15). Hätte die Evolution für den Menschen nach so langer Zeit nicht ein anderes Rezept entwickeln können? »Aber warum hätte sie sich die Mühe« machen sollen, »wo doch die existierende Methode auf vollen Touren läuft und jedem zusagt«. (ebd.)

Das ist der Skandal der schlichten Wahrheit, die nicht ausgesprochen werden darf. Wer es dennoch tut, wird gesteinigt werden. »Nur Kindern und Narren verzeihen wir, daß sie uns die Wahrheit sagen; die andern, die so kühn waren, ihnen nachzueifern, werden es früher oder später büßen.« (*N.*, 46f.) Einem, der den Mut hatte, ein so die Moral zersetzendes Buch zu verfassen wie Volker Elis Pilgrim (*Der selbstbefriedigte Mensch*), erging es ebenso, weil er gleichermaßen einfach wie zutreffend aussagte, daß »alle geschlechtliche Befriedigung Selbstbefriedigung« sei. »Der Mensch befriedigt sich in jedem Geschlechtsakt selbst, nur dabei mit Hilfe eines anderen Körpers – zum Unterschied bei der Befriedigung durch eigene Körperteile.«[5] Das darf man doch nicht aussprechen, und selbst wenn es so wäre, gibt es Tabus, die nicht ohne Folgen verletzt werden dürfen. Alle Anständigen verbündeten sich: sie hielten die hohen Ideale der Hingabe in der Liebe, der Teilnahme an Gottes innigstem Geheimnis entgegen, beschworen Mutterliebe und väterliche Fürsorge, den Segen einer glücklichen Familie und all die vielen verlogenen Phrasen heuchlerischer Selbsttäuschung. Stolz kann ein Mensch, falls überhaupt in seinem Leben, nur auf bewußte, verantwortungsvolle Unterlassung sein: wenigstens das an der Welt gut gemacht zu haben, daß er keinem Sterblichen zugemutet hat, hier sein Dasein fristen und es qualvoll beenden zu müssen. Eltern kann nur das Schlimmste bescheinigt werden, Spießgesellen eines perversen Demiurgen gewesen zu sein. Das hatten wir so ähnlich bei Thomas von Celano schon gelesen, dem Biographen und Mitbruder von San Francesco. Und Cioran scheint an die Mönche gedacht zu haben, wenn er hinzufügt: so wie Eltern alles falsch gemacht haben (indem sie in purem Leichtsinn, wenn auch absichtlich, Eltern geworden sind), so haben es anscheinend nur jene verstanden, mit der Sache zurechtzukommen, die sich für Extreme entschieden haben: für Askese oder für Orgien.[6] Für den Philosophen ist das allerdings auch keine Antwort, mit der er sich beruhigen könnte. Die Vorstellung, daß es zwischen den Heiligen einerseits und den Lustferkeln andererseits nur eine heuchlerische, verantwortungslose Mittelschicht gebe, die sich zeugungs- und gebärbesessen dem Fluch des Demiurgen beuge, fordert zur Stellungnahme heraus. Doch was ist, angesichts solcher Sätze, ein »philosophisches Urteil«?

Zunächst einmal sollte man tief Luft holen und dann mit dem Naheliegenden beginnen: zu ordnen, sich eine Übersicht verschaffen, differenzieren. Die lebensverachtenden Thesen liegen uns in einer Form vor, die ihnen angemessen ist; sie sind »persönlich (sogar autobiographisch), aphoristisch, lyrisch, anti-systematisch«. Die bedeutendsten Beispiele, schreibt Susan Sontag, »dieser Tradition des Schreibens« seien »Kierkegaard, Nietzsche und Wittgenstein«[7]. Die ersten Kapitel des Buches *Die verfehlte Schöpfung* sind zwar eher kurze Essays; das letzte, betitelt *Erwürgte Gedanken*, und das gesamte undisponierte *Vom Nachteil, geboren zu sein* bestehen jedoch aus aufeinander folgenden Aphorismen, zum Teil nur aus einzelnen Sätzen ohne erkennbaren Zusammenhang, ja oft auch ohne sichtbare Beziehung zum Thema. Wenn der Hieb sitzt, dann genügt ja der kurze Seufzer, beispielsweise dieser: »Man möchte zuweilen ein Kannibale sein, nicht um den oder jenen aufzufressen, sondern um ihn auszukotzen« (*N.*, 132), oder der: »Das Abendland: eine Fäulnis, die duftet, eine parfümierte Leiche« (*N.*, 103). Oder: »Alle großen Ereignisse wurden von Irrsinnigen ausgelöst, von – mittelmäßigen Irrsinnigen. Das wird, seien wir dessen gewiß, auch für das ›Weltende‹ gelten.« (*N.*, 110) Und zum Schluß noch eine bissige Bemerkung, deren Wahrheitsgehalt auch niemand bezweifelt: »Wenn der Hochmut der Theologen noch ärger stinkt als derjenige der Philosophen, so deshalb, weil man sich nicht ungestraft mit Gott beschäftigt.« (*N.*, 134) Doch wie scharf, brillant, weise solche Einsichten auch sein mögen, sie bleiben rhapsodische Geistesblitze. Was ihnen fehlt ist weniger die »Anstrengung des Begriffs« als die Kontinuität der Disposition. Philosophische Qualität braucht nicht das Korsett eines Systems, doch systematisches Denken ist unerläßlich. Cioran hält, ganz konsequent, jedes System der Philosophie für die »ärgste Form des Despotismus« und schimpft »Aristoteles, Thomas von Aquin, Hegel – drei Knechte des Geistes« (*N.*, 96), ganz ähnlich wie Schopenhauer das auch schon empfunden hatte. Aber Schopenhauer schrieb nicht nur die *Parerga*, Aphorismen zur Lebensweisheit; sein Hauptwerk *Die Welt als Wille und Vorstellung* ist ein systematisch konzipiertes, anspruchsvolles, umfangreiches Buch.

Wer ist, unter der Hinsicht ordnender Bestimmung, E. M. Cioran? »Der große Philosoph des Nihilismus«, wie Susan Sontag meint, ein »Tiefseetaucher des Schreckens«, wie ihn Fritz J. Raddatz entdeckte, oder einfach – und das wäre nicht gering zu veranschlagen – einer der »beiden bedeutendsten französischen Gegenwartsschriftsteller«? (Der zweite sei der Tscheche Kundera). Alle drei Bezeichnungen stammen aus dem Vorwort eines Interviews zu seinem 75. Geburtstag am 8. April 1986.[8] Einer der selbsternannten Unheilspropheten, wie sie immer wieder auftreten und zu Recht von den Geschichtsschreibern der Philosophie ignoriert werden? Und wenn schon »Bedenken« gesammelt werden: was kann man mit dem Buch *Die verfehlte Schöpfung* in den Analysierlaboratorien der Philosophie anfangen? Ob das Schöpfungswerk gelungen oder mißlungen sei, darf als Problem zur beachtlichen Gruppe der ihrem Wesen nach unbeantwortbaren Fragen gerechnet werden. Allenfalls theologisch ließe sich über »die Beschränkung der Zahl der Götter... zugunsten eines einzigen« spekulieren, eine Reduktion, die in den Augen Ciorans »Ruchlosigkeit« war (*S.*, 25).

Daß dieser eine Gott dann ein böser Demiurg wurde und fortwährend Böses zeugend uns in sein Schandwerk mit einbezog, »Gleichgewichtsstörungen« bei ihm und bei den Menschen hervorrufend (vgl. *S.*, 26), wurde schließlich beim »Übergang von der Mythologie zur Theologie« (*S.*, 28) deutlich; das ist ebenso klar wie die Irrelevanz dieses Themas für die Philosophie. Der andere Buchtitel, *Vom Nachteil, geboren zu sein*, schmeckt schon eher nach der alten Weisheit, nicht am Leben zu sein sei unendlich süßer als das angenehmste Dasein zum Tode und diesem jederzeit vorzuziehen. Doch weil uns keine Wahl gelassen wurde, bleibt es auch beim resignierenden Bedauern; viel mehr ist aus der zu verfluchenden Tatsache auch nicht zu machen – den Suizid ausgenommen. Als »einer der kühnsten und heftigsten Belastungszeugen... des endlosen Prozesses zwischen den Menschen und der Welt oder Gott« (Gabriel Marcel) muß Cioran jedoch am Leben bleiben. Ein Zeuge muß lebendig sein und sprechen, vielmehr: er muß schreiben. »Alle meine Bücher sind verhinderter Selbstmord«, hatte er geschrieben.[9] Darauf insistierte der Interviewer: »Wenn man aber so stark an der Grenze des Selbstmordes, des Hasses, des Selbstekels existiert, dann muß ja die eigentlich ungehörige Frage erlaubt sein: warum hat der Cioran sich nicht umgebracht?« Und Cioran: »Die Antwort steht in meinem Buch ›Syllogismen der Bitterkeit‹: ohne die Idee des Selbstmordes hätte ich mich bestimmt getötet. Das ist der Schlüssel meiner Einstellung.«[10]

In der Tat, wenn es überhaupt ein Verständnis seiner Position gibt, dann beginnt es damit, daß man versucht, sich den Fixpunkt »Freitod« mit allen Konsequenzen zu verdeutlichen. Es ist die Vorstellung, Herr des eigenen Lebens zu sein, es zu genießen, zu intensivieren oder zu beenden, wann immer es mir richtig erscheint. Diese Idee sei für ihn, bekennt Cioran, so etwas geworden wie Gott für einen Gläubigen. Eine dunkle, keine strahlende Idee, findet sie sich eher in der Nacht wirksam werden, in der »Mitte der Nacht«, wo der Denker allein ist, nichts denkt, an nichts denkt, allein mit der Stille und dem einzigen Gesprächspartner, den es dazu gibt: Gott. Ein »vorübergehender Gesprächspartner« allerdings, denn mit der Nacht verschwindet er am Morgen. Schreiben ist, so verstanden, ein Beschwörungsritual, das ermöglicht, das Leben in all seinen Verrücktheiten zu ertragen, eine Art »verkehrter Religion«, wie er selbst sagt, Liturgie, öffentlicher Gottesdienst. Die Idee des Freitodes, die fixe Vorstellung, jederzeit gehen zu können, einerseits; der stündlich, täglich zu erneuernde Entschluß, am Leben zu bleiben, andererseits; das Medium »Schreiben«, durch das eine Realität, nämlich die des Suizids, zum Verschwinden gebracht wird, als drittes Moment. Das ist die dreifaltige Essenz des Denkers Cioran, der aber lieber Gift geben würde, als eine Essenz mitzuteilen. Daher schreibt er Aphorismen, die keine sein wollen, sondern »Schlußsätze«: »Ich lasse alles weg und gebe dann die Conclusion, wie beim Gericht, wo es zum Schluß heißt: zum Tode verurteilt.«[11] Nicht auf die Entwicklung eines Gedankens kommt es ihm an (er verabscheut alles »Geschichtliche«, jedes »Werden«), sondern auf das Resultat mit seinen meist nicht beachteten Konsequenzen. Das hat auch mit seiner leidenschaftlichen Aneignung der französischen Sprache zu tun, die er als abstrakte Sprache der Juristen und Logiker schätzt, einer Sprache, die zur Schilderung von Erlebtem ungeeignet ist.

Er schreibt, um »sich nicht prügeln zu müssen«; er publiziert, weil er noch kein Weiser ist (denn ein solcher veröffentlicht nichts mehr). Aber für denjenigen, der sich von seelischen Zuständen befreien muß, ist das Schreiben eine Kur, es ist »ungemein heilsam«. Sowie die Worte auf dem Papier sind, gehören sie einem nicht mehr. Wenn man jemanden haßt, schreibt man hundertmal: »ich hasse den Kerl, und nach einer halben Stunde ist man befreit. Also, wenn ich das Leben angreife, die Menschheit, die Geschichte ...«[12]

Die anfängliche Frage: ob das eigentlich Philosophie sei oder negative Theologie, die ausspricht, was Gott jedenfalls nicht sein darf: ein Schöpfer, diese Unsicherheit in der Zuordnung hat sich bei näherem Zusehen erledigt. Als Ausdruck religiösen Ergriffenseins steht Ciorans

Denkweise den französischen Existentialisten nahe; seine Wohnung in der Nähe des früheren Hauptquartiers von Sartre und der literarischen Avantgarde der fünfziger Jahre, dem Café Flore in Saint-Germain-des-Prés in Paris, erhält, so besehen, mehr als äußerliche Zufälligkeit. Und doch wäre er als später oder verspäteter, wenngleich nie zu spät gekommener, »ver-kommener« (Hegel) Verwandter Camus' hier in dieser Galerie nicht aufgenommen worden. Kierkegaard war auch ein anstößiger Denker, Camus auf seine Weise ebenso, doch sie könnten die Reihe, die mit Kohelet begann, nicht abschließen. Weshalb Cioran nach Franz von Assisi und Albert Schweitzer zu stehen hatte, die beide nicht radikal genug das zu Ende dachten, was sie eingeleitet hatten, wurde schon gesagt. Inwiefern er den Gegenpol zum Prediger der Vanitas bildet, soll jetzt noch abschließend erläutert werden.

Mit den beiden Schwerpunkten der Wirklichkeit als »Natur« und »Geschichte« hat Cioran nichts zu schaffen. Geschichte interessiert ihn nicht, sie hat als nichtssagender Zeitverlauf keine Aussagen zu machen. Natur besitzt keine Heilkraft; die Natur der Welt ist eine verfehlte, mißlungene Absicht; die Natur des Menschen ist verdorben, Menschen sind in den Augen Ciorans potentielle Verbrecher, die er am liebsten alle umbringen würde. Zur Genauigkeit, eine Korrektur: Cioran ist voller Mitleid mit den Menschen – im Alltag. Er hat viele Menschen moralisch und tatkräftig unterstützt, manchen während des Krieges in Paris Zuflucht gewährt. Als Dämon jedoch, mit der Möglichkeit, die Welt zu zerstören und alle Menschen zu vernichten, würde er nicht zögern, so zu handeln: als Individuum kann er es nicht und könnte keinem ein Leid zufügen.[13] Die Natur als lebendige Kraft der Erde findet nur bis zu einer bestimmten Stufe seine Zustimmung: »Der große Tort der Natur ist, daß sie sich nicht mit einem Reich begnügen konnte. Neben dem Pflanzlichen scheint alles fehl am Ort, unerwünscht. Die Sonne hätte der Entstehung des ersten Insekts zürnen und beim Auftreten des Schimpansen abwandern sollen.« (*N.*, 42)

Für ein jedes, das »unter der Sonne geschieht«, gilt das Verdikt des »Windhauches«. Nichts bleibt als die eitle Einbildung: Leben, Gesundheit, Wissen und Besitz hätten einen Wert, eine Substanz an sich und einen Gewinn für mich. Es wäre besser für den Menschen, nicht geboren zu sein. Viele dieser aphoristischen Sprüche Kohelets sind nach dem Herzen Ciorans formuliert; die Ähnlichkeit ist unübersehbar, wenigstens oberflächlich drängt sie sich auf; und doch gilt es, zwei Repräsentanten verschiedener Welteinstellungen herauszustellen: das Trennende ist größer als das Verbindende.

Kohelet steht der Sinnstiftung des Sinnlosen, wie es der Geschichtsphilosoph Theodor Lessing darstellte, viel näher: im bloßen Ableben der Zeit liegt kein Sinn. Ob einer früher oder später abgeht, was zählt's? Was zu tun bleibt, ist, die herzhafte Erkenntnis des Augenblicks umzumünzen in einen Sinn: iß und trink und freue dich an dem, was dir geschenkt worden ist. Das ist nicht die Philosophie Ciorans; in seiner Welt kann niemand einen Sinn stiften. In-sich-gehen, Innewerden mit dem Ziel der Erneuerung stehen dem Außer-sich-gehen, dem Abschütteln der Verzweiflung gegenüber: es liegt eine Richtungsverschiedenheit vor. Dem Verdikt »Alles ist Windhauch und Luftgespinst. Es gibt keinen Gewinn unter der Sonne« (*Koh.* 1, 14; 2, 11 u. 17. u. a.) gleichen der Psalm 39 oder Hiobs Klagen. Im Psalm drückt sich der Weg wahrer Enttäuschung aus, die ihren Ausgang am Ungenügen der eigenen Person nimmt: »Ein Hauch nur ist jeder Mensch. Nur wie ein Schatten geht der Mensch einher, um ein Nichts macht er Lärm.« (Verse 6 u. 7)

Cioran geht den Weg in umgekehrter Richtung: »Er nimmt zum Ausgangspunkt das Mißbehagen an der Welt, die der eigenen Sinnforderung nicht genügt.« Auf diese Weise kann er »die Welt in sein Nichts hineinreißen und... die purgatorische Eisesnacht äußerer intellektueller Beraubung erdulden«[14]. Ein Gleichnis mag den Unterschied veranschaulichen; ich übernehme es von meinem Lehrer Helmut Kuhn[15]: »Wir stellen uns einen Menschen vor, der mit ganzer Seele auf einen nie zuvor mit Augen gesehenen Freund wartet. Tage, Monate, Jahre vergehen, und noch immer verzögert sich die ersehnte Ankunft, bis schließlich die Gegenwart des Wartenden, paradox gesagt, ganz erfüllt ist von der Abwesenheit des Freundes.« Nun bieten sich zwei Wege an, aus der Notlage zu entkommen; wir lassen sie von zwei verschiedenen Menschen in dieser eben geschilderten Situation einschlagen.

Der eine beginnt an der Rechtmäßigkeit seiner Erwartung zu zweifeln. Sein Zweifel dehnt sich allmählich auf seine gesamte Existenz aus, die nur noch aus »Erwartung« bestanden hatte. Schließlich erwartet er überhaupt nichts mehr und verwirft jede Hoffnung darauf als Illusion. Der andere Mensch zweifelt auch an der Rechtmäßigkeit seiner Erwartung, doch aus anderen Gründen: nicht wegen seiner Unangemessenheit im Hinblick auf den Erwarteten, sondern wegen der allgemein weltlichen, gesellschaftlichen, politischen Bedingungen. Und dann beginnt er ebenfalls mit dem Ausräumen und Zerschlagen der Illusionen. Nicht bloß ist die Welt kaum in der Verfassung, den erwarteten Freund aufnehmen zu können, sondern in dieser Gesellschaft kann es so etwas wie einen Freund gar nicht geben. »Sich aber des Paradoxes bewußt zu werden, daß man in Erwartung ist, und doch nichts zu erwarten hat – das bedeutet Verzweiflung.« Gemessen an der Zerstörung jeder

Chance zur Rückkehr in den Wartestand, bleibt dem ersten Enttäuschten noch ein Weg offen. Daß er sich unangemessen erwartungsvoll verhalten hat, vernichtete keinesfalls eine neue, angemessenere Form der Hoffnung auf Begegnung, weil die Realität des Erwarteten nicht bezweifelt worden ist. Desillusionierender Durchgang zu einer befestigenderen Position, ja einer Affirmation, wie bei Kohelet – oder die unerbittliche Konfrontation Cioranscher Meditationen. Das ist die Frage, die uns vorgelegt wurde.

»Jeder lebende Mensch hat seine Antwort auf die Frage, wenn er auch außerstande sein mag, sie in Worte zu kleiden. Sein Leben ist seine Antwort. Es ist von tiefgreifender Bedeutung für die Art unseres Lebens, ob wir die Welt als Heimat ansehen oder als eine Station auf dem Heimweg, als eine Stätte der Bewährung oder als einen Speicher von Werkzeugen, als einen Steinbruch, der den menschlichen Werkmann mit Material versorgt, oder als ein fremdes Land, als ein feindliches Lager oder auch als ein Gefängnis.«[16] Ciorans leidenschaftlich vorgebrachter Einspruch einer mit der Welt unversöhnten und mit Gott unversöhnbaren Persönlichkeit ist eine ernsthafte Aufforderung, unsere Denkfaulheit zu überwinden und die aus dem Problemkatalog der etablierten Philosophie verschwundenen metaphysischen Fragen wieder zu stellen: nach Gott und der Welt und unserem Selbstverständnis, nicht bloß »der Stellung der Menschen im Kosmos« (Max Scheler), sondern unserer persönlichen Antwort durch ein bewußtes, entschiedenes Verhalten, so wie, oder eben anders als Cioran.

Anstöße heute

Am Ende seiner *Laudatio auf Thomas von Aquin* [1] fragte sich Umberto Eco, was Thomas von Aquin tun würde, lebte er heute. Eine Antwort auf diese Art von Fragen bereitet Eco keine Schwierigkeiten: Er würde keinesfalls eine neue *Summa Theologica* schreiben, statt dessen sich mit dem Marxismus und der Relativitätstheorie auseinandersetzen und die formale Logik, den Existentialismus und die Phänomenologie studieren; Aristoteles würde er nicht kommentieren, dafür Marx und Freud; seine Argumentationsmethode wäre wohl weniger harmonisch und konziliant; schließlich würde ihm klar sein, daß man kein definitives System, kein abgeschlossenes Gedankengebäude errichten darf, sondern nur ein historisch vorläufiges Lose-Zettel-System. Ob er noch gläubig wäre, bleibe ungewiß, sicher sei lediglich, daß er kein Thomist sein wolle, der rückwärts blickend anwendet, was andere gedacht haben, vielmehr als Mensch seiner Zeit denke und lerne.

Wenn ich auch meine Zweifel hege, ob Thomas heute den Marxismus studieren und Marx statt Freud kommentieren würde (auch die Phänomenologie und den Existentialismus zähle ich nicht zu den großen geistigen Bewegungen der achtziger Jahre; die Laudatio auf Thomas erschien in Mailand 1977), so ist das doch ein hübscher Einfall, und wir könnten die in der »Galerie anstößiger Denker« Portraitierten noch einmal Revue passieren lassen. Die Frage wäre die gleiche: was würden sie heute sagen? Die Methode sollte allerdings differenzierter ausfallen, und es müßte vorweg klargestellt sein, als was sie heute wieder auftreten könnten: als die in ihrer Zeit befangenen Denker, die selbstverständlich nichts von den Entwicklungen nach ihrem Tode wissen konnten; oder als die von mir noch einmal beschränkten, manchmal nur auf einen Zug ihres Denkens und auf wenige Schriften anstelle des gesamten Werkes reduzierten Autoren; oder als die jeweils zwar unverwechselbare Persönlichkeit mit ihren besonderen Interessen und dem individuellen Stil ihrer Thesen – jedoch als moderner Mensch heute unter uns lebend? Wenn einer nur kurz der Gruft entstiege, sich rasch umsähe und uns dann sagen sollte, wie ihm die veränderte Welt vorkomme, würden wir kaum mit Stellungnahmen zu unseren Problemen rechnen können. Vermutlich würden die vor 1800 Gestorbenen am meisten von unserem Straßenverkehr beeindruckt sein, ehe sie dabei ihr Leben zum zweiten Mal verlören.

Die Antworten sind also nicht so ungeniert abzugeben, wie Umberto Eco das darf; sie müßten wohl für jeden Einzelnen, inhaltlich ohnehin verschieden, auch formal anders ausgesagt werden. Die unbedenklichste Weise dieser Befragung wäre es allerdings, solche Fragen zu formulieren, die sich aus den hier verwendeten Texten im Licht heutiger Sicht stellen – und sie unbeantwortet stehen zu lassen. So bliebe der Einbildungskraft des Lesers angemessener Spielraum übrig, und vermutlich kämen so viele Aspekte möglicher Verhaltensweisen hinzu, die einer allein nicht bedenken kann.

Um den Reigen von hinten zu beginnen: von E. M. Cioran wissen wir, da er ja lebt, was er denkt und anstößig äußert. Darüber braucht nicht phantasievoll spekuliert zu werden.

Bei Teilhard de Chardin bleibt zweifelhaft, ob er überhaupt zur Kenntnis nehmen würde, daß sich die Welt, auch seine Welt der Naturwissenschaft und der Kirche, in entscheidenden Zügen verändert hat. Beide Weltkriege, die er miterlebte, davon den von 1914–1918 hautnah, haben ihn nur in der Zuversicht bestärkt, daß die Evolution sich mit kosmischer Energie beschleunigt auf ihr Telos zu entwickelt. Selbst die Atombomben sind für ihn Zeugen dieses grandiosen Prozesses geworden; ich weiß nicht, was er über Hiroshima gedacht oder gesagt hat. Ist anzunehmen, er würde die kleinen dummen Kriege bemerken, die jetzt stattfinden, die tägliche Misere überall, Folterungen, das Massenelend in Flüchtlingslagern, der schrittweise Verlust unserer Freiheit und Würde hierzulande? Für wen die »mystische Wissenschaft von Christus« die eigentliche wesentliche Wissenschaft darstellt, der wird wohl auch keinen Substanzverlust in der Theologie und der Kirche registrieren. Ihn darüber zu befragen, erübrigt sich wohl.

Würde er heute weiter als Paläontologe in Asien arbeiten? Könnte er seinen »Neoanthropozentrismus« (der Mensch als Achse der Evolution) als Zukunftsaspekt anbieten; läge ihm heute noch an einer Synthese aus (1) Naturentwicklung, Naturwissenschaft, und (2) Geschichte des Menschen als Sozialwissenschaft, und (3) Heilsveranstaltung Gottes in einer kosmischen Theologie? Die Ultraphysik in ihrer Kontinuität von Materie bis Gott-Geist ist wahrscheinlich bis zum Ende dieses Jahrhunderts kein Thema, das dringlich zur Lösung ansteht. Ob allerdings um die Jahrtausendwende in einem zu erwartenden Chiliasmus an Texten und Autoren auch Teilhard de Chardin wiederentdeckt werden wird, halte ich nicht für ausgeschlossen; es steht einiges zu befürchten, oder zu erhoffen, je nach Einstellung zu seinen provozierenden Theorien.

Für Theodor Lessing läßt sich fast nur annehmen, daß er befriedigt auf das verweisen würde, was er vor siebzig Jahren über das Verhältnis der Menschen zur Geschichte geschrieben hatte: daß sie ein für das Leben notwendiger Mythos sei. Wir haben immer noch nichts aus der Geschichte gelernt, aber Lessing hatte uns ja gesagt, wir könnten deshalb nichts aus der Geschichte lernen, weil sie unsere eigene Wunschvorstellung bleibt, in der wir Trost und Selbstheilung suchen, allerdings auch den Sinn selbst beizutragen haben, ihn von der Geschichte nicht erwarten dürfen. Die *logificatio post festum* funktioniert so gut, wie Lessing sie beschrieben hatte. Der Prozeß unseres famosen Fortschritts läuft, wie vorausgesagt, in den Irrsinn; die Vereinsamung und Verameisung der Menschen hat eher zu- als abgenommen. Kurz gesagt: er könnte sich eigentlich nur bestätigt finden. Dennoch würde ich gerne wissen, ob Lessing als Geschichtsphilosoph heute nicht anders werten würde. Er hat, darin verschieden von Teilhard de Chardin, seine Erfahrungen aus der europäischen Katastrophe des Ersten Weltkrieges gezogen und sie beschrieben. Durch seinen vor der kolossalen Schande Deutschlands erfolgten Tod (1933) blieb ihm erspart, die Folgen der geistigen, moralischen Verwüstungen erleben zu müssen, die zwölf Jahre braune Tyrannei angerichtet haben, Folgen, die bis heute und noch lange fortwirken. Nach Auschwitz muß auch Geschichte anders geschrieben werden, die *logificatio post festum* versagt hier total. Ich bin fast sicher, daß für Lessing die atomare Bedrohung, von der er nichts wissen konnte, gemessen an dem größeren Schaden, von dem ich eben sprach, eine *cura posterior* wäre.

Albert Schweitzer befände sich in der Suche nach dem elementaren Denken heute in keiner besseren Position als zu seinen Lebzeiten. Wo fände er es beispielsweise: in der Ethik, in der Philosophie, in der Theologie, in der praktischen Entwicklungshilfe? Sein »ins Grenzenlose erweitertes Verantwortungsbewußtsein« würde sich wohl im Tierschutz betätigen, in der Sorge um die allerorts bedrohte Natur; er wäre wahrscheinlich der Patriarch grüner Gemeinden und müßte dringend die Gabe der Bilocation erhalten, oder besser die Eigenschaft der gleichzeitigen Anwesenheit an allen Fronten des zivilen Aufbegehrens besitzen. Vielleicht aber wäre ihm das »alles« und »überall« und »zugleich« gar nicht mehr wichtig. Ich könnte mir auch vorstellen, daß er sich irgendwohin zurückziehen würde, mit einem Freund ein gutes Gespräch führen, ein paar Vögel füttern und in einer alten Kirche die Orgel spielen.

Gustav Theodor Fechner würde sich als Begründer der empirischen

Ästhetik und experimentellen Psychologie (Wahrnehmungspsychologie und Psychophysik) heute ebenfalls bestätigt finden und sich weiterer Anerkennung erfreuen können. Die einheitliche Wissenschaft von der Erde, in die wir alle mit Leib und Seele einbezogen sind, gibt es immer noch nicht, die Spaltung in den Natur- und Geisteswissenschaften besteht fort, sie wird zwar, wie die konfessionelle Spaltung der christlichen Kirchen, von beiden Seiten beklagt und die Überwindung als Desiderat in Festreden beschworen, doch es geschieht nichts, weil der politische Wille dazu fehlt.

Henry David Thoreau könnte seinen Aufruf zum zivilen Ungehorsam heute wörtlich vortragen, er wäre ganz aktuell. Seine schwerwiegenden Bedenken gegen Regierungen, Armeen, Untertanenmentalität bestehen fort. Was es mit dem Leben auf sich hat, das herauszufinden, gelingt auch einigen unserer Zeitgenossen nur durch den von Thoreau erprobten Weg des (wenigstens zeitweisen) Rückzugs in sich selbst. Die anderen schlagen immer noch ihre Zeit tot, suchen Zeitvertreib und Ablenkung. Statt wie damals zu Verwandtenbesuch in die Nachbarstadt, fahren sie heute, auf der Flucht vor sich selbst, in Millionen vollgestopfter Automobile, zu ebenfalls von Millionen in gleicher Langeweile dicht belagerten, handtuchgroßen Plätzchen an verschmutzten Übergängen von trockenem Dreck zu feuchtem, modrigen Schlick, früher Strände genannt. Sein Sarkasmus wäre heute gefragt, doch nähme ihn niemand von den Betroffenen zur Kenntnis. Die seine Bücher lesen würden, die Aussteiger, die freundlichen Verweigerer, wollen mit der Majorität der hektisch arbeitenden, ruhelosen, normalen, besitzschaffenden, anständigen Bürger so wenig zu schaffen haben wie der Mann vom Walden-See damals mit seinen Mitmenschen.

Würde Giambattista Vico die Ansprüche des Menschen gegen die modernen mathematisch-physikalisch-technischen Wissenschaften durch Erinnerung an die Geschichte der Mythen, die Dichtung und die natürlichen Werte der Völker so noch durchsetzen können? Freilich argumentiert Odo Marquard im Grunde auch nicht viel anders als Vico, wenn er in einem Aufsatz über *Die Unvermeidlichkeit der Geisteswissenschaften* schreibt, die Geisteswissenschaften kompensierten »lebensweltliche Verluste«, die durch die experimentellen Wissenschaften eingetreten seien. Experimentierer bleiben Menschen, schreibt Marquard, Menschen, die »primär tatsächlich verschieden sind, nämlich, noch vor aller Individualität, fundamental mindestens dadurch, daß sie in verschiedenen Traditionen sprachlicher, religiöser, kultureller, familiärer Art stecken und gar nicht leben könnten, wenn das nicht so wäre: wir Menschen sind stets mehr unsere Traditionen, als unsere Experimente«[2]. Daher brauchen wir die Geisteswissenschaften, denn sie »helfen den Traditionen, damit die Menschen die Modernisierungen aushalten können... dafür brauchen sie die Kunst der Wiedervertrautmachung fremd gewordener Herkunftswelten. Das ist die *hermeneutische* Kunst, die Interpretation: durch sie sucht man in der Regel für Fremdgewordenes einen vertrauten Kram, in den es paßt; und dieser Kram ist fast immer eine Geschichte. Denn die Menschen: das sind ihre Geschichten. Geschichten aber muß man erzählen. Das tun die Geisteswissenschaften: sie kompensieren Modernisierungsschäden, indem sie erzählen; und je mehr versachlicht wird, desto mehr – kompensatorisch – muß erzählt werden; sonst sterben die Menschen an narrativer Atrophie.«[3] So beschreibt – nein, nicht Vico im Jahre 1725, sondern *Vico revivus*: Odo Marquard im Jahre 1987, die Notwendigkeit, die Unvermeidlichkeit der Geisteswissenschaften in einer immer moderneren Welt. Es soll nur nicht verschwiegen werden, daß in demselben Heft der wissenschaftlichen Zeitschrift der Bayerische Staatsminister für Wissenschaft und Kunst, Wolfgang Wild, auf die These von der Kompensationsrolle der Geisteswissenschaften entgegnet, daß Traditionen, die in sich nicht die Kraft zur stetigen Erneuerung haben, steril bleiben. »Hier bietet Marquard wenig, und dasselbe wird man von der ganzen zeitgenössischen Philosophie sagen müssen. Ideen von der Kraft des Christentums, des Humanismus, der Aufklärung, die uns in einer Situation, in der wir Gefahr laufen, unseren Planeten zu zerstören, Orientierungen an die Hand geben, die dem Niveau unserer Technik und der Komplexität unserer Lebensverhältnisse angemessen sind, sehe ich nicht.«[4]

In Oxford würde Giordano Bruno noch gleich schlecht behandelt werden; bei seiner Begabung zur Ironie und seinen schauspielerischen Fähigkeiten käme er jedoch beim Fernsehen unter, allerdings nie lange beim selben Sender. Aus dem Dominikanerorden brauchte er nicht auszutreten, weil er nie eingetreten wäre. Daß Aristoteles nicht *der* Philosoph in alle Ewigkeit bleiben würde, wußte er damals schon; würde er – nein, nicht mehr, über Hegel herziehen, sondern vielleicht über die Schüler Wittgensteins und Poppers, oder über andere. Niemand weiß, ob Wittgenstein eine Reinkarnation Giordano Brunos war; seine Abneigung den College-Gelehrten gegenüber hat ihn verdächtig gemacht, dazu die Ablehnung der bisherigen Philosophie, die Behauptung, die wahre Philosophie wieder hergestellt und auf einen vernünftigen Nenner gebracht zu haben, könnten weitere Indizien sein...

Niccolò Machiavelli findet, wie kaum ein anderer Denker und Autor, tagtäglich tausendfache Bestätigung seiner Analysen. Ja, die Politiker aller Parteien in allen Ländern wetteifern wie Musterschüler regelrecht in der Kunst, der beste, reinste Machiavellist zu sein. Hätte Jesus Christus so viele tätige Anhänger und tief überzeugte Jünger, die Welt wäre nicht wiederzuerkennen. So wie sie ist, gehört sie den Machiavellisten, und wir erkennen sie wieder. Wobei nicht zu vergessen ist, daß Niccolò Machiavelli die Politiker nicht im Idealzustand beschrieben hat, daß er die Menschen nicht so wollte, wie er sie darstellte. Er sagte nur: so sind sie, und es ist besser, sich nichts vorzumachen. Das auffallendste Merkmal gewisser Politiker einer sich christlich nennenden Partei scheint mir eine Spaltung des sittlichen Bewußtseins zu sein: einerseits verabscheuen sie die angeblich von Machiavelli vollzogene Trennung von Politik und Moral, andererseits ziehen sie eine klare Linie zwischen Realpolitik und Idealzustand und erklären kategorisch, daß sich mit der Ethik Jesu in der Bergpredigt nicht regieren lasse. Das ist *ihre eigene* zynische Pragmatik, die sie Wirklichkeitssinn nennen; es ist keine Erfindung Machiavellis. Kant, der begrifflich Moralität von Legalität und beide von der Sittlichkeit unterschieden hat, ist ja auch nicht dafür verantwortlich zu machen, daß es Gesetze gibt, die unsittlich sind und hohes Ethos mit Konventionen und den Strafgesetzen in Konflikt bringen.

Welcher politischen Bewegung Franz von Assisi heute angehören würde, dürfte zweifelsfrei feststehen: den Grünen natürlich, den Tierschützern; bei Robin Wood oder Greenpeace würde er mitmachen und sich alle paar Tage bei einer Blockade wegtragen lassen. Er hätte eine große Anhängerschaft, Mitbrüder, und Schwestern sogar, die ihm wie damals das Heft aus der Hand nehmen und die Ideale in organisierte Kanäle lenken würden. Wahrscheinlich würde er wieder resignieren, krank werden und Kohelets fundamentale, ewige Wahrheit bestätigt finden: daß es nichts wirklich Neues unter der Sonne gibt. Die Eltern sind immer noch von der gleichen trostlosen Beschaffenheit wie zu seiner Zeit; und die Brüder und Schwestern begreifen gar nichts, erproben alles, predigen Wein und trinken selbst Wasser, wie Ernst Bloch so zutreffend von der »schreibenden Güte« sagte, den »besser gestellten Leuten«[5]. Den Versuch zu wagen, gegen alle Werte der bürgerlichen Moral anzutreten, die sich heute in nichts von denen der Stadt Assisi im 13. Jahrhundert unterscheiden, das werden stets einige junge Menschen wiederholen, eigentlich nicht nachahmen, sondern neu, selbst ausprobieren. Ihnen allen wäre zu wünschen, sie würden den *behutsamen* Stil Francescos im Umgang mit Menschen, Tieren und allen anderen Geschöpfen: den Pflanzen, dem Wasser, der Luft und der Erde pflegen.

Wenn Joachim von Fiore erlebt hätte, wie sich Banausen den Namen des Dritten Reiches aneigneten und vollständig pervertierten, würde er sich weigern, je irgendwann noch einmal den Fuß auf diese Erde zu setzen. Die Erfahrung, daß Ideen ein schlechtes Leben haben auf dieser Welt, daß Ideale »im Ausgleich der Interessen« realisiert und immer auf ein »menschenmögliches Maß« reduziert werden, dürfte ihn nicht gerade dazu ermutigen, noch einmal eine Prophetie zu entwerfen. Freilich könnte er sich auch bestätigt finden, z. B. in der implizit zentralen Aussage, daß sowohl Altes wie Neues Testament, Kirchen und Institutionen ablösbare, vorläufige Größen sind, denen kein ewiges Leben bestimmt ist, die allerdings auch viel langsamer absterben als angenommen wird.

Keiner schließlich behielt so recht wie Kohelet; seine Worte sind zwar banal, aber lebenslänglich verifizierbar: alles ist eitel, nichts als Lufthauch, schade, daß alles vergeht – oder gut so, nichts bleibt ewig lasten. Wenn man eingesehen hat, wie gering der Spielraum einer Veränderung zum Besseren ist, braucht das kein Grund zur Verzweiflung zu sein, denn wer weiß, daß er nichts Gutes zu erwarten hat, der wird auch kaum enttäuscht werden. Alles vergeht zu seiner Zeit, wir zum Glück auch. Inzwischen läßt sich leichten Herzens essen und trinken und lieben (in völlig frei zu wählender Reihenfolge). Man muß heute nur vorsichtiger sein als damals: wer unkontrolliert liebt, riskiert das Leben; wer beim Gemüse nicht nach der Strahlenquote fragt, wird Schaden leiden, statt gesund zu werden; wer dazu noch unseren lieblichen Wein trinkt, für den hört der Spaß vollends auf. Doch sonst hat sich tatsächlich nichts geändert, gestorben wird immer noch auf die gleiche Weise, und dem Prediger, obgleich der älteste und uns fernste von allen, gebührt der Preis, derjenige zu sein, der wahrhaft aktuell und zeitlos dachte.

Anmerkungen

Einleitung

1 Lohfink, S. 23.
2 Vgl. ebd., S. 7.
3 Vgl. ebd., S. 15 f.
4 Z. B. Karl Bärthlein (Hrsg.): *Zur Geschichte der Philosophie*, 2 Bde., Kastellaun 1977. Dagegen erwähnt ihn Christoph Helferich in seiner *Geschichte der Philosophie*, Stuttgart 1985, bei dem Hemsterhuis, Deutinger, Newman, Brentano u. a. fehlen.
5 R. Stadelmann, S. 136.
6 Die Urteile Schelers und James' sind dem Sinn nach entnommen G.-K. Kaltenbrunner: *Europa*, Bd. III, 1985, S. 245.
7 Zitiert nach Chr. Gneuss im Nachwort zur *Geschichte als Sinngebung des Sinnlosen*, Hamburg 1962, S. 335.
8 Zitiert nach R. Lay: *Die Ketzer. Von Roger Bacon bis Teilhard*, München-Wien o. J. (1981), S. 270.
9 G.-K. Kaltenbrunner: *Europa*, Bd. II, 1983, S. 425.
10 Interview mit F. J. Raddatz in *Die Zeit*, 4. 4. 1986, S. 49.

1. Kohelet

1 Z. B. in der *Imitatio Christi* des Thomas a Kempis, vgl. Lohfink, S. 5.
2 Vgl. Lohfink, S. 59.
3 Die von der Einheitsübersetzung abweichende Formulierung steht bei Lohfink, S. 61.
4 A. Camus: *Der Mythos von Sisyphos*, Hamburg 1959, S. 9.
5 Ebd., S. 52.
6 Ebd., S. 99 ff.

2. Joachim de Fiore

1 Vgl. G. W. F. Hegel: *Die Vernunft in der Geschichte*, Hamburg (5. Aufl.) 1955, S. 45 f.
2 E. Benz, *Ecclesia Spiritualis*, S. 5.
3 Ebd., S. 10.
4 Vgl. auch zum folgenden E. Benz, S. 22–25.
5 Ebd., S. 24.
6 Vgl. K. A. Fink, S. 100 und 104.
7 Vgl. ebd., S. 104.
8 R. Lay, S. 57.
9 M. Krauss: *Ich habe einen Traum*, Stuttgart 1978, S. 7.

10 Zit. bei R. Lay, S. 61.
11 W. Trillhaas: *Ethik*, Berlin (2. Aufl.) 1965, S. 443.
12 Kant: *Kritik der reinen Vernunft*, B. 606.
13 Ebd., B 595.

3. Francesco d'Assisi

1 Seneca: *Briefe über Ethik* (An Lucilius), übers. v. M. Rosenbach, Darmstadt 1974; vgl. dazu E. Benz, S. 49f.
2 Ebd., S. 50.
3 Ebd., S. 49–132.
4 Franz von Assisi, hrsg. v. E. Hug und A. Rotzetter, Olten 1983. Ich beziehe mich des öfteren auf die darin abgedruckten und übersetzten Augenzeugenberichte und zitiere sie künftig im Text als *H. u.R.*
5 Vgl. im folgenden die z. T. wörtlich zitierten (in Anführungszeichen gesetzten) Texte der Friedenscharta von 1203 und 1210 und die Kommentare bei *H. u. R.*, S. 197–226.

4. Niccolò Machiavelli

1 G.-K. Kaltenbrunner: *Europa*, Bd. I, 1981, S. 36.
2 E. Schmitt: M. in: *Klassiker des politischen Denkens*, München 1968, S. 204.
3 *Ges. Werke* V, S. 406; vgl. E. Schmitt, a. a. O., S. 204.
4 K. Schmid: M. in: *Große Geschichtsdenker*, 1949, S. 114.
5 Zitiert nach der deutschen Übers. (von R. Zorn) in der Reclam-Ausgabe, Stuttgart 1961, S. 23.
6 Vgl. K. Schmid, a. a. O., S. 118.
7 Zit. ebd., S. 119.
8 Freiburger Studentenzeitung, 3. 11. 1933.
9 G.-K. Kaltenbrunner, a. a. O., S. 37.
10 K. Schmid, a. a. O., S. 121.
11 Vgl. zum folgenden ebd., S. 123–129.
12 Ebd., S. 124.
13 E. Schmitt, a. a. O., S. 214f.
14 Epiktet: *Das Handbüchlein der Moral*, deutsch v. W. Capelle, Zürich 1986, S. 35f.
15 K. Löwith: *Mein Leben in Deutschland vor und nach 1933. Ein Bericht.* Stuttgart 1986, S. 114.

5. Giordano Bruno

1 H. Blumenberg in der Einleitung zu Brunos *Aschermittwochsmahl*, Frankfurt a. M. 1981, S. 55.
2 Vgl. ebd., S. 59.
3 Hamburg 1957. E. Grassi übernahm den Titel aus den italienischen Dialogen *De gli eroici fuori.*
4 Sardanapalus war König von Nineveh und seines weichlichen Luxus wegen berüchtigt.
5 Berichtet von H. Blumenberg, a. a. O., S. 20f.
6 Vgl. W. Beierwaltes in der Einleitung zu: *Von der Ursache, dem Prinzip und dem Einen*, Hamburg 1977, S. XII–XL.

7 H.D. Thoreau: *Walden*. Übers. v. E. Emmerich u. T. Fischer, Zürich 1971, S. 188 (Kursiv von mir).
8 Cusanus: *De docta ignorantia* II, 11; vgl. W. Beierwaltes, a. a. O., S. XXXIIIf.
9 H. Blumenberg, a. a. O., S. 12.
10 Ebd., S. 14.
11 Ebd., S. 17.
12 Vgl. ebd., S. 58–62.

6. Giambattista Vico

1 G.-K. Kaltenbrunner: Europa, Bd. I, 1981, S. 103.
2 R. Stadelmann: G. B. Vico, in: *Große Geschichtsdenker*, 1949, S. 135.
3 G. Vico: *L'Autobiografia, il Carteggio e le Poesie Varie*, ed. B. Croce, Bari 1911, S. 49.
4 Götz Briefs im Vorwort zur Festschrift für A. Dempf: *Philosophia Viva*, hg. v. F. Mordstein, München 1960, S. 3.
5 Zit. bei R. Stadelmann, a. a. O., S. 139. Vgl. zum folgenden ebd., S. 140–147.
6 Ebd., S. 145.
7 Besonders hervorzuheben die Habilitationsschrift von F. Fellmann: *Das Vico-Axiom. Der Mensch macht Geschichte*, Freiburg/München 1976, der ich uneingeschränkt folge.
8 K. Löwith: *Weltgeschichte und Heilsgeschehen*, Stuttgart 1953, S. 118f.
9 F. Fellmann, a. a. O., S. 41; vgl. nacheinander seine sechs Thesen zum Axiom, S. 12–18.
10 Th. Hobbes: *The English Works*, ed. W. Molesworth, London 1839–1845, Vol. VII, S. 183f.
11 F. Fellmann, a. a. O., S. 34.
12 *Der Spiegel*, 40. Jg., Nr. 25 vom 16. Juni 1986, S. 48.
13 Kant: *Kritik der Urteilskraft* § 40.
14 Aristoteles: *Poetik*, 1451 a; Hinweis bei Fellmann, S. 37, Anm. 9.
15 D. Hume: *Philosophical Works*, Vol. IV, London 1882; Reprint Aalen 1964, S. 349.
16 F. Fellmann, a. a. O., S. 45.
17 H. Lübbe: *Säkularisierung. Geschichte eines ideenpolitischen Begriffs*, Freiburg/München 1965, S. 109; vgl. dazu auch H. Blumenberg: ›Säkularisation. Kritik einer Kategorie historischer Illegitimität‹. In: *Die Philosophie und die Frage nach dem Fortschritt*, hg. v. H. Kuhn und F. Wiedmann, München 1964; und Franz Wiedmann: *Die mißverstandene Geschichtlichkeit*, München und Freiburg/Br. 1972, S. 43–46.

7. Henry David Thoreau

1 J. P. Sartre: ›Was ist Literatur? Oder: Von der Notwendigkeit des schriftstellerischen Engagements‹. In: Sartre, *Lesebuch, Den Menschen erfinden*, hg. v. T. König, Reinbek 1986, S. 89.
2 W. E. Richartz in: *Stichworte zu ›Walden‹*; Walden, Zürich 1971, S. 15.
3 E. Heller im Beiheft zu L. Wittgenstein, *Schriften*, Frankfurt a. M. 1960, S. 50.
4 W. E. Richartz, a. a. O., S. 14.

9. Albert Schweitzer

1 M. Walther: *Metaphysik als Antitheologie*, Hamburg 1971, S. 102. Vgl. dazu Franz Wiedmann: *B. de Spinoza*, Würzburg 1982, S. 74ff.
2 Ich folge in der Aufzählung dem 16. Kapitel der *Ethik* von Wolfgang Trillhaas, Berlin 2. Aufl. 1965, S. 182–204.

11. Pierre Teilhard de Chardin

1 Die biographischen Angaben und Zitate aus einer 1917 geschriebenen, z. T. unveröffentlichten Erinnerung sind entnommen aus: J. Hemleben: *Teilhard de Chardin*, Reinbek 1966, S. 10–44.
2 Ebd., S. 13.
3 Ebd., S. 16.
4 Vgl. ebd., S. 20.
5 Ebd., S. 35.
6 E. Benz: *Schöpfungsglaube und Endzeiterwartung*, München 1965, S. 233.
7 Ebd., S. 158.
8 Vgl. H. E. Hengstenberg: *Evolution und Schöpfung*, München 1963, S. 184f.
9 J. Hemleben, a. a. O., S. 73.
10 Zit. bei C. Cuénot: *P. Teilhard de Chardin*, Paris 1958, S. 264f. Vgl. zur Erklärung der Ultraphysik S. M. Daecke: ›Fortschrittsglaube und Heilserwartung‹, in: *Evolution*, hg. v. W. Bittner, Stuttgart 1970, S. 167.
11 Vgl. S. M. Daecke, a. a. O., S. 153.
12 Kant: *Kritik der reinen Vernunft* B 433–435.
13 B. Martin: *J. H. Newman, His Life and Work*, London 1982, S. 144.
14 J. Rostand: *Les grands courants de la Biologie*, Paris 1951; zit. *W.* IV, S. 360.
15 Teilhard de Chardin verwendet den Ausdruck »Physik« im weiten griechischen Sinn als »systematisches Begreifen der gesamten Natur« (*W.* IV, 237).
16 Th. Lessing: *Geschichte als Sinngebung des Sinnlosen*, Hamburg 1962, S. 223.
17 Pascal: *Pensées*, Fragment 212 und 213 (nach der Zählung Rüttenauers; 418 und 358 nach der Zählung Brunschvics).

12. Émile Michel Cioran

1 Die Bezeichnungen Ciorans (1) in *Die Zeit*, 4.4.1986, S. 49; (2) und (3) in G.-K. Kaltenbrunner: *Europa*, Bd. II, 1983, S. 425 und S. 423.
2 K. Pfleger im Nachwort zu R. Schneider: *Winter in Wien*, Freiburg i. Br. 1958, S. 270.
3 R. Schneider, ebd., S. 200.
4 J. Kahl: *Das Elend des Christentums*, Hamburg 1968, S. 24.
5 V. E. Pilgrim: *Der selbstbefriedigte Mensch*, Reinbek 1975, 2. Aufl. 1985, S. 18.
6 Die sich nur dieser Lust ergeben, bei der keine Schwangerschaft riskiert wird, die Orgiasten und die freiwillig Zölibateren, haben, je von ihrem entgegengesetzten Standpunkt aus, begriffen, um was es geht: dieser verfehlten Schöpfung durch eigene Haltung zu begegnen: zu »entwirken, entschöpfen« (*N.* 7). Nur »wer zur Geilheit neigt, ist mitleidig und voll Erbarmen; die zur Reinheit neigen, sind es nicht« (hl. Johannes Klimakos). »Niemand außer einem Heiligen konnte so deutlich und kräftig nicht die Lügen, sondern die Essenz der christlichen Moral

und aller Moral anprangern.« (*N.* 98) Cioran berichtet präzise dazu: »X. behauptet, wir seien am Ende eines ›Kosmischen Zyklus‹, und alles werde bald zusammenbrechen. Daran zweifelt er keinen Augenblick. Gleichzeitig ist er Familienvater, und zwar Vater einer zahlreichen Familie. Wie konnte er mit solcher Gewißheit in die dem Ruin zustrebende Welt Kind auf Kind setzen? Wenn man das Ende voraussieht, wenn man sicher ist, daß es nicht säumen wird, wenn man sogar damit rechnet, warum dann nicht alleine warten? In Patmos zeugt man nicht.« (*N.* 113)

7 Zit. nach der letzten Umschlagseite von *Die verfehlte Schöpfung*.
8 *Die Zeit*, 4.4.1986, S. 49.
9 Ebd., S. 50.
10 Ebd.
11 Ebd.
12 Ebd., S. 49.
13 Vgl. ebd., S. 50.
14 H. Kuhn: *Begegnung mit dem Sein. Meditatonen zur Metaphysik des Gewissens*, Tübingen 1954, S. 121. Beide Sätze sind nicht auf Cioran geprägt, sondern auf »das Individuum, das diese Philosophie (gemeint ist die Existenzphilosophie) realisieren will«; insofern werden sie mit einiger Berechtigung für Cioran in Anspruch genommen.
15 Vgl. ebd., S. 122f.
16 H. Kuhn: *Begegnung mit dem Nichts. Ein Versuch über die Existenzphilosophie*, Tübingen 1950, S. 41.

Anstöße heute

1 Vgl. Umberto Eco: ›Laudatio auf Thomas von Aquin‹, in: *Über Gott und die Welt. Essays und Glossen*. München/Wien 1985, 295f.
2 Odo Marquard in: *Universitas* Nr. 488, 42. Jg., Heft 1/1987, S. 21.
3 Ebd., S. 22.
4 Wolfgang Wild, ebd., S. 32.
5 E. Bloch: *Naturrecht und menschliche Würde*, Frankfurt a. M. 1961, S. 29.

Quellen und Literatur

(nur insofern sie benutzt und zitiert wurden)

1. Kohelet.

Einheitsübersetzung, Kath. Bibelanstalt, Stuttgart 1980.
Lohfink, Norbert: Kohelet, Die neue Echter Bibel, Kommentar zum Alten Testament, Würzburg 1980. Weitere Literaturhinweise dort, S. 18.

2. Joachim de Fiore.

Opere Gioacchino da Fiore, hg. v. E. Buonaiuti, 1931–43.
Benz, Ernst: *Ecclesia Spiritualis*, Stuttgart 1934.
Cohn, Norman: *Das Ringen um das Tausendjährige Reich. Revolutionärer Messianismus im Mittelalter und sein Fortleben in den modernen totalitären Bewegungen.* Bern und München 1961.
Fink, Karl August: ›Joachim von Fiore und die Krise des mittelalterlichen Geschichtsdenkens‹. In: *Große Geschichtsdenker*, hg. v. R. Stadelmann, Tübingen und Stuttgart 1949, S. 97–110.
Grundmann, Herbert: *Studien über Joachim von Floris*, 1927; darin besonders die Schriften der handschriftlichen Überlieferung und Drucke.

3. Francesco d'Assisi.

Opuscula Sancti Patris Francisci Assisiensis, Grottaferrata 1978 (deutsch hg. v. K. Esser, 1976).
Franz von Assisi (*Zeugnisse mystischer Welterfahrung*), hg., übers. u. eingel. v. E. Hug u. A. Rotzetter, Olten 1983.
Thomas von Celano: *Leben und Wunder des heiligen Franziskus von Assisi.* Werl/W. 1964.

4. Niccolò Machiavelli.

Opere. A cura di Mario Bonfantini, Milano–Napoli 1954. Deutsch: *Gesammelte Werke* (danach wird zitiert), 5 Bde., München 1925.
Der Fürst (*Il Principe*), übers. u. hg. v. R. Zorn, Stuttgart 1955.
Kaltenbrunner, Gerd-Klaus: *Europa* Bd. I, Heroldsberg/Nürnberg 1981, S. 36–39.
Sasso, Gennaro: *Niccolò Machiavelli, Geschichte seines politischen Denkens*, Stuttgart 1965.
Schmid, Karl: ›Machiavelli‹, in: *Große Geschichtsdenker*, hg. v. R. Stadelmann, Tübingen und Stuttgart 1949, S. 113–129.
Schmitt, Eberhard: ›Machiavelli‹, in: *Klassiker des politischen Denkens*, Bd. I, München 1968, S. 198–221.

5. Giordano Bruno.

Dialoghi italiani, hg. v. Giovanni Gentile, 3. ed., Firenze 1958.
Von der Ursache, dem Prinzip und dem Einen. Übers. v. A. Lasson, eingel. v. W. Beierwaltes, hg. v. P. R. Blum, Hamburg 1977.
Das Aschermittwochsmahl. Übers. v. F. Fellmann, mit einer Einl. v. H. Blumenberg, Frankfurt a. M. 1981.

6. Giambattista Vico.

Opere. A cura di Fausto Nicolini, Milano–Napoli 1953.
Die neue Wissenschaft über die gemeinschaftliche Natur der Völker. Nach der Ausgabe von 1711 übers. u. eingel. v. E. Auerbach. München 1924 (photomechanischer Nachdruck Berlin 1965); nach dieser Ausgabe wird zitiert.
Croce, Benedetto: *Die Philosophie G. B. Vicos*, Tübingen 1927.
Stadelmann, Rudolf: ›G. B. Vico‹, in: *Große Geschichtsdenker*, hg. v. R. Stadelmann, Tübingen und Stuttgart 1949, S. 133–147.

7. Henry David Thoreau.

Walden oder Leben in den Wäldern. Aus dem Amerikanischen von E. Emmerich u. T. Fischer, Vorwort von W. E. Richartz, Zürich 1971.
Walden and Civil Disobedience, ed. John Seelyle, 1983.

8. Gustav Theodor Fechner.

Das Büchlein vom Leben nach dem Tode (1839), Leipzig o. J.
Nanna – oder: Über das Seelenleben der Pflanzen (1848), 5. Aufl. Leipzig 1921.
Vorschule der Aesthetik, 2 Teile, Leipzig 1876.
Die Tagesansicht gegenüber der Nachtansicht, Leipzig 1879.
Zend-Avesta: Gedanken über die Dinge des Himmels und des Jenseits vom Standpunkt der Naturbetrachtung. Frei bearbeitet und verkürzt herausgegeben von Max Fischer, Leipzig 1922.

9. Albert Schweitzer.

Gesammelte Werke in fünf Bänden, hg. v. R. Grabs. München o. J.

10. Theodor Lessing.

Geschichte als Sinngebung des Sinnlosen. Oder: Die Geburt der Geschichte aus dem Mythos. Hamburg 1962.

11. Pierre Teilhard de Chardin.

Le Milieu Divin. An Essay on the Interior Life, London 1960.
Geheimnis und Verheißung der Erde. Reisebriefe 1923–1939, Freiburg/München, 2. Aufl. 1961.
Das Auftreten des Menschen. Freiburg/Br. 1964, Bd. III der Studienausgabe der Werke.
Die Schau in die Vergangenheit, Olten 1965, Bd. IV der Studienausgabe der Werke.
Briefe an eine Nichtchristin, Freiburg/Br./Olten 1971.
Tagebücher II, Notizen und Entwürfe, 2. Dezember 1916 bis 13. Mai 1918, Olten und Freiburg/Br. 1975.

Benz, Ernst: *Schöpfungsglaube und Endzeiterwartung. Antwort auf Teilhard de Chardins Theologie der Evolution*, München 1965.
Hemleben, Johannes: *Teilhard de Chardin in Selbstzeugnissen und Bilddokumenten*, Reinbek 1966.
Hengstenberg, Hans Eduard: *Evolution und Schöpfung. Eine Antwort auf den Evolutionismus Teilhard de Chardins*, München 1963.
Lay, Rupert: *Die Ketzer. Von Roger Bacon bis Teilhard*. München–Wien o. J. (1981).

12. E. M. Cioran.

Die verfehlte Schöpfung, Wien 1969.
Vom Nachteil, geboren zu sein, Wien–München–Zürich 1977.

Philosophie

Jean Le Rond D'Alembert
Einleitung zur 'Enzyklopädie'
Herausgegeben und mit einem Essay von Günther Mensching
Band 6580

Jean Le Rond D'Alembert
Denis Diderot u.a.
Enzyklopädie
Eine Auswahl
Herausgegeben von Günther Berger
Band 6584

Francis Bacon
Weisheit der Alten
Herausgegeben und mit einem Essay von Philipp Rippel
Band 6588

Ernst Cassirer,
Jean Starobinski,
Robert Darnton
Drei Vorschläge, Rousseau zu lesen
Band 6569

René Descartes
Ausgewählte Schriften
Herausgegeben von Ivo Frenzel
Band 6549

Denis Diderot
Über die Natur
Herausgegeben und mit einem Essay von Jochen Köhler
Band 6583

Hans-Georg Gadamer (Hg.)
Philosophisches Lesebuch
3 Bände: 6576/6577/6578

Jens Heise
Traumdiskurse
Die Träume der Philosophie und die Psychologie des Traums
Band 6585

Max Horkheimer
Gesellschaft im Übergang
Aufsätze, Reden und Vorträge 1942–1970. Herausgegeben von Werner Brede
Band 6545

Sozialphilosophische Studien
Aufsätze, Reden und Vorträge 1930–1972. Herausgegeben von Werner Brede
Band 6540

Zur Kritik der instrumentellen Vernunft
Band 7355

Philosophie

Martin Jay
Dialektische Phantasie
Die Geschichte der Frankfurter Schule und des Instituts für Sozialforschung
Band 6546

Susanne K. Langer
Philosophie auf neuem Wege
Das Symbol im Denken, im Ritus und in der Kunst
Band 7344

Ludger Lütkehaus (Hg.)
„Dieses wahre innere Afrika"
Texte zur Entdeckung des Unbewußten vor Freud
Band 6582

Platon
Sokrates im Gespräch
Vier Dialoge
Band 6550

Jean-Jacques Rousseau
Schriften
Herausgegeben von Henning Ritter
2 Bände: 6567/6568

Bertrand Russell
Das ABC der Relativitätstheorie
Band 6579
Moral und Politik
Band 6573
Philosophie
Die Entwicklung meines Denkens
Band 6572

Joachim Schickel
Philosophie als Beruf
Band 7315

Hans Joachim Störig
Kleine Weltgeschichte der Philosophie
Band 6562

Christoph Türcke
Der tolle Mensch
Nietzsche und der Wahnsinn der Vernunft
Band 6589

Charles Whitney
Francis Bacon
Die Begründung der Moderne
Band 6571

Franz Wiedmann
Anstößige Denker
Die Wirklichkeit als Natur und Geschichte in der Sicht von Außenseitern
Band 6587